『义教』薪火 接力传承

一二·九抗日救亡运动在天津

本书编写组 编著

天津社会科学院出版社

图书在版编目（ＣＩＰ）数据

"义教"薪火 接力传承：一二·九抗日救亡运动
在天津 / 本书编写组编著. -- 天津：天津社会科学院
出版社，2023.12
ISBN 978-7-5563-0939-9

Ⅰ．①义… Ⅱ．①本… Ⅲ．①一二九运动－史料
Ⅳ．①K264.506

中国国家版本馆CIP数据核字(2023)第215439号

"义教"薪火 接力传承：一二·九抗日救亡运动在天津

"YIJIAO" XINHUO JIELI CHUANCHENG : YIER-JIU KANGRI JIUWANG YUNDONG ZAI TIANJIN

选题策划：韩　鹏
责任编辑：吴　琼
责任校对：杜敬红
装帧设计：高馨月
出版发行：天津社会科学院出版社
地　　址：天津市南开区迎水道7号
邮　　编：300191
电　　话：(022) 23360165
印　　刷：北京盛通印刷股份有限公司
开　　本：787×1092　　1/16
印　　张：16.75
字　　数：280千字
版　　次：2023年12月第1版　　2023年12月第1次印刷
定　　价：98.00元

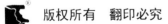

目　录

"义教"薪火 接力传承
——一二·九抗日救亡运动在天津

一、抗日救亡运动兴起和天津"民先队"成立

（一）天津抗日救亡运动的兴起

日本帝国主义全面侵略中国的计划蓄谋已久。明治维新后，日本很快走上军国主义道路，并伺机发动侵华战争。1874年日本侵略我国台湾。1895年日本挑起侵略中国的甲午战争。1900年日本联合其他帝国主义国家发动八国联军侵华战争。1901年开始，日本在北京、天津、山海关等地驻军，设立"清国驻屯军"，司令部设在天津。日俄战争后，日本吞并朝鲜，图谋以朝鲜为跳板扩大对华侵略。1927年"田中奏折"中明目张胆地说："唯欲征服中国，必先征服满蒙，如欲征服世界，必先征服中国"，阴谋全面侵华。

1931年9月18日，日军进攻国民党东北军驻地北大营，炮轰沈阳城，制造九一八事变。图为日军在沈阳外攘门上向中国军队进攻。

1931年，日本关东军制造了九一八事变，开始向中国东北地区大举进攻，长达14年之久的中国人民抗日战争由此拉开大幕。九一八事变后，国民政府坚持"攘外必先安内"政策，对日本侵略者采取"不抵抗"方针，致使日军在短短三个月内占领东北三省。日本占领东北地区以后，不断扩大侵华战争规模，妄图将整个中国变为其殖民地。1932年1月28日，日军进攻上海，侵逼南京。3月，日本在东北地区扶植成立伪满洲国傀儡政权。1933年1月，华北的战略要地"天下第一关"——山海关失守。3月初，热河省会承德又遭敌攻占，日军逼临长城各隘口。1933年5月12日，日军占领通州，逼近平津，华北告急！蒋介石非但不下令抵抗，反而与日本军方于5月31日签订由日方事先拟定的《塘沽协定》，实际上承认了日本侵占东北地区的合法性，并划冀东二十余县为"非武装区"，任凭日军自由出入。自此，华北门户洞开，日军可以随时直取平津。

1933年5月31日，在日本的逼迫下，国民政府与其签订《塘沽协定》，使日本占领东北三省和热河合法化，同时将冀东二十余县划为"非武装区"，导致华北地区门户洞开，平津受到直接威胁。图为《塘沽协定》谈判场景。

面对空前严重的民族危机，国民政府置中华民族的尊严与利益于不顾。一方面对日军顽固执行"不抵抗政策"；另一方面不断对中国共产党和红军实行军事"围剿"，阻挠和镇压中国共产党同全国人民的抗日活动。九一八事变后，北平（现北京）、上海、天津、广州、济南、杭州、汉口等地爱国学生赴南京请愿示威，要求政府出兵抗日，蒋介石却命令军警宪兵开枪镇压，引起全国各界的强烈不满。

九一八事变发生后，中国共产党挺身而出，坚决扛起挽救民族危亡的历史使命。1931年9月22日，中共中央作出《中央关于日本帝国主义强占满洲事变的决议》，号召工农红军和被压迫民众以民族革命战争驱逐日本帝国主义出中

1931年9月22日，中共中央作出《中央关于日本帝国主义强占满洲事变的决议》，号召工农红军和被压迫民众以民族革命战争驱逐日本帝国主义出中国。图为《中央关于日本帝国主义强占满洲事变的决议》。

国。同月，发表《中国共产党为日本帝国主义强暴占领东三省事件宣言》，明确提出反对日本帝国主义强占东三省，坚决开展抗日斗争。天津人民在各级党组织领导下，积极开展抗日救亡活动。九一八事变的消息传到天津，南开大学学生义愤填膺，一些同学剃去头发，表示要与日本侵略者奋战到底。9月19日，东北籍在津学生召开紧急会议，成立"南开大学国难急救会"。天津河北工业学院全体师生举行集会，愤怒声讨日本侵略者的罪恶行径，讨论抗日救国办法，决定组织学生军，开展军事训练，随时准备投笔从戎。同时成立消费合作社，专售国货，抵制日货。20日，天津各校学生联合成立天津学生救国联合会，呼吁"停止内战，一致抗日，共纾国难"。南开大学、河北省立法商学院、南开中学、直隶省一中、天津女子师范学校、汇文学校、中日中学、三八女中等大中学校学生纷纷组织"青年读书会"等各种爱国进步团体，开展抗日宣传，探索救国道路。11月中旬，天津各大、中学校在党组织发动下，纷纷组织南下请愿团，到国民中央政府所在地南京请愿示威。

在不断兴起的全国各界抗日救亡活动中，天津学生和工人群众表现出高昂的爱国热情。1932年4月，天津工、学、妇、商各界救国会召开联席会议，决定组建工人自卫团，不给日本人做工，反抗日本侵略中国。青年学生组成宣传队，向商人宣传抵制日货，向市民群众宣传抗日主张。工商业者在工人、学生爱国运动的推动下，纷纷表示"誓死与日经济绝交""拒收日本钞票"。5月，在抗日救亡热潮不断兴起的形势下，党领导的抗日救亡团体——天津反帝大同盟正式成立。大同盟成立之初大部分成员是学生，在抗日救亡活动中迅速发展成为包括各界爱国群众的统一战线组织。天津文艺界还以义演的形式为抗日将士和受难同胞募集捐款。这年秋天，党领导下的左翼作家联盟等进步文化团体相继成立，团结和带领喜好文学创作的进步青年学生，用文学作品揭露日本帝国主义的侵略本性，讴歌各界民众的抗日救亡活动，抨击国民党当局的不抵抗政策。

1933年1月17日，中国共产党以中华苏维埃临时中央政府和工农红军革命军事委员会的名义发表宣言，表示愿在停止进攻革命根据地、保障人民的自由权利、武装人民三个条件下与全国各军队共同抗日。2月28日，中共河北省委发出《反对日本帝国主义进攻热河与河北紧急宣言》，号召组织工人义勇军到前线去，坚持和领导抗日斗争。在党组织的积极推动和大力支持下，5月26日，共产党员吉鸿昌联合爱国将领冯玉祥、方振武等以国民军旧部为基础，在张家口成立察哈尔民众抗日同盟军，接连收复日伪军占据的康保、宝昌、沽源、多伦四座县城，极大地鼓舞了全国军民的抗日救亡热情。

1934年10月，中共中央和中革军委率领红军主力实施战略转移，开始了举世瞩目的长征。由于中共中央机关随红军主力行动且通讯设备损坏，设在天津的中共中央北方局和河北省委与党中央失去

1933年5月，天津一些学校的爱国师生积极支援察哈尔抗战。图为天津扶轮中学师生组织前线慰问团，为察哈尔抗日将士捐款捐物。

1933年5月，在中国共产党推动和影响下，冯玉祥、吉鸿昌、方振武在张家口建立察哈尔民众抗日同盟军，宣布对日作战。图为吉鸿昌检阅抗日同盟军部队。

联系。在极其困苦和险恶的环境中,北方局和河北省委一方面积极寻找党中央的消息,设法与党中央取得联系;另一方面根据北方革命斗争形势适时调整工作方针和策略,采取某些合法形式开展工作,将秘密斗争与公开斗争结合起来,组织群众开展抗日救亡活动和反对国民党独裁统治的斗争,为迎接更大规模抗日救亡活动高潮的到来做好了充分的准备。

（二）掀起抗日救亡运动的巨澜

1935年6月,国民党北平军分会代理委员长何应钦同日本华北驻屯军司令梅津美治郎签订《何梅协定》,使华北和平津地区主权大部沦丧。图为设在西安的《解放日报》刊登的关于《何梅协定》的报道。

日本侵略者在侵占东北三省后,加紧了对华北地区的侵夺。1935年6月9日,在日本胁迫下,国民政府驻华北代表何应钦与日本华北驻屯军司令梅津美治郎签订了臭名昭著的《何梅协定》。根据这个协定,国民政府取消河北省及平津两市的国民党党部,撤走河北省的中央军、东北军和宪兵第三团,撤换河北省政府主席及平津两市市长,撤销北平军分会政治训练处,全面满足日本无理要求。

蒋介石的妥协退让政策更加助长了日本帝国主义的侵略气焰。《何梅协定》签订后,日本关东军在不断向长城各隘口大量增兵的同时，还收买汉奸，策动所谓"华北防共自治运动"，企图不费一枪一弹，在华北制造第二个"满洲国"。1935年10月22日，日军制造"香河事变"，指使河北省东部的香河、三河、宝坻、武清等县汉奸暴动，占领香河县城，由少数汉奸劣绅组织"县政临时维持会"。一个月后，日军支持国民党"蓟密区行政督察专员"殷汝耕，在通州挂起"冀东防共自治政府"的牌子，声明脱离国民政府，致使冀东20余县的大片国土脱离中国政府管辖。在天津，日军在南郊八里台修建飞机场，在大沽口修筑军用仓库，在市内修建兵营。11月8日，日军收买汉奸在驻津日军支持下发动便衣队暴乱，武装进攻天津市政府、市公安局和河北省政府，制造天津事件。11月11日，天津的日本报纸公然发出"华北民众自治促进会成立"的消息，鼓吹"厉行冀、鲁、晋、察、绥五省自治"，一些汉奸、亲日分子立即发出通电支持响应，霎时间整个华北已是岌岌可危。

在民族危机日益严重的形势下，1935年8月1日，中共驻共产国际代表团以中华苏维埃共和国中央政府和中国共产党中央委员会名义草拟《中国苏维埃政府、中国共产党中央为抗日救国告全体同胞书》（即《八一宣言》），号召全国人民团结起来，停止内战，组织国防政府和抗日联军，对日作战。为贯彻《八一宣言》精神，中共中央北方局提出，坚决反对日本侵略者和汉奸卖国贼假借民意，成立任何变相的汉奸傀儡组织，反对有损中国领土主权的《塘沽协定》《何梅协定》，将全华北人民组织起来，建立华北自卫政权，反对日本侵略者和汉奸卖国贼的所谓"华北自治运动"。11月13日，刚刚到达陕北不久的中共中央发布《为日本帝国主义并吞华北及蒋介石出卖华北出卖中国宣言》，为进一步开展抗日救亡斗争指明了方向。按照党中央的精神和北方局、河北省委的指示，平津等地的党组织和共产党员，积极在爱国学生和其他各界群众中进一步开展了抗日救国的宣传和组织工作。

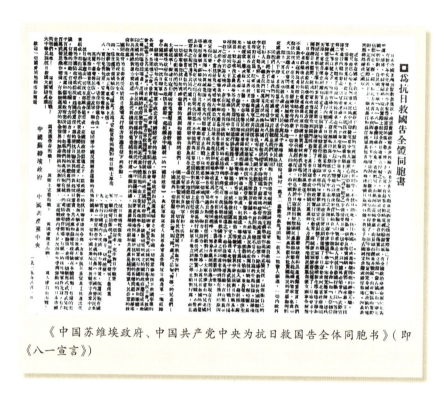

《中国苏维埃政府、中国共产党中央为抗日救国告全体同胞书》(即《八一宣言》)

　　12月6日，传来国民党当局将成立"冀察政务委员会"（为满足日本侵略者"华北特殊化"要求而设立的行政机关）的消息。广大学生和各界进步人士极为震惊。民族危机日趋严峻，北平学生深感"华北之大，已经安放不得一张平静的书桌了！"在中共北平地下组织领导下，12月7日，北平学联召开各校代表会议，决定于9日举行学生请愿游行，反对"华北自治"。12月9日，在谷景生、李常青、彭涛、周小舟等组成的中共北平临时工作委员会领导下，在姚依林、郭明秋、黄敬、宋黎等共产党员的组织和指挥下，北平数千名大中学生，冲破国民党军警的重重阻挠，举行声势浩大的抗日救国游行，喊出"停止内战，一致对外""打倒日本帝国主义""反对华北自治运动"等口号。一二·九运动爆发了。游行学生遭到国民党军警残酷镇压，有30多人被捕，数百人受伤。次日，北平各校学生宣布总罢课。12月16日，在"冀察政务委员会"计划成立的日子,学生和市民3万余人再度举行示威游行和集会,终于迫使"冀察政务委员会"延期成立。

1935年12月9日,北平学生在中国共产党的领导下,举行了声势浩大的抗日救国示威游行,一二·九运动爆发。图为爱国学生游行场景。

一二·九运动迅速向全国发展,逐步形成全国规模的群众性抗日救亡运动。它公开揭露了日本吞并华北进而侵略全中国的阴谋,打击了国民政府的妥协退让政策;唤醒了广大青年学生,唤醒了广大民众,极大地促进了中华民族的觉醒,标志着中国人民抗日救亡运动高潮的到来。

一二·九运动爆发的消息传到天津,爱国学生迅即起而响应。天津中等以上学校学生早在12月5日即发表宣言,反对所谓"华北自治运动"。一二·九示威游行后,天津法商学院、北洋工学院、南开大学等校学生宣布罢课,以示声援。为支援和配合北平学生爱国行动,天津党组织迅速与北平学联取得联系,派遣天津法商学院学生朱光、庄林和南开大学学生王绶昌等前往北平,秘密会见北平学联和党组织负责人黄敬、郭明秋等，商定在天津发动抗日游行示威。北平学联特派董毓华来津，同朱光、庄林、王绶昌详细研究确定举行游行示威的方法步骤。考虑到国民政府与日本之间的矛盾和建立抗日统一战线的需要，天津法商学院教授、地下党员杨秀峰、温健公强调在游行中不提过激要求，不喊"打倒宋哲元"口号，并就此向朱光、郝金贵等做了具体布置。12月17日，天津各校学生自治会在北洋工学院举行联席会议。会议决定，12月18日发动全市各大中学校学生示威游行，声援北平学生的爱国运动；行动中要争取第二十九军官兵，避免同天津当局和军警发生冲突；组织纠察队、设置交通联络员，以维持秩序和传递消息。会后，朱光、郝金贵、庄林等分头到各校串联，并组织同学连夜赶制标语，印制传单，紧张有序地进行准备工作。

12月18日清晨，天津青年学生怀着强烈的爱国热情，开始了声势浩大的抗日救亡示威游行。8时，法商学院校园里响起集合的钟声，学生们汇集在一起，高举抗日救亡巨幅标语，雄赳赳跨出校门。杨秀峰、温健公走在游行队伍的最前面。行进途中，北洋工学院、河北女师附中、扶轮中学、汇文中学、中西女中、中山中学、觉民中学等学校的爱国学生相继汇入游行队伍。游行队伍到达北站体育场后召开群众大会。会上，温健公等发表演讲，历数日本侵华罪行，痛斥国民党当局妥协退让政策，要求停止内战，一致抗日。大会发表宣言，号召反对华北特殊化，反对成立冀察政务委员会，反对对日妥协投降。大会结束后，游行队伍前往天津市政府请愿。当游行队伍涌向天津市政府时，军警如临大敌，惊恐万状。天津市政府秘书长被迫出面接待请愿学生代表。请愿后，游行队伍高呼"打倒日本帝国主义""打倒汉奸卖国贼"等口号，唱着激昂的《义勇军进行曲》继续游行。

1935 年 12 月 18 日，天津爱国学生举行声势浩大的抗日救国示威游行。图为爱国学生游行场景。

　　当游行队伍向着金钢桥前进时，桥上布满荷枪实弹的军警，企图阻止游行队伍通过。学生们同军警展开说理斗争，高呼"欢迎爱国军警抗日救国""中国人不打中国人"的口号。在青年学生爱国热情的感召下，一些军警态度发生变化。游行队伍抓住时机，以男同学打头，女同学随后，快速通过金钢桥。游行队伍在官银号与南开大学、南开中学等校爱国学生队伍会合在一起。官银号前人声鼎沸，爱国激情像烈火一样在燃烧。青年学生们向周围群众发表慷慨激昂的演讲。不少学生一面激动地演讲，一面擦拭着夺眶而出的泪水。雷鸣般的口号声、激昂悲壮的救亡歌曲声，回荡在海河两岸。下午 3 时，参加游行的 10 余所大中学校的 5000 多名学生在南开中学操场召开全市学生大会，决定成立"天津市学生联合会"，推选庄林、王绶昌等为学联负责人，阮务德、郝金贵为学联主要联系人；从 19 日起实行全市总罢课，抗议国民政府不抵抗政策，动员全市人民投身抗日救亡运动。大会还发出宣言、通电，要求停止内战，一致对外；要求集会、结社和言论自由。

　　一二一八大游行，冲破了国民党当局的压制，打击了日本侵略者和汉奸卖国贼的嚣张气焰，表达了天津青年学生强烈的爱国精神，极大地唤起了全市各界群众的抗日救亡热情,有力地推动了天津抗日救亡运动的高涨。一二一八大游行后不久,市委要求以法商学院党组织为基础,加紧在全市大中学校发展党的组织和党员队伍。不久,南开大学、北洋工学院等学校党组织建立起来。南开大学沙兆豫、李哲人等共产党员同党组织恢复了联系,北洋工学院丁仲文等加入了党组织。

1935年12月19日,《益世报》对天津学生游行示威的报道。

在声援北平一二·九抗日救亡热潮中,南开大学、南开中学学生还发起了颇具声势的南下请愿活动。12月18日,南开中学800余名学生参加全市抗日示威游行。当晚,在学生自治会召集的会议上,通过赴南京向国民政府请愿的决议。随后,370余名同学奔赴西站。在遭到天津市政府及铁路当局阻止的情况下,请愿学生卧轨拦截火车,津浦铁路被迫中断。12月20日,南开大学300多名学生从东站乘车赴南京请愿。火车在沧州被反动当局阻截。学生们忍饥挨饿,坚持斗争,并在沧州车站附近演讲,宣传抗日主张。爱国学生的正义行动,得到铁路工人和当地群众的同情和支持。12月23日,在当局"劝阻"下,南开大学请愿学生返回学校,继续进行罢课斗争。此时,南开中学学生正为再次南下请愿进行准备。他们决定分批出发,到南京集合。12月30日,南开中学请愿学生109人来到南京,经过反复交涉和斗争,国民政府行政院秘书长翁文灏和教育部部长王世杰不得不出面接待,他们以学生要安心读书、抗日大事政府自有决策等说辞,搪塞请愿学生。这次请愿虽未达到预期目的,但是使青年学生进一步认清国民政府对日妥协投降的真面目,认识到要想救中国,必须另找出路,必须紧跟中国共产党同日本侵略者进行坚决彻底的斗争。

（三）南下扩大宣传和天津"民先队"成立

一二·九、一二一八等抗日救亡示威游行后，瞬息之间，烈火燎原，席卷全国。为巩固发展日益高涨的抗日救亡形势，中国共产党加强了对学生爱国运动的领导，指明了学生运动与工农相结合的方向。1935年12月27日，共青团中央发表《关于学生爱国运动宣言》，对学生抗日救亡运动给予高度评价，号召爱国学生到工人中去，到农村去，到士兵中去，到民间去，与国内广大民众的斗争相结合，唤醒民众，共纾国难。

根据团中央《宣言》精神，河北省委和天津市委研究部署了党在天津的工作任务，作出《检查天津党的工作决议》，强调继续扩大天津学生抗日斗争，正确而灵活地运用上下层统一战线形式，动员学生有计划有组织地深入工厂、农村和军队，联络各界，一致开展抗日救亡斗争；成立平津学生统一领导机关，并抽调党员加入学生组织，推动抗日救亡运动的深入开展。按照河北省委和天津市委指示要求，平津两地学生组织加强了沟通联系。12月26日，天津学联负责人朱纪章赴北平，与北平学联商讨并成立"平津学生联合会"。平津学联成立后，为把平津青年学生更加紧密地团结在一起，将抗日救亡运动更好地开展下去，刚刚接任北平市委书记的林枫召集

林枫（1906—1977），黑龙江望奎人。1924年考入天津南开中学，1927年3月加入中国共产党。1932年11月任中共北平市委书记兼组织部部长。1936年2月初来津任中共天津市委书记，负责组织领导天津的抗日救亡工作。

北平学联党团负责人黄敬、姚依林、郭明秋、宋黎等研究决定，寒假期间组织"南下扩大宣传团"，深入河北农村开展抗日宣传。这项提议随即被北平各校学生代表大会通过。

为做好寒假期间平津学生"南下扩大宣传团"的准备工作，北平学联党团书记黄敬委托郭明秋就共同组织这一行动与天津学联代表朱光、庄林等进行商议，决定北平学生南下，天津学生北上，会合于河北省固安县一带，沿途开展抗日宣传。朱光等立即向天津学联传达这一决定，随后在学生中开展发动和组织工作。

"到农村去！"党的号召立即变为革命青年的行动。这时的华北，已成为抗击日本帝国主义武装侵略的前哨阵地。因此，南下扩大宣传，实际就是深入华北农村，宣传抗日，发动群众，实现青年学生和广大工农群众相结合。

12月下旬，平津学联和各校学生抗日救国会，为发动南下扩大宣传，进行了大量的思想工作和组织工作。学生们深入讨论南下宣传的意义，准备宣传品，学唱救亡歌曲，购买下乡用的蓝布工裤和球鞋，满腔热情投身于时代潮流。平津南下扩大宣传团建立了严密的组织，按照军事化方式管理，设总指挥部，由董毓华担任总指挥。总指挥部及所属团队，各设宣传、组织、交通、事务、纠察、救护和调查等专责人员，对南下宣传活动进行了细致的部署安排。

1936年1月，平津南下扩大宣传团正式成立。为加强对平津学生南下宣传活动的领导，河北省委派彭涛任宣传团党团书记，相关负责人还有黄敬、董毓华、宋黎、黄华、蒋南翔等。宣传团下设四个分团，第一、二、三分团由北平各大中学校学生组成，第四分团由北洋工学院、法商学院等天津各校爱国青年学生组成，共约250人，其中北洋工学院学生166人。第四分团下设四个大队，徐达本、晋显增、宗群等为各大队负责人，陶启坤被推选为第四分团总指挥，天津学联负责人朱光、庄林参加了第四分团的活动。按照宣传团的决定，第四分团先到北仓，再沿平津铁路北上至杨村、安次，而后向南至永清，最后在固安与北平的三个分团会师。

1月2日，天津第四分团成员在北洋工学院集合，整装待发。不料，学校大门被闻讯赶来的军警堵住。指挥部当机立断，决定宣传团成员分散行动，从学校后门出发，按原定路线前进。随后，学生们以三五人或十几人为一组，越过冰冻的北运河，摆脱军警阻拦，踏上南下征程。经汉沟至杨村，学生们边行进边宣传。晚上到达皇后店，受到当地农民协会和小学教员的欢迎，召开了群众大会。4日到达安次。安次县长最初拒绝学生进城，经过说理斗争，学生们才进入城内。宣传团成员住在西关小学，受到师生们热情的欢迎和慰劳。5日

平津学生深入民间宣传路程略图

在城外开展抗日宣传。6日至永清，住在存实中学，帮助该校筹备组织学生自治会。7日出发赴固安。宣传团所到之处，都向当地群众进行抗日宣传，演唱抗日歌曲，写标语，发传单，召开群众大会并帮助乡镇学校组建救国团体，在广大群众中撒下了抗日救亡的火种。在永清县，北洋工学院的部分学生演出街头话剧《打回老家去》和《放下你的鞭子》，剧情和表演者生动真挚的演出深深地打动了观看的群众。人群中不时响起"打倒日本帝国主义""打倒汉奸"的口号声。群众纷纷给宣传队员们端茶送水，演出结束后又竞相邀请宣传团成员到家里休息。青年学生在深入社会、深入民众的过程中，受到了深刻的爱国主义教育，对党组织提出的"同民众相结合"要求有了深入理解和切实感受。1月8日，第四分团到达固安，与北平三个分团的学生会合在一起。

南下扩大宣传团第四分团成员徒步南下进行抗日救亡宣传。

　　南下扩大宣传团四个分团在固安会合后，国民党固安县当局如临大敌，下令紧闭城门，还在城墙上架起机关枪，不让学生进城。于是，宣传团就在城外村镇开展宣传，召开群众大会和各种座谈会，教唱抗日救亡歌曲，演出抗日救亡话剧。宣传团还召开全体大会，由各分团代表分别报告南下经过。会议决定，以平津学生联合会扩大宣传团的名义发出快邮代电，申明这次扩大宣传的意义，号召全国同学一致到民间去开展抗日救亡活动。

南下扩大宣传团第四分团在农村召开村民大会，进行抗日救国宣传。

　　固安是天津学生南下宣传的目的地。平津学生南下扩大宣传团全体大会后，经讨论决定，派丁仲文、陈志远、林心贤、孙景芳、刘讷、冯有申、于奇、贾克昌、高不危等十人随北平同学继续南下，其余同学返校。随后，继续南下的天津学生转入第一分团，经过一番周折，到达保定进行抗日宣传，学生们在国民党河北省政府前高呼"打倒日本帝国主义""反对冀察政务委员会"等口号，在群众中产生较大影响，对推动抗日救亡运动的深入开展发挥了积极作用。

南下扩大宣传团第四分团在河北省固安县进行抗日救亡宣传。

平津学生南下宣传活动使国民党当局惶恐不安。国民党当局一面责令各校派人劝说学生回校，一面派出军警、特务阻止宣传团的活动。1月14日、15日，第二分团的部分学生和第三分团的学生遭军警包围后被强行送回北平。第一、第二分团于1月21日到达保定后，接到中共北平市委"结束南下，到保定后立即返回"的指示。次日，宣传团成员陆续返回平津。

从1月2日至21日，历时20天的南下抗日宣传，沿途播撒了抗日救亡的火种，同时也使青年学生经受到锻炼和考验，为成立党领导下的以抗日民主为目标的全国性先进青年组织——中华民族解放先锋队，奠定了思想和组织基础。

南下宣传活动的开展，使学生们认识到，要把抗日救亡活动坚持下去，必须建立一个强有力的组织，才能完成抗击日本帝国主义、解放中华民族的使命。第三团的学生返回北平的第二天，即成立了"中国青年救亡先锋团"。得此消息后，1月21日，第一、二团也召开大会。会上，北洋学生丁仲文提出建立"民族解放先锋队"的建议，得到全体同学的赞同。会议决定宣传团成员为第一批队员，并选出9名同学组成筹备委员会。2月1日，南下扩大宣传团成员在北平师范大学召开代表大会，决定将中国青年救亡先锋团与民族解放先锋队合并，正式成立民族解放先锋队（后改名为中华民族解放先锋队，简称"民先队"）。参加第一团活动的天津学生参加了"民先队"成立大会。大会通过"民先队"《斗争纲领》《工作纲要》《组织系统》和《约规》，成立了"民先队"总队部。2月16日，"民先队"发表成立宣言，提出动员全国武力驱逐日本帝国主义出境；成立各地民众武装自卫组织，成立各界抗日救国会，铲除汉奸卖国贼，打倒傀儡政权等八项主张。

1936年2月1日，中华民族解放先锋队举行成立大会。图为会场。

参加"民先队"成立大会的天津学联负责人庄林等返回天津后，立即着手建立天津"民先队"组织。3月上旬，中华民族解放先锋队天津地方队部在南开大学正式成立，李哲人任大队长，张沛、刘瑞芳、刘增奎、秦雨屏、于瑞英为队委。队部设在南开大学。"民先队"组织迅速在天津各大中学校建立和发展起来。在党的领导下，"民先队"以公开和半公开形式，为团结广大青年，带领青年学生投身日益高涨的抗日救亡运动发挥了重要作用，成为党组织领导抗日救亡运动的得力助手。

二、抗日救亡运动蓬勃发展和王兰庄党支部的创建

（一）党在白区工作方针的转变

在日本帝国主义加紧侵略中国，全国抗日救亡运动形成新高潮的形势下，为制定适应新形势的完整的政治路线和战略方针，中共中央政治局于 1935 年 12 月在陕北瓦窑堡召开扩大会议，通过《中共中央关于目前政治形势与党的任务的决议》。毛泽东在党的活动分子会议上作《论反对日本帝国主义的策略》的报告，明确提出党的基本策略任务是建立广泛的抗日民族统一战线，批评了党内长期存在的"左"倾冒险主义和关门主义错误倾向，为实现党在国民党统治区工作指导思想"彻底的转变"指明方向。

瓦窑堡会议后，党中央采取切实措施，推进日益高涨的抗日救亡运动。12 月 29 日，中央政治局常委会召开会议，决定派刘少奇到华北恢复、整顿和重建华北各地党组织。刘少奇曾长期从事国民党统治区工人运动和党的秘密工作，具有丰富的斗争经验，对瓦窑堡会议确定的建立抗日民族统一战线和反对关门主义的策略方针有着深刻的了解。中共中央的决定，既是为加强北方局工作，也是为党在国民党统治区实现政治策略转变而采取的一项重要措施。1936 年初，刘少奇肩负着党的重托由陕北奔赴天津，党在北方的工作随之进入一个新的发展阶段。

1936 年二三月间，刘少奇经过长途跋涉抵达天津。先是住在兴安路北洋饭店和中原公司的一家旅馆，后搬到法租界石教士路隆泰里（今和平区黑龙江路隆泰里 19 号）"惠兴德成衣铺"二楼居住，以正在养病的南开大学周教授的身份作掩护。

中共中央北方局旧址

　　刘少奇到津后，多次与中共中央北方局和河北省委负责人进行深入细致的交谈，全面了解北方党组织状况及抗日救亡运动形势，向北方局和河北省委传达瓦窑堡会议精神，阐明当前的政治形势和党的任务以及建立抗日民族统一战线的策略方针。刘少奇以陶尚行、胡服、莫文华、K.V. 等署名，撰写多篇文章、报告及党内通信，系统批判此前党在国民党统治区工作中的"左"倾关门主义和冒险主义错误，详细阐述建立抗日民族统一战线的理论和政策，对于肃清党内错误思想残余，提高党的政策策略水平，实现党在国民党统治区工作策略方针的转变，发挥了极其重要的作用。

　　同时，刘少奇采取一系列措施，恢复和发展国民党统治区党的组织，加强干部队伍建设。一是重组中共中央北方局，恢复各地党组织。1936 年 4 月，将北方局与河北省委在组织机构上实行分设。北方局由刘少奇任书记。重组后的北方局领导河北、山西、山东、绥远、河南、内蒙古垦区等地党的工作。北方局还先后恢复重建了山西、河南、山东等地的党组织，并根据党中央交办的任务，派人到香港、广州、武汉等地恢复和建立党的组织。二是对于受到王明"左"倾错误路线打击和处理的干部，核查清楚后，立即平反。三是经中共中央批准，安排被敌人长期关押在北平草岚子监狱的一批党的重要干部履行敌人规定的手续后出狱工作。同时，加强对党的干部的隐蔽和保护，纠正了一些关门主义和冒险主义的错误做法，并大量吸收在抗日救亡运动中涌现出的优秀分子入党。由于采取上述措施，党在北方的组织和党员队伍不断发展壮大。至1936年底，党员数量已发展到5000人左右，为进一步贯彻瓦窑堡会议精神，建立最广泛抗日民族统一战线，提供了有力的组织保证。党中央对刘少奇在天津期间主持的北方局工作给予高度评价，认为"北方党的工作，自胡服同志（即刘少奇）到后，有了基本上的转变……这些主要转变，足以奠定胜利的基础，开展着光明灿烂的伟大前途"。

在天津，根据中共中央精神和北方局、河北省委指示，市委和各级党组织积极推动斗争策略和工作方式等方面的转变，全面贯彻党的抗日民族统一战线策略方针，有效推进党组织的发展和抗日救亡运动的深入开展。在市委领导下，广大青年学生爱国热情不断高涨，党组织与大中学校中的一些党员重新建立联系，积极在进步学生中发展党员。在此基础上，在法商学院、南开大学、北洋工学院、女师附中、南开中学、扶轮中学、女师学院建立

1936年中共天津市委机关旧址（曲阜道长兴里47号）

党支部，在汇文中学、觉民中学、河北工学院、中西女中、三八女中等学校发展了一批党员。同时，党组织向工人比较集中的纺织厂等企业派遣党员，在工人

中秘密开展工作,建立党支部,发展新党员。此外,在市委直接领导下,还在天津周围的农村积极开展活动并建立了党的组织。1936年底,天津党员数量由年初30人左右增加到近400人。

(二)华北抗日民族统一战线初步形成

1936年5月,日军同冀察政务委员会秘密签订《华北防共协定》,规定国民革命军第二十九军由平津地区撤至河北省南部,由日军驻守平津和华北铁路沿线,华北局势日趋紧张。随后,日军以设在天津的中国驻屯军司令部为进一步实施侵华阴谋的指挥中心,大规模增兵华北,并以"防共"为名向天津及华北各军事重镇和交通要道进犯。一时进驻天津的日军达6000余人。为炫耀武力,日军在海光寺驻屯军司令部附近频繁举行军事演习。与此同时,强征华工加紧在天津一带修建飞机场、兵营等军事工程。工程完工后,日军残忍地将被迫为其修筑工事的民工成批杀害,弃尸海河,制造了骇人听闻的海河浮尸案。从4月至6月,在海河上被发现的男性浮尸多达300余具。这一切在天津各界群众特别是爱国学生中引起强烈震动和极大愤慨。

为抗议日本帝国主义增兵华北和屠杀我同胞的血腥罪行,进一步宣传党的抗日民族统一战线策略方针,刘少奇指示天津市委组织全市学生和各界爱国群众,举行一次声势浩大的游行示威活动,强调在活动中特别要采取争取第二十九军官兵抗日的方针。5月20日前后,林枫代表北方局召集天津市委副书记易吉光、宣传部长彭涛、组织部长李启华等,在铃铛阁附近一座地主陵园里召开秘密会议。会议对游行示威活动组织工作作出部署,确定了游行队伍不进入日租界,避免过激行动的策略。

市委对这次游行示威非常重视。市委书记李铁夫亲自向学联负责人朱光进行具体布置,要求学联发动各校学生参加,组织精干的学生纠察队,以防止国民党当局和汉奸、特务破坏和镇压。天津学联立即在扶轮中学召开联席会议,对发动学生抗日示威游行作出安排。随后,在国民党警方已获悉游行日期的情况下,市委指示学联将游行示威由原定 5 月 30 日提前到 5 月 28 日举行。

5 月 28 日,天津爱国学生队伍按预定计划分作南北两路,向市中心会合。南路以南开大学、南开中学、广东中学、三八女中等校学生组成,经南马路、东南角、东马路,到官银号;北路由法商学院、北洋工学院、女师学院和河北第一师范学校等校学生组成,经月纬路、七经路、金钢桥,至大胡同。游行队伍在"天津市学生爱国示威大游行"横标引导下,沿途高呼"打倒日本帝国主义""反对日本增兵华北"等口号。当军警企图干涉时,学生们高呼"中国人不打中国人""欢迎天津军警一起抗日"的口号,争取军警对抗日活动的同情。南北两路队伍在官银号会合后,举行群众大会,强烈呼吁"停止内战,一致对外",作出"反对华北特殊化"等决议。随后继续游行至南开操场结束。这次行动在中共中央北方局和天津市委直接领导下,采取公开合法的政策和策略,得到各界群众支持,争取到军警同情,获得极大成功,有力地推动了天津抗日救亡运动的蓬勃开展。

1936 年 5 月 28 日,在中共中央北方局和天津市委领导下,天津爱国学生举行抗日救亡大游行。图为爱国学生游行场景。

　　五二八抗日大游行后，天津市委按照中共中央北方局指示，积极恢复和整顿党的组织，并注意把党的组织隐蔽在公开或半公开的群众组织中，使党的基层组织得到迅速恢复和发展。1936年6月，随着市内基层党组织数量增加，天津市委建立了工人区委、学生区委和塘沽区委。程宏毅任学生区委书记，付景洪、周文彦为委员。学生区委开始由市委组织部部长李启华领导，后由姚依林领导。市委通过学联、"民先队"中的共产党员，组织抗日救亡运动中涌现出的学生积极分子阅读北方局机关刊物《长城》杂志、河北省委刊物《真理》和《共产党宣言》《国家与革命》等书籍，使他们认识到只有中国共产党才能担当起救国救民的领导重任；在开展思想教育基础上，经过对发展对象审查和上级批准，吸收他们加入党组织。

　　抗日救亡运动的蓬勃开展，迫切要求加强党的统一领导。刘少奇主持中共中央北方局工作后，就要求北方局和天津市委从思想上、组织上进一步加强党对"民先队"的领导，联系其他抗日救亡团体，广泛开展抗日民族统一战线工作。为此，1936年8月，在市委直接领导下，天津"民先队"地方队部召开扩大干部会议，总结过去的工作，查找存在的问题，确定以后的工作方针，充实和调整领导力量，成立新的"民先队"队部，重建"民先队"中国共产党党团，加强对各大中学校"民先队"的统一领导。从此，天津"民先队"结束了各大中学校"民先队"独立活动、缺乏统一领导的状况。此后，"民先队"组织深入到青年学生、工人和其他群众中，普及到社会各阶层中。到1936年底，全市"民先队"队员已有700人左右，其中学生占3/5，工人、自由职业者及保安队巡警占2/5。

　　天津市委在加强天津"民先队"工作的同时，还加强对天津学联的领导。五二八大游行后，朱光调离天津，学联党团由王绶昌负责，王绶昌、庄林、阮务德等共产党员成为学生救国联合会的主要负责人。市委领导学生救国联合会积极开展抗日民族统一战线工作，特别注意推动教育文化界的抗日救亡活动。6月，经过天津市委及党的基层组织积极工作，天津教育界、新闻界、银行界及民族工商业的爱国人士成立"经济研究所"，经常约请一些进步的教授、专家作学术报告，座谈时事政治。杨秀峰代表教育界，张洁清代表妇女界，王绶昌代表学生界，李哲人和杜文敏以"民先队"代表的身份，参加"经济研究所"的活动，并以此为基础成立天津各界救国联合会。

天津市委在各界救国联合会中成立党团组织，由杨秀峰任党团书记。天津各界救国联合会的成立及其活动，加强了抗日救国斗争中社会各界的团结，进一步扩大了抗日救亡运动的规模和影响，开辟了党的抗日民族统一战线工作的新局面。在党的抗日民族统一战线工作不断推进的形势下，1937年2月，在中共中央北方局和彭真的领导推动下，中华民族解放先锋队在北平举行第一次全国代表大会。天津"民先队"负责人李哲人、杜文敏出席大会，并当选为全国"民先队"的领导人。会后，李哲人调到全国"民先队"总部工作，天津"民先队"大队长由杜文敏担任。"民先队"领导人还有秦雨屏、刘瑞芳、周彬、于瑞英、宗群、张沛和孙鸿志等。在李铁夫、姚依林等天津市委负责同志的直接领导下，天津"民先队"带领爱国青年学生进一步投身于日益高涨的抗日救亡活动中。

1936年12月，在中国共产党抗日民族统一战线政策和全国人民抗日救亡运动的影响下，国民党爱国将领张学良、杨虎城为逼蒋介石联共抗日，发动西安事变，扣留正在西安的蒋介石，通电全国，提出联合各党派，停止内战、一致抗日的八项主张。在接到党中央关于和平解决西安事变的指示后，北方局立即向全国发出通电，呼吁蒋介石和国民政府接受张、杨八项主张，停止一切内战，实行一致抗日。刘少奇连续发表《北方局共产党发言人谈话》等三篇文章，阐述党对西安事变所采取的正确方针及今后的任务，要求各级党组织充分发动群众，说服各方面人士，帮助他们接受党的策略主张，争取绝大多数的爱国学生在党的抗日民族统一战线旗帜下团结起来，粉碎国民党反动分子分裂学生运动的阴谋。天津市委迅速把党中央和北方局的指示传达到党的基层组织和每个党员。通过对党中央方针政策的学习和讨论，广大党员、"民先队"队员统一了思想，团结了一大批爱国学生，同亲日派和国民党反动分子进行了坚决斗争。各大中学校通过举办辩论会、演讲会、讨论会等形式，使党的"停止内战、一致抗日"的主张更加深入人心。广大青年学生纷纷站到党的抗日民族统一战线的旗帜下。

经过中共中央北方局的不懈努力，宋哲元和第二十九军也逐渐坚定了抗日的态度。1937 年 1 月 20 日，宋哲元在天津公开声明，提出要尽军人之职，维护国家主权，保护土地和人民。天津各抗日救亡团体不断前往第二十九军驻地进行慰问，促使第二十九军将士的抗日热情日趋高涨。至此，华北地区的抗日民族统一战线基本形成。

（三）开展暑期义务教育活动与青年学生的成熟成长

1936 年五二八大游行后，天津各大中学校陆续放暑假。为进一步推动暑期抗日救亡运动深入开展，天津市委及时对暑假期间的学生抗日救亡工作作出安排，要求学联和"民先队"在巩固学校抗日救亡斗争阵地的基础上，组织广大青年学生利用暑假走向社会，在工农群众中开展抗日爱国的宣传活动，引导青年学生继续沿着同群众相结合的道路前进。

根据市委指示精神，6 月中旬，天津学联召集各大中学校代表成立"暑期义务教育促进会"，决定利用工农义务教育（简称"义教"）这种公开合法形式，结合文化教育，广泛开展抗日爱国宣传，并确定革命基础较好且距离市区较近的市郊王兰庄、小园和姜井等作为开展乡村义务教育的地点。

为开展乡村义务教育，天津学联组织了募捐活动，以解决"义教"中的经费问题。"义教"教材由南开大学程宏毅、秦雨屏等负责编写，由党领导的知识书店代为免费印刷，经"民先队"队员杨若余、杨凤藻等人装订好，分发到各"义教"学校。全市各大中学校学生党员和"民先队"队员动员同学积极参加"义教"活动。

学生们进村后，即开始创办夜校以及妇女和儿童识字班。由于农民们不了解学生，把他们看作"外来人"，最初只有村里的小孩子来学唱歌、识字，大人只是在一旁看热闹。经过多种形式开展工作，农民与学生熟悉起来，参加夜校的农民逐渐越来越多。学生们在教农民识字的同时,还向他们讲解什么是帝国主义等简单的社会科学知识。"义教"点每周编写壁报,运用浅显简明的文字和图画,介绍时事知识,宣传救国道理,对不识字的村民,则由学生们读给他们听。参加"义教"的同学经常组织文艺演出,先后在各个"义教"点和附近村庄演出《放下你的鞭子》等街头剧。北洋工学院、南开大学等校的学生经常来这里演出自己编写的抗日救亡短剧,还邀请市内的青玲艺话剧团、八一救亡剧团来此演出,农民们踊跃观看,有时观众达数百人,台上台下高呼抗日口号,气氛非常热烈。

1936年夏,中共天津市委通过天津学联建立暑期义务教育促进会,组织爱国进步学生分赴天津郊区王兰村、姜井、小园、北仓等地,开展义务教育,宣传抗日救亡思想。图为爱国学生开展抗日救亡宣传的场景。

"义教"工作逐步打开了局面,为开展抗日救亡宣传提供了良好条件。学生们结合人们熟知的事例,讲日本帝国主义怎样侵略中国,九一八事变后日本在天津怎样收买便衣队搞暴乱，以及日本人走私商品的危害等。在姜井村，学生们还用算账的方法，向群众讲述日本侵略者压价收购农民的棉花，高价在中国市场倾销布匹，逃避关税，在经济上侵略中国、剥削中国人民的罪恶。同时，还向广大村民介绍骇人听闻的海河浮尸案，控诉日本侵略者操纵汉奸残害中国人民的罪行。一桩桩一件件铁证如山的侵略事实，在农民群众中迅即燃起对日本侵略者的满腔怒火。学生们教当地农民唱革命歌曲，激发他们保家卫国的爱国热情，许多农民学会唱《义勇军进行曲》《大路歌》《五月的鲜花》《打回老家去》《抗日打牙牌歌》等歌曲。这期间，在各"义教"点及附近村庄，经常响起嘹亮的歌声，这歌声唤起农民觉悟，震荡着津郊农村大地！

在"义教"活动中，经过一二·九运动洗礼的共产党员、"民先队"队员和爱国学生经受了新的锻炼和考验。天津市郊的农民深受封建地主阶级的残酷压榨，生活极端困苦。日本帝国主义的侵略暴行、反动政府的横征暴敛，更进一步加重了他们的生活负担。党组织号召"民先队"队员和爱国学生，在参加"义教"活动中经受艰苦生活的考验，发挥南下扩大宣传的光荣传统，走与工农群众相结合的正确道路。参加"义教"共产党员、"民先队"队员带头与工农群众打成一片。他们吃玉米面窝头和咸菜，居住条件也很差，甚至居住在牲口棚里。尽管生活十分艰苦，但"义教"队伍始终洋溢着高昂的爱国热情和革命乐观主义精神。经过党

参加义务教育的学生在王兰庄、小园村举办妇女识字班，宣传抗日救国思想。

组织的培养和实际工作的考验，一些进步青年在"义教"活动中加入了党组织，成长为坚定的革命战士。在"义教"和抗日宣传活动中，爱国青年学生逐步学会了做群众工作的方法。他们采用生动活泼的形式，向农民讲抗日斗争故事，教唱救亡歌曲，提高农民群众参加学习的兴趣，并把教育农民及其子弟识字同抗日爱国宣传结合起来，揭露日本帝国主义的侵略罪行，宣传抗日救国道理。

　　农民和学生朝夕相处，逐步加深了解，开始向学生们倾吐多年积压在心中的血泪苦情。王兰庄的农民绝大部分是佃农，地瘠租重，生活困苦不堪。为了生存，他们大都私熬硝盐卖，这在旧社会是犯"法"的，一经查获，即遭毒打和处罚。农民饱受欺凌，孕育着极大的反抗情绪。一些青年农民对封建主义的压迫剥削和日本帝国主义的侵略极为愤慨，比较快地接受了革命道理，涌现出一批积极分子。他们和爱国学生一起投身抗日救亡宣传活动。有一次，市里的剧团来此开展抗日"义演"，遭到当地国民党警察阻挠，王兰庄的青年农民和学生们一起，进行说理斗争，迫使其无法阻挠演出。参加"义演"的同学们对贫苦农民的困境十分同情，通过个别交谈，启发农民组织起来，同国民党保安队和盐警队进行斗争，开展抵制日货及反走私活动，维护群众切身利益，得到群众的衷心拥护和大力支持。

在王兰庄办平民学校时，爱国学生与当地农民子弟合影。

在短短的暑期里，"义教"工作取得显著效果。"义教"点的农民群众发动起来，播下了革命种子，为近郊农民运动的兴起形成了良好开端，为在津郊农村建立党组织做了思想准备，提供了群众基础。

天津学生到农村进行"义教"工作，在社会上引起了积极反响。同年8月30日，上海《生活星期刊》（邹韬奋主编）第一卷第十三号刊登了天津学生暑期到王兰庄等农村进行"义教"活动的6幅照片，对天津学生开展农村"义教"活动进行了报道。

刊登天津学生在王兰庄"义教"活动照片的上海《生活星期刊》。

在法国巴黎出版的中文报纸《救国时报》1936年1月25日第二版刊登了《平津学生救亡运动之动向》，介绍了平津学生开展抗日救亡运动活动情况。

（四）创建王兰庄党组织和开展革命工作

爱国学生"义教"活动唤起了当地农民觉悟，培养了一批积极分子，为王兰庄建立党组织奠定了基础。暑假后期，天津市委通过学联，以义教促进会的名义，相继派慕湘、路平、余力步、崔建华等共产党员常驻王兰庄，以"义教"活动为掩护，进行抗日救亡宣传和发展党员的工作。他们来到王兰庄后，在群众支持下，正式办起民校，并推举慕湘为校长。为建设校舍，经学联同意，向市内各校学生募捐，很快募集300元，购置砖瓦木料，慕湘等与村民动手盖起4间带有玻璃门窗的瓦房。王兰庄的农民有了自己的学校，在附近村庄中产生很大影响。学校的建立，也为党的工作人员提供了合法身份和良好的活动基地。

为维护贫苦农民的切身利益，经慕湘、路平与村中积极分子刘振奎商量，秘密组织了几个熬盐小组，巧妙地与盐警队进行斗争。农民在实践中感悟到组织起来的必要，慕湘因势利导，建立起农民救国会，秘密发展会员，开始有几个人参加，后来会员逐步发展到四五十人，这些会员成为王兰庄开展抗日救亡活动的骨干力量。

随着王兰庄农民运动的开展，涌现出一批农民积极分子，他们都是赤贫，生活非常困苦，与旧势力斗争坚决，支持学生办"义教"，在抗日救亡活动中受到教育，提高了政治觉悟，拥护中国共产党的领导，积极参加抗日工作，经受了斗争考验。经过考察了解，从1936年9月起，先后发展刘振奎、何文彬等人入党。同时，在西青地区建立了第一个农村党组织——王兰庄支部，路平任支部书记，直接受市委组织部部长李启华领导。至年底，王兰庄党支部共有党员10名：刘振奎、何文彬、孙殿甲、李恩泽、刘振瑞、郭金伦、郭春祥、宋贵生、陈玉荣、刘振和。

1937年春，在全国抗日救亡运动高涨的形势下，王兰庄党支部按照上级指示，积极开展工作。他们到附近村庄进行抗日救亡宣传，启发农村群众的爱国思想，并对蔡台、炒米店等地的国民党警察所进行分化争取工作，还组织群众和小学生到警察所门前游行、演剧，到李七庄、八里台等地进行抗日游行。5月，党支部领导群众开展反走私斗争，教育群众不买日本走私货，打击替日本人贩运私货的奸商，极大提高了当地群众的爱国主义觉悟。

1937年7月，日军大举进攻天津，宋哲元所部的第二十九军奋起抵抗。王兰庄党支部根据上级党组织指示，立即组织群众支援二十九军，王兰庄村民救护队队员冒着敌人的枪林弹雨到八里台一带抢救伤员，为伤员们筹集鸡蛋等食品，为他们烧水做饭。在村民的悉心护理下，许多伤员转危为安、重返前线。

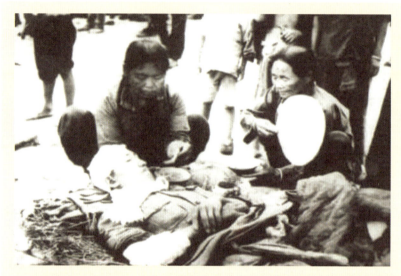

1937年7月27日，宋哲元所部的国民革命军第二十九军一部在八里台附近与来犯日军作战，王兰庄党支部组织王兰庄、梨元头一带村民，奔赴八里台等地抢救伤员、送水送饭，支援二十九军抗战。

天津沦陷后，按照市委指示，王兰庄党支部转入地下，进行隐蔽活动。1937年9月，党支部书记路平带领王兰庄、于台等村群众，连续拆毁从邓店至牛坨子的良陈支线多段日军把控的铁路；带领部分党员、群众拦截日军运送弹药、粮食等军需物资的大车，把车上的大米隐藏起来，战斗中缴获数百发子弹和一把日军指挥官军刀，留下一张写着"中国人民不是好惹的"字条后安全撤离。年底，刘振奎、何文彬在八里台、西营门等地散发抗日传单，甚至将抗日传单散发到日军兵营内，表现了中国人民抗战到底的坚定决心。

1938年后，在党的"隐蔽精干，长期埋伏，积蓄力量，以待时机"工作方针指导下，王兰庄党支部在日益严峻的形势下坚持斗争。刘振奎负责农村工作，何文彬进市区做工人工作,定期同路平、崔建华联系。1938年9月,中共平津唐点线工作委员会成立,王兰庄支部由点线工委天津城委书记顾磊(严子涛)领导。1940年春夏,刘振奎、何文彬先后赴平西根据地学习。王兰庄支部作为天津城委在近郊的秘密联络点,做了大量抗日救亡工作。1942年,抗日斗争形势更为严峻,王兰庄支部与上级党组织失去了联系,但刘振奎、何文彬等人仍然在当地坚持斗争。

随着抗日战争形势的发展,从1943年起,中共冀中区八、九、十地委所属的津南工委、静大县委、第三联合县委、天津工委及津南支队先后进入西青地区,在艰难困苦的条件下,努力打开抗日斗争新局面。此后,在中共津南工委、津南县委领导下,党组织在王兰庄等村发动群众,建立村政权和农会、民兵组织,开展抗日游击战,英勇打击日本侵略者。

1943年,冀中八分区决定将津浦支队改建为津南支队,进入西青地区,开创抗日斗争新局面。图为津南支队部分队员合影。

1945年8月15日，日本宣布无条件投降，中国人民抗日战争取得伟大胜利。抗战胜利后，党组织在王兰庄领导村民开展减租减息、雇工增资斗争，武装反抗国民党军向解放区的进攻。随着全国解放战争形势的迅速发展，1948年12月，王兰庄村成立支前委员会，在党和政府领导下发动人民群众积极投入支前工作，为解放天津作出积极贡献。

三、天津抗日救亡运动的历史经验和现实启示

一二·九抗日救亡运动是中国共产党领导的反帝爱国运动，是中国人民抗日战争中的重大历史事件，标志着全国抗日救亡新高潮的到来，促进了抗日民族统一战线的形成和发展，为中国人民夺取抗日战争的最后胜利作出了重要贡献。天津爱国青年学生和各界群众在中国共产党的领导下，积极参加一二·九运动，投身抗日救亡洪流，书写了激情洋溢的历史篇章。一二·九抗日救亡运动不仅具有重大的政治意义和深远的历史意义，也为我们留下了宝贵的历史经验。

（一）汲取一二·九抗日救亡运动宝贵历史经验

一二·九运动的爆发冲破了国民党统治的白色恐怖，配合工农红军长征胜利，打破了笼罩华北的沉郁政治气氛，喊出了"打倒日本帝国主义"的战斗口号，极大增强了人们对抗日救亡的坚定信念和必胜信心。一二·九抗日救亡运动的伟大历史充分证明，党的领导是一二·九运动蓬勃发展的根本保证，抗日民族统一战线是抗日救亡运动深入开展的关键因素，爱国青年广泛参与是推动抗日救亡斗争的重要力量。

党的领导是一二·九运动蓬勃发展的根本保证。九一八事变发生后，中华民族面临严重的生存危机，在中国共产党领导下，进步青年和爱国学生冲破国民党反动统治的重重阻碍，为宣传抗日而奔走呐喊，开展轰轰烈烈的抗日救亡运动。刘少奇主持北方局工作后，采取一系列措施，恢复和发展国民党统治区党的组织，加强党员队伍建设，天津党组织得到恢复，党的领导得到加强。市委

和各级党组织根据中共中央精神和北方局、河北省委指示，全面贯彻党的抗日民族统一战线策略方针，有力推进党组织的发展和抗日救亡运动的深入开展。在一二·九运动中，以党组织和共产党员为核心的群众团体和学生社团在抗日救亡活动中发挥了关键作用。在市委和市学联领导下，在进步青年和爱国学生带动下，天津各界人民群众投身抗日救亡运动，公开揭露日本帝国主义侵略中国、吞并华北的图谋，沉重打击国民政府妥协退让政策，大大地促进了中国人民的觉醒，推动了抗日救亡运动新高潮的到来。

抗日民族统一战线是抗日救亡运动深入开展的关键因素。在一二·九运动中，特别是刘少奇主持北方局工作后，天津党组织坚决贯彻瓦窑堡会议精神，坚定不移贯彻执行党的抗日民族统一战线政策，采取灵活有效的斗争策略，把党中央的统一战线方针和天津革命斗争形势结合起来，把秘密工作与公开斗争结合起来，充分运用合法斗争方式，广泛地团结各阶层群众。正是在正确的理论和斗争策略的指导下，党组织积极宣传党的抗日民族统一战线政策，推动成立天津民众救国会、天津工人救国会、天津农民救国会、天津学生救国联合会等抗日救国团体，在此基础上成立天津各界救国联合会，在天津形成全民性的抗日救亡组织，把广大群众团结到抗日队伍中。在文化界，党组织团结了一大批进步教授、学者和教职员，南开大学校长张伯苓、扶轮中学训育主任杨绍萱等，都曾不同程度地同情和支持爱国学生抗日救亡斗争。扶轮中学党支部通过地下党员李家侗做其叔父、民族资本家李烛尘的工作，争取其参加到抗日阵线中来。在党组织推动下，天津新闻界王芸生、罗隆基，银行实业界卞白眉、于啸秋等诸多知名人士，逐渐转到抗日救国的立场上来。党组织还积极开展二十九军爱国官兵的统战工作，把"打倒宋哲元"的口号改为"拥护二十九军抗日"，经常对二十九军官兵进行慰问演出，天津学生游行示威活动始终没有受到国民党驻军的阻挠和破坏。卢沟桥事变爆发后，在党的领导下，天津各界民众在"团结御侮、共赴国难"的号召下，以各种方式动员和组织起来，积极投入到捐献慰劳、救护伤员、战地服务、救亡宣传等活动中去，推动抗日救亡运动广泛深入开展，有力地支援了前线作战，促进了全民族抗战局面的形成。

爱国青年广泛参与是推动抗日救亡斗争的重要力量。天下兴亡，匹夫有责。一二·九时代的青年肩负历史的重任，在中华民族生死存亡的危急关头，投身伟大的抗日救亡运动。天津进步青年和爱国学生继承和发展五四运动光荣传统，举行声势浩大的示威游行和集会，以响应北平学生一二·九抗日救亡爱国运动，要求国民党当局停止"攘外必先安内"政策，一致抗日，他们在民族危亡时刻发出"担负起国家的兴亡"的呐喊，走出学校，走向社会，深入农村，深入工厂，同民众相结合，推动抗日救亡运动广泛深入发展。面对国民党当局对外屈服于日本帝国主义和对内积极反共、反人民的反动政策，进步青年和爱国学生毅然冲破国民政府对抗日救亡活动的阻挠，不怕牺牲、前赴后继，表现出坚定的爱国主义信念。从南下扩大宣传，到成立乡村义教促进会，从市区内各种形式的工人夜校、识字班，到杨村、北仓等二十九军爱国官兵的驻地，都活跃着进步青年和爱国学生的身影。全民族抗战爆发后，这些进步青年和爱国学生有的奔赴疆场，在战争的烈火中锻炼成长；有的奔赴农村，发动群众，开辟抗日根据地；有的到延安这座革命大熔炉里，接受教育，开展工作；有的留在天津，身居虎穴，坚持地下斗争，为抗日战争取得最后胜利作出重要贡献。历史证明，知识分子和青年学生同工农相结合，同革命武装相结合，是一条正确的道路，一大批优秀青年通过这条道路从爱国主义者、革命民主主义者，转变为共产主义者。在中国人民抗日战争的洪流中，一二·九运动中成长起来的英雄们没有辜负党的培养和人民瞩望，他们冒着敌人的炮火，踏着先烈的足迹，同敌人英勇斗争，用鲜血染红了不屈的战旗。王仲华、阮务德、赵观民、周文彦、李家偁、张维明、刘宗元、吴祖贻、刘岫珊等同志为中国革命的伟大事业献出了宝贵的生命，谱写了激昂的青春旋律，铸就了不朽的生命丰碑。

（二）弘扬一二·九精神推进民族复兴历史伟业

一二·九运动永载史册，一二·九精神熠熠生辉。毛泽东对一二·九运动给予高度评价，指出一二·九运动是动员全民族抗战的运动，它准备了抗战的思想，准备了抗战的人心，准备了抗战的干部。一二·九运动的核心是爱国主义精神，内在本质是坚持党的领导。岁月不居，精神永存。回顾一二·九运动在天津的伟大历史进程，总结一二·九运动宝贵的历史经验，弘扬一二·九运动伟大精神，对于推进中华民族的伟大复兴历史伟业具有重要的启示作用。

1944年12月1日，《解放日报》关于延安各界纪念一二·九运动九周年报道。

推进复兴伟业，必须始终坚持中国共产党的全面领导。中国共产党是中国人民抗日战争的中流砥柱。一二·九抗日救亡运动在中国共产党的坚强领导下进行，始终贯彻执行党的正确政治路线。在日本帝国主义加紧侵略中国、中日民族矛盾上升到第一位的时候，党中央及时地提出建立抗日民族统一战线的策略方针。这个正确的策略方针和一二·九运动"反对日本帝国主义""停止内战、一致抗日"口号，有力地团结动员抗日爱国的各阶级、各阶层人民群众，孤立了日本帝国主义和汉奸亲日派，最终指引中国人民取得抗日战争伟大胜利。习近平总书记指出："在抗日战争时期，在民族危亡的历史关头，中国共产党以卓越的政治领导力和正确的战略策略，指引了中国抗战的前进方向，坚定不移推动全民族坚持抗战、团结、进步，反对妥协、分裂、倒退。中国共产党高举抗日民族统一战线的旗帜，坚决维护、巩固、发展统一战线，坚持独立自主、团结抗战，维护了团结抗战大局。中国共产党人勇敢战斗在抗日战争最前线，支撑起中华民族救亡图存的希望，成为全民族抗战的中流砥柱！"奋进新时代新征程，学习一二·九抗日救亡运动光辉历史，传承弘扬一二·九运动伟大精神，踔厉奋发推进复兴伟业，就要始终坚持中国共产党的全面领导。中国共产党领导是中国特色社会主义最本质的特征，是中国特色社会主义制度的最大优势，是党和国家的根本所在、命脉所在，是全国各族人民的利益所系、命运所系。我们的全部事业都建立在党的全面领导基础之上，始终坚持党的全面领导不动摇，坚定拥护"两个确立"，坚决做到"两个维护"，不忘初心、牢记使命、踔厉奋发、勇毅前行，充分发挥党的领导政治优势，把党的领导落实到党和国家事业各领域各方面各环节，就一定能够确保全党全国各族人民团结一致向前进。

推进复兴伟业，必须凝聚起磅礴的中国力量。中国人民抗日战争胜利是全民族众志成城奋勇抗战的伟大胜利。中国共产党坚持动员人民、依靠人民，推动形成了全民族抗战的历史洪流。在中国共产党的领导下，青年学生在一二·九抗日救亡运动中走在时代的前列，以汇聚时代最强音的"抗日救亡"主题声震华夏，为实现全民族奋起抗战起到了先锋作用。在抗日民族统一战线旗帜下，中国人民在抗日战争中表现出空前的觉醒与团结，形成伟大抗战精神。面对日本侵略者，各族各界人民协力抗战，本着"一切为了抗战""一切为了胜利"的宗旨，英勇作战，为国牺牲，努力生产，竭诚捐输。妇女儿童也为支援前线而尽力。海外侨胞、港澳同胞与人民血肉相连，捐钱捐物，回国参战。中华民族面临亡国灭种的危险关头，真正做到"人无分老幼，地无分南北"，人人为抗战胜利作贡献，团结一致，不怕艰难，不畏牺牲，终于赢得了最后的胜利。习近平总书记指出："中国人民抗日战争胜利是全体中华儿女勠力同心、以弱胜强的雄浑史诗，显示了中国人民和中华儿女坚不可摧的磅礴力量！"奋进新时代新征程，学习一二·九抗日救亡运动光辉历史，传承弘扬一二·九运动伟大精神，踔厉奋发推进复兴伟业，就要大力弘扬伟大抗战精神，从一二·九抗日救亡运动光辉历史中汲取爱国主义精神财富，高举中国特色社会主义伟大旗帜，把统一战线作为克敌制胜、执政兴国的重要法宝，团结海内外全体中华儿女实现中华民族伟大复兴，把各方面智慧和力量凝聚起来，形成海内外中华儿女心往一处想、劲往一处使的强大合力，不断巩固和发展大团结大联合局面，汇聚起实现中华民族伟大复兴的磅礴力量，铸就新的时代辉煌、创造新的历史伟业。

推进复兴伟业，必须弘扬以爱国主义为核心的民族精神。在日本帝国主义入侵中国，特别是在平津危急、华北危急的紧要关头，广大青年学生面对帝国主义的强盗行径，面对国民政府的屈辱退让，悲愤地喊出了"华北之大，已安放不下一张平静的课桌了"，这震天动地的呐喊敲响了民族危急的警钟。在中国共产党的领导下，青年学生和各界民众积极探索拯救祖国的道路和办法，决心"担负起天下的兴亡"，"掀起民族自救的巨浪"。正是强烈的忧患意识和历史责任感，促使他们挺身而出，开展各种形式的爱国活动，抵抗日本帝国主义的侵略，从而推动了全民族抗战，为最终战胜日本帝国主义，争取民族解放贡献出自己的一切。习近平总书记指出："历史深刻表明，爱国主义自古以来就流淌在中华民族血脉之中，去不掉，打不破，灭不了，是中国人民和中华民族维护民族独立和民族尊严的强大精神动力，只要高举爱国主义的伟大旗帜，中国人民和中华民族就能在改造中国、改造世界的拼搏中迸发出排山倒海的历史伟力！"奋进新时代新征程，学习一二·九抗日救亡运动光辉历史，传承弘扬一二·九运动伟大精神，踔厉奋发推进复兴伟业，就要始终发扬以爱国主义为核心的中华民族伟大精神，把自己的理想同祖国的前途、把自己的人生同民族的命运联系在一起，把爱党爱国爱社会主义的热情转化为兴家护国、矢志复兴的实际行动。中华民族伟大复兴不是轻轻松松、敲锣打鼓就能实现的，必须勇于进行具有许多新的历史特点的伟大斗争，准备付出更为艰巨、更为艰苦的努力，必须继续谦虚谨慎、戒骄戒躁，继续艰苦奋斗、锐意进取，全力办好自己的事，锲而不舍实现我们的既定目标。新时代已将一二·九精神的火炬交接到新一代青年人手中，唯有奋斗方能致高致远，唯有奋斗方能成就美好未来。面向第二个百年奋斗目标新征程，让我们紧密地团结在以习近平同志为核心的党中央周围，深入学习贯彻习近平新时代中国特色社会主义思想，认真贯彻落实党的二十大和市第十二次党代会精神，坚定拥护"两个确立"，坚决做到"两个维护"，弘扬光荣传统，赓续红色血脉，把爱国之情、报国之志融入祖国改革发展的伟大事业之中、融入人民创造历史的伟大奋斗之中，以永不懈怠的精神状态和一往无前的奋斗姿态，向着中华民族伟大复兴的宏伟目标勇毅前行。

（执笔：周巍、马兆亭）

回忆篇

一二·九运动在天津

李哲人

一二·九运动前，日本帝国主义的军队在天津到处横行，坦克随便跑，飞机任意飞。大批日本特务、浪人和汉奸到处欺压中国人民。他们还利用租界大量走私和销售毒品，大量开设烟馆和妓院，推行毒化政策。日商、汉奸和买办相互勾结，实行武装走私，运进日货，大量倾销。日本特务甚至到店检查，不卖日货便被认为是"反对中日经济提携"，要被传讯。同时，我国大量的盐、铁等重要物资又被低价抢购到日本去。在日寇的经济掠夺下，天津的民族工商业被日本厂商收买吞并的不少，被排挤倒闭的更多。1935年，日本帝国主义对华北发动了新的进攻，要求国民政府交

李哲人（1910—1969），山西省临猗人，中华民族解放先锋队天津地方队部主要负责人之一，一二·九运动期间系南开大学学生。

出华北的统治权。同时，日本帝国主义在天津南郊八里台修建飞机场，在大沽修筑军用仓库，在市内修建兵营，积极地进行发动侵华战争的准备。1935年11月，天津的日本报纸公然发表"华北民众自治促进会成立""厉行冀、鲁、晋、察、绥五省自治"等消息。一小撮汉奸、亲日分子竟奴颜婢膝地通电响应。随后，日本特务和汉奸公然坐着汽车，打着"自治"的旗帜，散发侵华传单。接着，日寇又从日租界派出佩着"敢死队"徽号的特务、汉奸，进行武装挑衅。

天津日租界

　　那时，每一个有血性的中国人都感到"国亡无日"，身受日寇、汉奸欺凌的天津人民，对亡国威胁感受尤深，他们逐渐觉悟到，坚决反抗是生路，投降妥协是死路，因而迫切要求抗日。但是国民政府却违反民意，继续坚持"攘外必先安内"的反动政策，对日寇节节退让妥协，对人民抗日活动则残酷镇压，眼看着华北四省将继东北四省之后沦入日寇之手。当此中华民族存亡处于千钧一发之际，中国共产党于1935年8月1日，发表了伟大的《八一宣言》，号召全国同胞团结一致，共同抗日。天津人民在中国共产党的坚强领导和中国工农红军北上抗日行动的鼓舞下，要求停止内战，一致抗日的呼声日趋高涨。因此，随着1935年12月9日北平学生大规模爱国救亡运动的爆发，天津学生立即响应。在12月18日举行了声势浩大的抗日游行大示威，以迎接当时中国人民抗日革命高潮的到来。

天津学生的抗日救亡运动是一二·九运动的重要组成部分，它一开始就是在中国共产党领导下进行的。

1935 年 12 月 18 日上午 8 时起，天津学生组成了两支游行示威队伍。一支队伍是由当时的北洋工学院、河北工业学院、法商学院、女师学院和河北第一师范学校学生组成，于上午 11 时奔向国民党天津市政府请愿，然后开始游行示威。游行队伍经月纬路、大经路，进至金钢桥北边。另一支队伍是由当时的南开大学、南开中学、汇文中学、中西女中等校学生组成，经过南马路、东南城角、东马路，到达金钢桥南边。两支游行队伍同时都遭到国民党军警特务的阻拦。同学们愤慨万分，高呼"中国人不打中国人！""欢迎爱国军警抗日！"奋不顾身地向前冲去，经数度冲锋，反复搏斗，不少同学被反动军警打伤，但是同学们始终士气高涨。两支队伍南北夹击，终于冲破了反动军警的阻拦而胜利会师了。随后，举行了抗日游行示威，高唱救亡歌曲，高呼："打倒日本帝国主义！""打倒汉奸卖国贼！""反对国民党投降卖国政策！""反对华北自治！""对内团结，对外抗战！""反对芦盐输日！"最后，游行的队伍汇集到南开中学的操场，举行了群众大会，成立了"天津市学生抗日救国联合会"，发表宣言和通电，要求停止内战，一致抗日，有集会、结社和抗日的自由，并且决定从 19 日开始全市总罢课，抗议日本帝国主义、汉奸和国民党反动派所制造的"华北自治"阴谋。

一二一八大示威，冲破了国民党"爱国有罪""抗日犯法"的禁令，传播了中国共产党的团结抗日主张，对日寇的侵略气焰和亲日派的卖国投降阴谋给以有力打击，提高了群众的抗日觉悟，揭开了天津市人民抗日救亡运动新的一页。

游行示威后，如何进一步发展抗日救亡运动，这是当时大多数进步同学迫切需要解决的问题。这时，毛泽东同志发出了响亮的号召："学生运动已有极大的发展，将来一定还要有更大的发展。但学生运动要得到持久性，要冲破卖国贼的戒严令、警察、侦探、学棍、法西斯蒂的破坏和屠杀政策，只有和工人、农民、兵士的斗争配合起来，才有可能。"为了使学生运动持久和深入地发展下去，使抗日的知识青年和抗日的主力军工农群众相结合，把学生救亡运动发展为更加广泛的人民群众的抗日救亡运动，根据党的"到农村去，到士兵中去，到工厂中去"的号召，平津学生共同组成了南下扩大宣传团，深入河北农村进行抗日宣传，动员广大农民自发武装抗日。天津宣传团于1936年1月2日采取了分散隐蔽的方式，到规定的地点集合出发，经杨村、黄村、安次、永清，8日到达固安县，同北平的宣传团会合。沿途用演讲、演剧、唱歌、发传单、写标语等方式进行抗日救亡宣传，受到当地农民和农民知识分子的热烈欢迎。到固安县时，国民党反动当局紧闭城门，不让学生进城，国民党特务和反动警察对抗日学生进行了污蔑、阻拦、包围、棍打和火烧。但是同学们对敌人的进攻不但毫无惧色，反而斗争更加英勇。在斗争中，学生们感到有成立一个先进青年组织的必要，以便依靠这个坚强组织进行更坚决、更持久的斗争。参加南下宣传团的平津学生经过讨论，决议成立"中华民族解放先锋队"（简称"民先队"），并决定在分别返回北平、天津后，立即着手发展组织。天津宣传团返津后，不久便成立起"民先队"组织，并以此成为当时党团结各阶层爱国青年进行抗日救亡斗争的核心。

南下扩大宣传以后，党又通过学联和"民先队"，从1936年春假开始，领导进步同学深入天津郊区农村进行抗日宣传。天津各校的同学利用一切机会，到农村中去，通过唱歌、演剧、演讲、墙报、办义务小学和成人识字班等方式，对当地农民进行抗日教育，并组织了农民救国会。党还在最有觉悟的农民中发展组织，为全民族抗战播下了种子。

经过深入农村，同学们也得到了初步的锻炼和提高。他们看到农民的痛苦生活，看到地主对农民的压迫和剥削，启发了自己的阶级觉悟，体会到改善农民生活对发动广大农民抗日的重要性。

当时，党领导学生在二十九军和天津保安队中开展交朋友工作，提出"拥护二十九军保卫华北""欢迎爱国军警抗日"等口号。1936年绥远抗战爆发时，天津学生发动大规模的支援运动，在各界人民中广泛进行募捐，并派遣代表团奔赴前线，进行战地慰问和服务。这对激发二十九军和天津保安队官兵的爱国热情起了积极的作用。党组织还派专人在工人中进行抗日宣传、教育和组织工作，受到工人的欢迎和拥护。天津电话局工人在党的领导下，经过斗争，获得了较为公开的活动阵地，直到天津被日本帝国主义占领后，工人们的抗日斗争在该局还坚持了相当长的一段时间。

大敌当前，天津一部分同外国资本关系较少，特别是在日本帝国主义压迫下，本身受到很大威胁的民族资产阶级，态度也发生了较大变化，他们虽害怕人民革命，但也对国民党的屈辱投降不满。有的同情抗日，有的赞成抗日，有的设法帮助学生进行抗日活动。根据党的抗日民族统一战线政策和党组织的指示，当时天津学联和"民先队"也派人在这部分人中间进行了一系列工作，争取团结他们抗日，以孤立和打击汉奸、亲日派和国民党反动派，收到了良好的效果。事实证明，党中央关于广泛开展抗日民族统一战线的政策是完全正确的。

一二·九运动爆发以后，国民党利用学阀、买办文人大肆散布所谓"读书救国""回到教室，回到实验室"等谬论，妄图使学生脱离抗日斗争，破坏和分裂学生团结抗日的革命运动。为了粉碎这个阴谋，在党的领导下，进步同学纷纷通过办刊物、出墙报、组织读书会、举行座谈会和文艺活动等方式，揭破胡适等人的反动面目和"读书救国论"的反动实质，指出坚决抗日则存，妥协投降必亡，针锋相对地提出了"到大众中去学习""以抗日救亡运动为中心，理论联系实际地去学习"的口号。通过这样的宣传教育后，有不少中间分子投入到抗日运动中来，有些落后分子也改变了态度，他们中的一些人还加入了抗日救亡运动。这就使抗日救国思想更加深入人心，巩固了天津学生团结抗日的阵营。

日军越是加紧侵略，中国人民的反抗越坚决。自1936年5月开始，日本帝国主义不断增兵华北，天津学生抗日救国联合会为了打击日军的侵略气焰，决定在 5 月 30 日掀起一次更广泛、更大规模的抗日革命游行示威。为了深入动员各阶层的群众，在游行之前，先发动了一个扩大宣传周。当时，各学校大都组织了宣传队，深入大街小巷，分片进行宣传，还组织了许多"飞行小组""突击小组"，广泛散发抗日传单，涂写粉笔标语。后来，为了防止敌人的破坏，将定于 5 月 30 日的游行，提前在 5 月 28 日举行，这就是有名的天津各界五二八抗日游行大示威。此外，还根据全国学联的号召，从 5 月 29 日到 5 月 31 日举行总罢课。这次斗争不但广大的学生参加了，而且大批工人、市民和一部分教职员、商人也参加了，声势更加浩大，运动也更为深入。

1936 年 5 月 28 日，在中共中央北方局和天津市委领导下，天津爱国学生举行抗日大救亡游行。图为爱国学生游行场景。

　　革命运动的发展使敌人对人民更加恐惧和仇视。五二八大示威刚结束，日军便唆使国民党反动派，调动了大批特务、军警包围了几个主要学校，搜捕进步同学。各校同学以"民先队"队员为核心，立即组成了纠察队，严阵以待，同军警对峙了一天多时间。经过上下内外配合斗争，终于粉碎了敌人的进攻，营救了被捕的同学，保护了大家的安全。这次斗争的胜利，对同学们的教育特别深刻，使大家深深懂得，团结就是力量，团结斗争才能胜利。

1936年10月，蒋介石在上海扣押了爱国人士"七君子"，全国人民万分激愤。12月12日，爆发了张学良、杨虎城实行兵谏的"西安事变"。当时，天津"民先队"队员和一部分进步同学，正在天津静海农村演习游击战争，听到张、杨在西安抓住了国民党反动派头子蒋介石的消息，大家极为兴奋，立即停止演习，就地召开了座谈会。日本特务闻讯赶来，天津保安队接着也赶来，包围了学生。但是这批保安队受到一二一八以来抗日救亡运动的影响，对同学们说："你们赶快开会吧！"实际上他们当中也有不少人关心着抗日救亡大事。当日本特务企图拍摄学生中几个指挥人员的相片时，同学们怒不可遏，冲上前去，高呼"打倒日本帝国主义！"吓得特务们抱头鼠窜，赶快逃跑了。

听到西安事变的消息后，一部分进步同学主张杀掉蒋介石以快人心。少数受亲日派和受托派思想影响的学生则叫喊"轰炸西安，惩办张、杨"，企图借机置蒋介石于死地以掀起大规模的内战。这实际上是日本帝国主义者利用中国内战实行"以华制华"以灭亡中国的大阴谋。正当天津学生思想发生混乱的时候，党的"和平解决西安事变""逼蒋抗日"（后改为"联蒋抗日"）的指示传达到天津，党组织立即开办了短期党员训练班，又在进步同学中进行了一个短时间的宣传教育，基本上统一了同学们对西安事变的认识，克服了"左"倾情绪，揭露日军企图挑起中国内战的大阴谋。党的和平解决西安事变，举国一致团结抗日的正确主张，很快为更多的同学所接受。接着，进一步在各学校中展开了如何解决"西安事变"的大辩论。进步同学在党的政策武装下，用办墙报、举行讲演会和辩论会等方式，尖锐地揭露了亲日派和托派叫喊"轰炸西安"企图扩大内战的阴谋。事实越来越清楚，敌人的阴谋越来越暴露，赞成党的政策的人越来越多，党的正确的主张终于战胜了外敌内奸的阴谋。

1937年7月7日抗日战争全面爆发后，天津市绝大多数青年学生热血沸腾，摩拳擦掌，急待投身抗日战争，为祖国效力，但不知如何行动为好。也有少部分学生产生了悲观失望和彷徨不安的思想。这时，党提出了"脱下长袍，穿上军装，敌进我进，深入敌后，广泛开展农村抗日游击战争，建立农村抗日根据地"的正确号召。在党的召唤下，天津爱国学生坚决地、勇敢地奔赴华北和其他地区各个抗日战场，投身八路军、新四军，深入敌后广大农村，组织农民群众建立抗日武装，打击日军、伪军和汉奸，保护群众利益，建立抗日根据地。同时，也留下一部分人在天津继续坚持地下工作。在伟大的、艰苦的全民族抗日战争中，这些同学得到了锻炼和改造，思想觉悟大大提高，许多人加入了党的队伍，后来不少人成长为党和国家各项事业的骨干。

回顾一二·九运动的历史，可以看到，在不间断的革命斗争和革命活动中步步都离不了党的领导。当时党的刊物《火线》（油印的秘密党内刊物），特别是登载的刘少奇同志（化名K.V.）的文章，对宣传抗日革命活动，起了指路明灯的作用。一二·九时期的天津爱国青年学生响应党的号召，到农村中去，到军队中去，到工厂中去。他们在建立抗日根据地、打败日本帝国主义和发展壮大人民革命力量的斗争中，贡献了自己的力量，同时也锻炼和改造了自己。这条知识青年革命化的道路，在今天的社会主义新中国更加宽广了。知识青年应当继承和发扬光大一二·九的传统，为建设和保卫社会主义祖国，贡献出自己的青春，应该把它看成是我们无上光荣的历史任务。

李哲人：一二·九运动时期南开大学学生，"民先队"天津地方队部负责人，学联党团成员，新中国成立后曾任对外贸易部副部长。

选自中共天津市委党史资料征集委员会编《一二·九运动在天津》，收录前进行了修改订正。

一二·九至七七抗战爆发期间的南开大学党支部

秦雨屏

一、南大党支部建立经过

南开大学在天津南郊八里台，离法租界、日租界都很近，日本军营和飞机场就在学校旁边。学校有理学院、商学院、文学院与经济研究所。学生人数不多，但学校范围不算小，有两栋教学大楼，有三栋宿舍（女一男二），有设备较好的图书馆，河渠环绕，道路修整，亭台错落，花木成荫。

1935 年 6 月国民政府与日本签订了《何梅协定》。同年下半年，国民政府接受了日本的"对华三原则"，取缔一切抗日运动。11 月汉奸殷汝耕成立冀东防共自治政府。国民政府则安排成立冀察政务委员会，以适应日本的"华北政权特殊化"的要求。整个华北风雨飘摇，朝不保夕。

1935 年 12 月 9 日，北平广大学生在党的领导下，举行了抗日救亡的示威游行，喊出了全国人民的心声："打倒日本帝国主义！""反对华北自治运动！""停止内战！一致对外！"天津也立即行动起来，有一二一八和 1936 年五二八学生大游行。南大学生在这个时期思想面貌也有了较大变化。

大约在北平一二·九、天津一二一八之后，南开大学全校同学在学校当局默许和校学生会带领下，曾进行过一次乘火车南下向国民政府请愿的行动。车到沧州被阻，在火车上住了三天。据说这时国民政府派了一个人来到沧州接见学生。事先学校当局布置，见了中央政府来人只许听讲，不许开口。因此在听讲中全场只闻抽泣之声。最后强迫请愿同学回校好好读书。回校后，许多同学对学校此举表示不满与愤怒。为此学生会开过一次全校学生大会。会上部分地改组了学生会执行机关,增加了进步的领导成分,有几位进步思想的学生代表参加了学生会的领导。此后南开大学生与平津学联有了积极的联系。

1935年至1937年,天津学生抗日救亡活动地点——南开大学木斋图书馆。

当时学校的沙兆豫、李明义已是共产党员。沙兆豫又名沙琴晖、吴寄寒,陕南人。李明义又名李哲人,山西人。他们都是1935年秋季入学,在入校前即参加了共产党。他们两人的组织关系是由北方局转到天津的,党决定由他俩开辟南开大学党的工作。当时学校内已有几个党员接受天津市委领导,但是没有建立起支部。到1936年暑假后正式成立党支部。这时,有的党员主要活动任务转向校外,如李明义、沙兆豫;有的转到其他学校,如顾瑞芳转学清华大学,朱家瑜转学南京中央大学。南开大学的党支部成员有程人士(支书)、刘毓璠(组织)、贾明庸(宣传)。1936年秋冬之际,程人士离校,担任新建学生区委书记,脱离本校支部工作,贾明庸主要任务转到校外,支部工作由刘毓璠负责。1937年暑期刘毓璠回家(安徽巢县)度假,校内党支部工作由贾明庸兼管。

二、党支部主要活动是建党工作,对群众进行宣传教育,领导学生会和"民先队"等工作

关于建党工作,具体内容是发展组织和进行党内教育。如上所述,一二·九以后，校内党员有李明义、沙兆豫、顾瑞芳、朱家瑜、程人士、贾明庸、刘毓璠、王绥昌等。到 1937 年暑假前后共发展党员 13 人。其中有些同志由于工作需要而调出学校，或是由于转学他地而离校。这 13 人中目前尚健在的有 8 人（已不在党的 2 人），已故 3 人，情况不明 2 人。简述如下：

沙兆豫　后名吴寄寒，曾任中共中央宣传部高教处处长。

李明义　后名李哲人，曾任对外贸易部副部长。

顾瑞芳　现名顾大椿，在全国总工会任职。

程人士　现名程弘毅，在商业部任顾问。

朱家瑜　现名朱丹，在北京中央美术学院工作。

贾明庸　现名秦雨屏，湖南医学院党委书记。

刘毓璠　抗战期间在华北局宣传部工作，1942 年牺牲于山西辽县麻田战役。

王绥昌　在商业部任工程师。

庞文华　女，曾任海洋局党组书记、国家科委咨询委员会副主任。

张克宇　南开大学图书馆工友。1939 年任平西公安分局副局长，新中国成立后曾任新疆维吾尔自治区公安厅副厅长。

李文定　现名李鳌，已脱党。在湖南省民盟机关和省政协工作。

陈与霖　1937 年夏刘毓璠介绍入党。现在情况不明。刘当时曾告诉我已介绍陈入党事，后来上级组织是否已审查批准记不起来。

当时党是秘密状态，白色恐怖严重，党员不能暴露自己的党员身份。党内上下级采取单线联系。发展党员须经某个党员介绍，支部审查同意，报经上级组织审查批准。入党后，由上级党组织派人（也可能是本支部某个负责人）进行个别联系和领导。不再与原介绍人发生组织关系，这个上级代表党组织对他所领导的党员传达党的指示，传递文件，进行党内学习和教育，布置任务和安排党的工作。党的组织生活也多半用这种形式进行。支委会的几个同志在可能情况下通过开会商量问题。我的入党介绍人是沙兆豫。入党后与我发生个别联系，领导我工作的是小陈（即李启华）。后来我的工作任务转向校外，领导我工作的是姚克广（即姚依林），程人士脱产到区委，负责领导学校支部。有一次他来我们宿舍，我与刘毓璠同住一个房间，程同我谈起理论学习问题，问我一个关于政治经济学方面的问题，我未能答出，对我是一个触动。我从他们那里受到不少教益和启迪，如关于党的一些基础知识，为什么要入党、党的纲领、共产党的世界观、党的组织纪律、如何做秘密工作等，印象很深，至今不忘。

　　除此之外，党内教育还有看文件、读书、讲课、开座谈会等活动。我们能够看到党中央的文件和党的某些领导人的文章。有一个油印刊物，属党内绝密文件，约相当于报纸 120 开大小，用一种极薄绵皮纸写印装订，字迹工整，细小如蝇腿。记得我曾看到过中央的《八一宣言》、刘少奇用 K.V. 笔名写的《肃清立三路线的残余——关门主义冒险主义》等，这些文章对提高我们的策略思想，促进白区工作的转变和开展，起了极为重要的作用。我们还读过马列主义一些书籍。一二·九之后，南下沧州回校后，许多同学更加关心国事、关心政治。组织了一个"铁流文艺社"，开始只有几个人，后来发展到十几个人。我们阅读苏联小说如《铁流》《被开垦的处女地》《毁灭》，读鲁迅的一些文章以及他翻译的小说如《表》《第四十一个》等，传看国内某些秘密发行、难得到手的读物如《西行漫记》《八月的乡村》《生死场》，同时也阅读《大众哲学》《政治经济学》等书。马克思的《共产党宣言》，列宁的《左派幼稚病》等著作，凡是能搞到手的，我们就秘密传看。关于讲课，姚依林同志曾到南开大学讲过一次课，好像是讲解政治经济学的问题，就在我与刘毓璠同住的宿舍房间内，有好几个同

参加"义教"的爱国学生阅读的《大众哲学》《政治经济学》《铁流》等书籍。

志参加。开座谈会，座谈国内外政治形势，大多是与"民先队"队员一起到校外参加，在津郊王兰庄开过多次，在法商学院或商职部也开过。

三、党支部的群众宣传教育活动

首先是对"民先队"队员的教育，并依托和通过"民先队"与学生会进行对同学和社会上的宣传教育。内容主要是抗日救亡，党的抗日民族统一政策，主张全国团结起来一致对外，立即抗战，反对先安内后攘外，主张民主联合，反对独裁统治等。这些宣传活动大多是随着国内外形势的发展而定。例如，五二八大游行，是中共中央北方局指示天津市委发动天津大中学生进行的一次示威游行运动。当时日本在华北增兵一个旅团，抢抓华工修筑东局子日本飞机场，事后将其全部杀害，投尸海河，天津舆论大哗，群众十分气愤。提出了"反对日本增兵华北""反对华北政权特殊化""清查海河浮尸案""要求二十九军宋哲元立即抗日"等口号。南大多数同学参加了这次游行。南开大学学生会负责人徐天羽担任了游行的总指挥之一，在天津南区各校同学集合点登台讲话。他的讲话鼓动性很强，群情激奋。李明义也用山西话领导同学大喊口号，并且一路高呼"欢迎群众参加游行！"沿途我们散发了标语传单。回校后又编写发行了宣传小册子。经过这次游行示威活动，许多进步同学之间扩大加深了了解与交往。我同沙兆豫在同一个年级，但互不相识。沧州之行回来后相识，五二八游行之后更加深了相互了解。暑假开始，许多同学回家度假，沙搬到我的房间同住，他介绍我入党即在彼时。

1936年秋冬，国民党将领傅作义在绥远率部抵抗日军侵犯，全国人民热烈拥护。南开大学同学积极参加了天津市委组织的援绥募捐活动，继续扩大抗日的组织和宣传工作。南开大学支部全体党员、"民先队"队员全力投入了这个运动，不仅募集了一批钱和物（寒衣），并且作了一次很好的宣传。我和刘锡才两人一组，到市内居民区募捐，一个院子一个院子地跑。记得走进了一个院子，寂静无人。有一家开着半扇窗子，刘锡才个子比我高，他就踮起脚跟看里边有没有人。这时院内家家户户的人都走出来了，我们便趁此机会做起宣传来。大家听了都很高兴，我们也高兴，完成了募捐、宣传双重任务。

1936年11月，上海爱国领袖沈钧儒等七人被国民政府非法逮捕入狱，全国人民对此万分愤慨。天津各界救国会通过学联发动营救"七君子"运动，南开大学学生为此召开了全校学生大会。我们发动党员、"民先队"队员带头上街到处征求人们签名。我们还找到了一家小报，把签名的全部名单作为那个报纸的附页印发出去。营救"七君子"的行动声势之大，冲击了学校当局。听说有一位学校领导也对国民政府深表不满，说何必逮捕这些人呢？不捕岂不是更好一些，起码不至于使他们成为"七君子"，名闻天下，引起国内外众多人的同情。

1936年校庆，利用这个机会，支部通过学生会搞了一次抗日救亡的宣传活动。在校内广场上陈列许多图片、画片，但缺少一个能够胜任的讲解员，一时想不到合适的人。班上有一位女同学自告奋勇承担这个职务。她口才出众，有强烈的爱国心，在爱国抗日方面和我们有共同语言。她的合作使得我们的工作增添了色彩，扩大了团结面，取得了较好的效果。

1936年上学期，学生会举办过一次辩论会。参加的人很多，教室里坐满了，还邀请几位老师当评判员。辩论的问题已记不清，好像是当前形势和如何救国图强。辩论的一方有沙兆豫、顾瑞芳和我，另一方有徐天羽、王玉堂等三个同学。他们代表反面意见，我们代表正面意见。我们三人商量，务期必胜，否则效果不好。我只在初中一年级时参加过一次演讲会，因此心情确实有点紧张、担心。还好结果是我们胜了。对方讲得也不坏。徐天羽在发言时激昂慷慨，有声有色，令人动容；但他在讲到激烈处，用拳头擂起桌子来，引得听众哄笑起来。顾瑞芳同学接着发言，说刚才对方发表了一通轰轰烈烈的高论。态度平静，似笑非笑，博得了听众的赞赏。

四、领导"民先队"的工作

1936年春,北平、天津学生联合会组织平津学生南下宣传团南下进行抗日救亡的宣传活动。但是这次行动受到了国民党政府的百般阻挠,到保定后便被截回。回来时宣传团的同学开了一次会,倡议成立"中华民族解放先锋队",作为以后进行抗日救国宣传活动的一支骨干力量。南开大学有一个"铁流文艺社",后来这个组织的同学便成为校内最先一批参加"民先队"的队员,到1937年7月,有30多人,约占全校同学的10%。

南开大学"民先队"在南开大学党支部领导下做了不少工作。凡是党支部需要通过发动群众进行的活动,都是依靠"民先队"队员做骨干来完成。例如营救"七君子"的签名活动,手持签名前言和名单,校内校外到处跑,去征求签名。天津"民先队"还组织了一次突袭性的乘大卡车游行。估计两辆大卡车可载得近百人。那是个星期天的早晨,南开大学去了不少人,到约定地点集合。许多"民先队"队员都去了,有一百多人。汽车始终不见来,却来了一些军警和特务,把我们包围起来了。我们只得将计就计,在一片广场草地上席地而坐,周围就是他们。我们唱起歌来,什么《五月的鲜花》《枪口对外》《我的家在东北松花江上》,一面唱着,一面看着他们,好像是用歌唱代替语言同他们对话;他们则听着我们的歌声,默然相向,等于向他们进行了一场爱国抗日的宣传教育。

五、领导学生会的工作

南开大学学生会,在1935年冬全校学生沧州之行返校后,进行了部分的改组,增加了进步力量,党对学生会取得了一定程度的领导权。1936年秋季开学后,学生会进行了改选。党支部在事先做了一些工作。新同学入学后,我们主动地去接触他们,从多方关系中去了解他们。不久,我们同新同学中某些思想进步的同学取得联系。新老年级中一些进步同学选入了学生会的领导班子。学生会执行委员会的委员中有沙兆豫、李明义、王绥昌、庞文华、贾明庸等,均为中共党员。委员中还有王玉堂、沈世杰、蒲承爵,另外,阎沛霖、苏徵祥、张光汉等好像也是参加了学生会的执委。从此党支部比较有把握地掌握了对学生会的领导权,许多活动都可以通过学生会去进行。

南开大学校刊好像历来都是由学生会主办。从 1936 年上半年,我们开始掌握起来。1936 年暑期沙兆豫负责编辑校刊迎新的一期,我曾参加了编写工作。学生会改选后,校刊的编辑人员也做了改变,与我们同宿舍房间一位同学黄邦翰文字好、思想好,只是不愿参加组织,经支部商量,聘请他担任了校刊编辑。校刊成为党支部的一个公开的宣传阵地。

党支部在领导"民先队"、学生会的工作方面,一般说是顺利的,党和形势要求我们做什么,我们就做什么。但有时也有困难,有斗争,也出现过某些严重斗争的局面。

1936 年 12 月 12 日西安事变发生。消息传来,全校震动。当时天津市委尚未接到延安的指示,还未表态。南开大学同学原本有两派,一派拥蒋反共,他们在沧州之行后便消沉下来,其中不少纨绔子弟对国事不关心,也有些人和校内军事训练教官过从较密,一般认为他们可能是国民党。另一派是代表一二·九学生运动思潮的同学,沧州之行回校后崭露头角,迅速成为学生会和学生运动的主导力量。

西安事变后,拥蒋反共的人情绪十分激荡,认为蒋介石一完蛋,中国就完了,因此惶惶不可终日,开起会来就在会上骂娘。"民先队"队员和接近"民先队"的同学们,认为蒋介石垮台,"停止内战,一致对外"有了希望,中国有了救。一些党员和"民先队"队员怀着激动的心情,正在王兰庄集会,大唱救亡歌曲,演戏打游击战,还认识不到形势的复杂性,也还没有听到党中央的和平解决的指示。蒋被释放回南京时,党内指示尚未传达下来,那些拥蒋反共的同学兴高采烈,开完会搞庆祝。多数进步同学感到茫然。国民党的报纸通讯社大肆歪曲宣传，蒙蔽人民，许多党员和"民先队"队员感到愤懑。直到后来天津市委传达了中央关于和平解决西安事变的指示精神，通过学习，大家认识提高了，思想问题才得到解决，表示衷心拥护。

南开大学学校当局对抗日救亡运动，一直是抱着冷漠、反感的态度。1936年下学期起，校刊被我们掌握后，经常登载一些忧国忧民的文字，无聊的文字游戏减少了。但是不久学校勒令停刊。事情是这样的，1936年"双十节"晚上，学校当局主持联欢晚会，只字不提国难当头。人们内心中感到异常悲愤。后来由我执笔，写了一篇短文，署名"无忌"，在校刊发表，表达了这一情绪。

1936年下学期期末考试，我会计学不及格。原因是自己奔忙于跑工作，上课、做习题的时间少了，因此考坏了。我家境贫寒，投考南开大学是考取的特种奖学金，每年向学校领取50元（国民党时期的"法币"），靠这笔钱上学。特别奖金生门门功课的成绩都得在"B"，有一门"大忌"（谐音"E"）就得被刷。我的奖金被刷后，学校当局（好像是黄子坚或何廉）找我谈话，说过去也有人以此"起家"的，但是能成器的毕竟只是个别人，暗示我不要再参加救亡活动。

自从国民政府与日本签订了《何梅协定》后，国民党的嫡系党、政、军、宪、特已从冀、察、平、津撤退，宋哲元对反共与取缔抗日救亡执行不甚严格，背地里还向人民群众宣传表白他抗日有心。南开大学学校当局受到这种影响，不敢为反共和取缔抗日救亡运动而开除学生，但校内有日本特务活动，学校当局亦不禁止。1936年暑假，有位好像是姓白的（记不很清了），听人说他同日本人有来往，常用日语向校外打电话。有一次闯到我与沙兆豫的宿舍中，东谈西扯。1937年暑期，日本宪兵、特务曾来我校秘密捕过和准备密捕我们的人。那时天津形势也很紧张，我们仍在校坚持工作。校当局和学生会达成谅解，同意我们公开活动，校方不予干涉。因此我们在学生第一宿舍楼下设置了办公室，第一宿舍进门左边的一间会客室成为我们的接待室。有一天，两个日本特务冒充记者来我们宿舍访问学生会分管对外活动与联系的同学马大恢，被我们发觉，仓皇乘车逃走，被我们截留在校门口，被众多同学怒斥了一场。事后据说日本宪兵司令部来我学校当局指名要人（马大恢），学校推故，未逮捕成，马即离校。此后不久，沈士杰同学来告诉我，要我迅速离校，说是从一个红帮的人那里得到消息，日本特务正要密捕我。我即出走英租界，住在霍世章家。霍是一位很好的"民先队"队员，食宿在他家，有时仍出去搞点活动。在此期间，我与程人士、张淑贞（现名周彬）同志有联系。

7月29日，天津沦陷，学校被日寇轰炸并占领。留在学校的部分师生全部转移。八一三上海抗战爆发前一二天，我也遵照党的指示乘船离津南下。

秦雨屏：一二·九运动时期南开大学学生，南开大学党支部书记，"民先队"天津地方队部负责人，新中国成立后任湖南医学院党委书记。

选自中共天津市委党史资料征集委员会编《一二·九运动在天津》，收录前进行了修改订正。

参加天津学生抗日爱国运动的回忆

王绶昌

一

1935 年 12 月 9 日,在北平爆发了一二·九学生爱国运动,并扩及全国。

天津和北平毗邻,在历次爱国运动中向来是相互影响、相互呼应的。天津的学生们立即积极响应北平学生的行动,于 12 月 18 日爆发了著名的一二一八学生抗日救国大游行。这是天津学生在中国共产党的抗日主张号召下,为打倒日本帝国主义,反对华北特殊化,要求国民政府停止内战,团结起来一致抗日的一次大规模的行动;也为走出课堂,到前线去,走向民族解放的战场打下基础。

天津一二一八大游行是一二·九运动的重要组成部分。这次游行示威的经过是:首先由天津法商学院发起,串联南开大学、北洋工学院,开了一次会,介绍北平发生一二·九的情况,商定在 12 月 18 日这天,由比较积极的学校,带动那些比较保守的学校,共同走上街头,参加这次有伟大历史意义的学生救国运动。这次游行,大部分学校都有人参加,有些是全体的,有些是一小部分,总之天津学生界是发动起来了。

游行前在河北公共体育场集合。游行开始后向市区进发,虽然有些阻碍,但军警没有用任何武器来镇压学生,没有像北平那样发生激烈冲突,所以没有伤人。游行结束,有人倡议成立天津市学生联合会。经过反复磋商,天津市学生联合会于 12 月 28 日正式宣告成立。

游行示威后,天津各学校学生自治会涌现出一批爱国积极分子。他们主张,当此国家危急关头,学生必须走出课堂,唤起民众,反对日本帝国主义对我国的侵略，为救国而献身。这就与主张"读书救国论"的学生发生了分歧。为了探讨时事，提高认识，爱国学生在党的抗日主张号召下，在学校里组织了各种读书会。如南开大学有"铁流读书会"，以沙兆豫（吴寄寒）同志为主，参加者约十人，计有：程宏毅、顾大椿、贾明庸、刘毓璠、王绶昌、李哲人、朱家瑜（朱丹）等同志；另外还有一个读书会，有倪志坚、霍世章、李涛、王玉堂等同志。其他院校也有类似的组织。

1935年12月底，南开大学发动了300余人南下请愿，反对华北特殊化，要求国民政府抗日，请愿团被阻于沧州，经教育部派人劝说停止南下而回津，所以这次请愿活动半途而废。

这时，北洋工学院院长李书田开除了参加这次爱国活动的一些同学，该校便发生倒李罢课斗争。该校学生除向本市各校呼吁，还派人到北平学联求援。在各校的声援下，北洋工学院当局收回开除同学的命令，斗争取得了胜利。在这一斗争中，北洋工学院出现了一批敢于斗争的爱国积极分子，如刘讷、林希贤、孙景芳、徐达本、曲介甫、张多疆、陈尧德等同志，其他学校如法商学院有朱光、阮务德、庄金林、郝金贵等；中学方面，扶轮中学有张琪，汇文中学有姚大衡。另外，三八女中、中西女中、觉民中学、圣功女中、女师附中、南开中学等校都涌现出一些爱国积极分子。

二

在学生救国运动逐步发展的基础上，天津学联与北平学联酝酿筹建平津学生联合会。由法商学院的朱光代表天津学联，到北平与北京大学的于毅夫、谢云辉，中国大学的董某，清华大学的黄诚，燕京大学的王汝梅，东北大学的韩天石等人取得联系，终于成立了"平津学联"。在1936年1月，平津学联发动了一次南下宣传活动，目标是到农村去。北平各校参加的学生较多，组织了南下宣传团第一、二、三团；天津人数较少，只有二三十人，作为第四团，从天津出发,在固安与北平学生汇合后,分路南下,途中数次受到国民党军警的包围和阻拦。

在党的领导下,决定在平津南下请愿团活动的基础上,建立一个带有永久性的政治组织,定名"中华民族解放先锋队"(简称"民先队")。2月初,在北平师大召开大会,正式宣告"民先队"的成立。"民先队"是一个半公开的政治团体,在学校当局及一些学生的心目中,认为这是受共产党指挥的左倾组织,便在暗中进行造谣中伤的破坏活动,但在表面上一时尚不敢公开反对。"民先队"在平津各院校如雨后春笋般地迅速发展起来,成为学生运动的主要力量。

三

由于北平学生爱国运动发展形势迅猛,吓坏了国民党反动当局,悍然下令镇压,派军警围抄学校,拘捕了大批学生。有一位名叫郭清的同学被捕后死于狱中,所以在北平又爆发了一次"抬棺"游行。当时北平学联派人到天津要求声援,天津学联立即同意发动一次以纪念五卅国耻纪念为名的反日大示威,来配合北平学生的斗争。

天津学联准备搞反日大游行的事,为天津反动当局所侦悉,他们准备仿效北平镇压学生的办法,组织武装,用水龙头和木棍、大刀对付手无寸铁的学生,然而他们的准备情况也为天津学联所获悉。于是召开了临时紧急会议,决定于5月28日提前举行大游行。

游行路线决定分南北两路:南区各校走南马路、东马路、河北大胡同奔金钢桥;北区各校在河北体育场集合,经大经路向金钢桥前进。原计划南北汇合后,沿东马路前进,但是在金钢桥上受到了军警的阻碍。有的同学便和军警讲道理,称赞二十九军当年在古北口战役英勇杀敌的光荣行动,高呼"拥护天津军警继续抗日"的口号。军警的阻碍只维持一会儿便被两股声势浩大的学生大军突破了。在最混乱的时候,只有少数同学挨了几下枪托,总的来说没有发生大的事故。

1936 年 5 月 28 日，在中共中央北方局和天津市委领导下，天津爱国学生举行抗日大救亡游行。图为爱国学生游行场景。

北来的游行队伍通过金钢桥后继续前进，南区的队伍向后转，沿大胡同向东马路行进。军警在桥上阻挡不住，便跑步至东马路进行警戒，害怕学生冲入日租界。学生队伍到东北角以后，就地开了群众大会，呼口号，散传单，一时交通断绝。在大会进行中发生的一些插曲也是值得回忆的，例如有的人力车工人从同学手里把宣传品要去代为散发；有的同学到文具店去买粉笔，店员不收费；有的工人自动参加到学生队伍中来一起游行。这种情景对爱国学生来说又是一种莫大的鼓舞。另外，我们的纠察队还发现了一个日本人，混在游行队伍里拍照，群众发现后便激愤地把他痛打了一顿，砸了他的汽车，他便狼狈地逃跑了。

大会开得很好，气氛很热烈，达到了给日本帝国主义和汉奸的一个示威目的。通过揭露日本帝国主义扩大侵略的阴谋，从而唤起中国人民的爱国热忱。

这次游行大会，经南马路到南开中学操场后结束。

四

在游行示威中，有的军警说风凉话："靠你们学生游行救不了中国。"这种讽刺的，但也有他的实际含义。我们感觉到青年学生爱国热情是高的，但应当到社会上，到农村去，到工厂去，把各界都组织发动起来。这是党的统一战线的方针教育了学生，在国家危亡的关头，学生们不能限于读书及毕业后找工作的个人小圈子里，而应该唤起民众，一致团结对敌。

在平津学联的推动下，社会上各界爱国人士成立了一些研究政治经济学组织，请些有名教授做学术报告或座谈时事。如有南开大学教授兼天津《益世报》主编罗隆基，《大公报》的部分记者，企业界、银行界知名人士于啸秋、卞白眉等，也有学生参加。在这些活动的基础上，逐步演变为天津各界救国会。

与此同时，在三八妇女节前夕，由天津市委负责妇女工作的张秀岩同志动员了天津三八女中思想进步的教员，以她们为核心，在该校召开三八节纪念大会，成立了天津妇女救国会，积极从事各项救国活动。她们打进工厂，举办女工识字班，向女工们宣讲抗日救国的道理，并介绍苏联社会主义社会的情况，唤醒他们的阶级觉悟。也有些同学为了打入工厂进行救国活动，就进工厂当工人，和女工们交朋友、拜干姐妹，以达到开展工作的目的。这是学生和社会团体相结合的开始。

五

随着形势的发展和斗争的需要，党决定进一步扩大党的外围组织"民先队"，加强"民先队"在学联及各校学生会中的作用，并以民主方式改组学联及各校学生会。为适应形势的变化，1936年4月，天津学生联合会改名为天津学生救国联合会,并在学联内建立了党团组织。学联党小组活动一般的不采取集体开会方式,主要采取个别联系,下达任务,也不和各校支部发生联系。当时各校党团负责人,南开大学是王绥昌,法商学院是阮务德、庄金林,在天津市委宣传部长许志庸(姚依林)同志领导下工作。

各界救国会的组织成员也有变化,主要是有些人畏于政治压力而日趋消极,同时又补进一些坚决主张抗日的人。当时主要负责的人是杨秀峰(法商学院教授)、李楚离(以新闻界的代表身份参加)、周科微(银行界)、曹世雄(《益世报》),此外还有工运代表陆某,学联代表王绥昌,妇救会代表张自清(张洁清),"民先队"代表李哲人,后期代表为张琪(杜文敏)。学联改名以后组织和活动情况是这样的:学联的领导机构由各院校派出代表一名临时组成,为避免反动当局和日本特务的迫害,学联没有固定地址,也没有固定主席和专人。各校派出的代表主要依靠各校的"民先队"负责审查,都是各校"民先队"骨干,政治上是比较可靠的。

学联召集会议一般在比较开明的大学里,也不时地在私人家庭中举行。学联的决议,由代表回校通过"民先队"讨论执行。

六

1936年5月28日游行示威后,天津各大学一直没有上课,当时国民政府为了防止学生闹事,以"读书救国"为借口,宣布1936年暑假实行会考制度。北平、天津各校为了揭穿反动当局的阴谋,坚持罢课。

国民政府的会考阴谋在一部分学生中引起了强烈反应,特别是毕生班,牵涉到升学或毕业后的就业问题,因此出现了一股急于备课参加考试的情绪。各校当局利用这种心理,积极拉拢享受奖学金的学生带头要求复课,因此在学生中就出现了分歧意见。这时,北平学联派人来天津,转达了北平学联的态度是坚持继续罢课,希望天津学联采取一致行动。而天津学联认为,如果再坚持罢课，就有脱离群众，使学联受到孤立的危险。与此同时，一些别有用心的人散布许多流言蜚语，造谣中伤"民先队"，说"民先队"队员不好好念书，整天和女同学唱唱玩玩，搞恋爱，不赞成复课。在这种情况下，学联召开紧急会议，分析了形势，认为不能再罢下去，否则很可能发生改组学生会的后果。这个看法得到大多数同学的支持。同时大家也估计到，由于学生会和学联成员终日忙于救亡工作，平日未念书，距考期极近，来不及温课，势必考不好，学校可能借此不动声色地把一部分学校"不喜欢"的学生清除出去。学联成员虽看到了这一点，但为了大局，都不计较个人得失，一致认为应当复课。经和党的联系人研究后，同意立即宣布复课，参加考试。这样做，团结了广大同学，并给造谣者以事实上的反击。

复课考试的结果。正如估计的那样，不少在运动中的积极分子因考试不及格，暑假后没有返校，在一定程度上削弱了学生运动中的爱国力量。

七

学生运动转向低潮时，党因势利导，及时地作出指示，提出：学校的阵地，凡可能留在学校的，就不要离开。不必都到革命根据地去，还要发展"民先队"。学联根据党的指示，研究如何稳定学生的情绪。当时有个很大的问题是，很多活动不能在学校中进行，尤其是到了暑假，学校公布不许留校，这是打破历史惯例的。如南开大学决定，在放假期间学生一律不许留校，仅少数东北籍同学除外。针对这一情况，学联研究决定，利用暑假到工农中去开展工作，扩大爱国宣传。

于是由"民先队"动员同学自愿参加，到农村去办"义务教育"。由南开大学的程人士、贾明庸负责编写教材，由知识书店（是吴砚农和叶笃庄开设的，地点在法租界国民饭店旁）代为免费印刷，由中西女中的"民先队"队员杨若余、杨风藻等人装订好，分发到几个"义校"。当时办了五所学校，有南郊的李七庄、王兰庄，北郊的北仓，西郊的小园、姜井。"义校"免费发放给学生课本和练习本、铅笔、石笔、石板等，教员住在农村，生活自己负担。

知识书店旧址现状

最初，农民不肯参加，先叫小孩子来学唱歌，大人看热闹。充当教员的"民先队"队员逐渐和当地农民熟识了，便叫妇女参加女生做教员的班，男人参加男老师的班，之后便打成一片。到暑假结束同学要回校上课时，各"义校"都召开了群众大会，演出话剧和表演唱歌。许多宣传抗日的名歌，如《五月的鲜花》《到敌人后方去》《义勇军进行曲》，话剧《放下你的鞭子》等，给农民留下很深的印象。

大部分同学都返校了。也有的地方吸收了一些当时没有继续升学又没有工作的学生，留在当地继续办理"义校"。许多同学经过这一段在农村的集体生活，在政治上进步很快，成为党员或党的后备力量。

八

1936年秋日军一再唆使伪军侵犯察绥，傅作义、马占山将军起来抵抗，取得百灵庙大捷，震动国内外。学联抓住这一时机，发动慰问绥远抗日将士募捐活动，还在天津新建成的中国大戏院和天津当时比较高级的国泰电影院举办慰劳抗日将士文艺演出，节目均由各院校学生负责，并动员广大同学到市场推销演出门票。此外，还推动各界救国会中爱国知名人士赞助募捐活动，邀请他们到新落成的新华大楼六楼召开座谈会，由学联代表向到会人员讲解这次募捐的意义，动员他们尽量认捐，当场收到一定的效果。

天津学联除和北平学联经常联系，也和世界学联有联系。1936年9月，世界学联曾派代表到过平津。世界学联代表来津时，由学联出面，并约请一些新闻记者，在广东中学开招待会。会上，除把天津学生运动的概括做了介绍，还把天津的政治形势做了分析，要求世界学联予以支持。这次会议由南开大学主持，还有几个中学的同学参加。

为了加强"民先队"和学生们的联系，发展"民先队"，提高学生们的爱国热忱，学联在不同条件下举办过各种形式的时事报告会。如请罗隆基到南开大学讲演，请姚依林同志到南开大学向参加"读书会"的"民先队"队员作时事分析，同时还到一些中学举行座谈。

妇女救国会还组织过战地救护训练，学习如何绑扎绷带，进行急救等工作；南开大学曾向英租界马场租用淘汰下来的赛马，组织同学做骑兵训练；遇星期日组织郊区野营联欢，等等。通过种种活动，宣传贯彻了党的统一战线政策，团结了广大同学，共同反对日本帝国主义的侵略。

九

1936年12月12日西安事变发生后，在释放蒋介石的问题上，各校学生出现两种思想倾向：一种是虽然接受了党的教育，认识到释蒋有利于全国一致团结抗日，可是心中还有些不愉快；另一种是亲国民党的所谓中立派，这些人出于单纯的爱国热情，认为释放蒋避免了一场内战，感到十分愉快，举行庆祝，大放鞭炮。在北平则发生了武斗，分裂为两个学联。在天津，同学们思想上虽然出现了分裂迹象，但未形成尖锐对立，没动武。天津学联仍能巩固的原因，主要是在党的领导下，教育了广大"民先队"队员和同学贯彻党的抗日联合阵线主张的结果。

1937年2月国民党在南京召开五届三中全会。中国共产党分析国民党三中全会的形势，认为蒋介石被释放后的言论和表现，以及张学良将军被软禁，有撕毁诺言的可能。平津学联根据党的指示，决定派代表团到南京请愿。为了避免受共产党指使的口实，必须选择适当的方式。经北平（旧学联）派人到天津商讨，准备扩大平津学联，约请山东、西北、东北各校"民先队"代表成立华北学联。以北平清华大学黄绍湘为团长，天津南开大学王绥昌为副团长，各校派一至二人参加，共计约40人，化整为零，分别持火车票由北平、天津、济南，按约定车次上车，以向国民党三中全会献旗团名义到南京请愿。旗上写着"团结抗日，一致对外"和"华北学生献旗团"几个大字。

车过济南时，被国民党特务发现，一个特务在车上向旅客讲："各位旅客，车上坐有学生，要到南京请愿。别听他们的话，把他们推下去，叫他们下车，否则车会停下，影响你们的路程。"这时旅客们东张西望寻找请愿学

1937年2月，为宣传中国共产党的抗日救亡主张，天津学联组成献旗团南下请愿。

生，这就使我们不得不公开站起来。我们开始向周围旅客说明情况，并和旅客换了座位，同学们坐到了一起。在向旅客们讲了日本帝国主义侵略华北的严重形势以后，表示我们到南京的目的，就是要求三中全会实现抗日诺言，保卫国家。旅客们听了不住点头表示同意。一会儿，从旅客中钻出一个学生打扮的恶人，要参加我们的队伍一起去南京请愿。我们立即感觉到这是特务要打进来，我们不同意，说："不认识你！""你是哪个学校的？"他说："我是北大的。"而我们的北大代表说不认识他，问他有什么证明，他拿不出来，虽大声叫"非参加不可"，但我们不让他坐在一起，他自知没趣，也未敢走过来。

车到南京，一下车就有教育部的人来"接"，说："南京正在召开三中全会，你们是学生，教育部有责任来接待你们。"我们说自己去找旅馆，他们不让，强行把我们接到华侨招待所，就不许出门了。我们要求会见国民政府中主张抗日的长官，如宋庆龄、冯玉祥、蔡廷锴等，他们不许见，当然更不许到三中全会上去献旗了。后由教育部长王世杰、国务秘书长雷震、宣传部长陈公博分别到招待所来讲话，要学生"相信"政府有抗日的决心。他们说，理解北方学生的处境，但鼓吹日本武器先进，打仗必须有所准备，等等。

为了使人们相信国民政府有决心抗日和有"准备"，他们强迫我们参观了金陵兵工厂，在经济建设方面参观了南京永利化工厂，还去了中山陵等。在招待所我们要求出入自由，未获准许，随即派了专车强迫同学们离开南京北上。当我们离开南京时，由国民党亲信分子分裂北平学联后形成的"新学联"所搞的北平学生"献剑团"到了南京，据说受到了蒋介石的接见。这次华北学生请愿没有达到预期的目的，但也促使华北学生进一步认识到蒋介石卖国独裁的反动本质。

华北学联代表团从南京北上，经过济南、天津及到达北平时，都受到当地学生到站迎接和慰问。

此后，日本帝国主义在天津的威胁加深，逼迫地方和学校当局取消学生会，并企图到学校绑架学生。学联在这种恶劣环境中仍继续活动，一直到七七事变。

当日本占领丰台时，学联还筹备慰劳抗日将士工作。日本帝国主义占领天津后，学联的活动才被迫停止。天津沦陷时，学生们南下，在济南成立平津流亡同学会，并组成抗日宣传队，深入淮南煤矿进行抗日宣传，到南京沦陷方止。

王绶昌：一二·九运动时期南开大学学生，天津学联党团成员，新中国成立后任商业部食品检验所所长。

选自中共天津市委党史资料征集委员会编《一二·九运动在天津》，收录前进行了修改订正。

北洋大学学生战斗在一二·九运动中

牛宝印　刘天民　张善臻　冯有申　朱光天

任　涛　陈志远　宗　群　袁心湖　徐达本

　　北洋大学（后改称北洋工学院，文中统称北洋大学）坐落在天津北郊北运河畔，始建于1895年（清光绪二十一年），是我国最早的一所国立大学。她历史悠久，素以校风淳朴，治学严谨，成绩优异而闻名国内外。她的校训是"实事求是"，学生不仅刻苦读书，而且关心国家大事，具有高度的爱国热忱，在中国青年学生运动史上有着光辉的历程。

北洋大学（北洋工学院）旧址

　　五四运动的骨干人物，中国共产党的优秀党员张太雷（在校名张曾让），就是北洋大学法科学生。北洋大学学生继承了五四运动的革命传统。党在北洋大学一直坚持着革命活动。1931年的九一八事变，曾在北洋大学师生中掀起波澜壮阔的抗日救亡运动。代理院长王季绪进行绝食斗争，并通电全国要求国民政府出兵抗日，收复失地。全体学生怀着强烈的抗日要求，奔赴南京请愿，全国为之震动。一二·九抗日救亡运动兴起，北洋大学学生是平津学生运动的主要力量之一，校内地下党员和"民先队"队员，在党的指引下坚定地团结校内师生员工的大多数走与工农相结合的道路，利用课余时间和假期，深入农村开展抗日宣传活动。七七事变爆发后，北洋大学许多同志走上抗日战场，投入武装斗争和抗日根据地的建设，在不同的岗位上为抗日战争和解放战争的胜利贡献了力量。

我们几个人当时都是北洋大学学生，今天仅就我们亲身的经历编写了这份一二·九运动前后北洋大学运动资料。时隔四十多年，难免有遗漏和错误之处，欢迎批评、修正、补充。

一、九一八事变后北洋大学师生掀起了反日浪潮

九一八事变时，北洋大学本科有土木、矿冶、机械三个系，两个预科班（即高中班），学生共500多人。在半殖民地半封建的社会里，他们深受帝国主义特别是日本帝国主义和封建势力的压迫、剥削，具有强烈的爱国主义思想。他们之中的大多数刻苦读书，努力学习工程技术知识，怀着将来做出一番事业，救国救民的抱负。但在1931年秋，爆发了九一八事变，日军大举入侵东北，而我守土有责的国防军却奉命执行所谓的"不抵抗主义"，迅速溃退，一日千里！东北的大好河山沦亡，千百万父老兄弟遭受蹂躏。亡国的危险威胁着每一个中国人。北洋大学的师生们对日军的入侵和蒋介石政府的卖国极为愤怒。机械系老教授、教务长兼代理院长王季绪率先行动，通电全国呼吁国民政府出兵抗日，并毅然绝食。消息传出，天津和全国各大报纸都发表了消息或社论，各界爱国人士纷纷函电表示支持、同情和慰问。王教授的义举轰动了全国。但是，面对王季绪的爱国行动，国民政府毫无反响。同学群情激愤，各班纷纷组织抗日救国

委员会。学生自治会根据同学要求，召开全体师生大会，通过了赴南京请愿的决议。11 月 7 日晨，同学们集合在操场上准备出发。金仲文教授认为请愿不会有结果，劝同学不要去请愿。但没有说服大家。在这种情况下，金教授决定随同学们共赴南京，请愿的队伍奔赴天津北站，得到了兼任北宁铁路局副局长的张润田教授（当时也是北洋大学土木工程系主任）的热心帮助。后来张润田教授被日寇逮捕，光荣殉国。

南下的队伍一路上几度受到国民党地方当局的阻挠，经过许多斗争，终于到达浦口。当时交通部部长曾养甫，以北洋老同学的身份，出面劝说同学返校"安心读书"。但同学们不为所动，坚持过江去南京，要蒋介石亲自接见，答复抗日救国的要求！到了南京，同学们住在中央大学。蒋介石被迫在南京市国民党部礼堂接见了同学。他在所谓"训话"中说什么"国家大事政府自有办法，不要同学们管"，要大家回校读书。他用"读书救国论"来劝说同学们先回学校，引起同学们极大的不满。同学们的请愿活动未得到什么结果，就要求上街游行示威，以唤起民众，但因为国民党当局的阻挠，学生们上街游行的愿望未能实现。同学们怀着失望、抑郁和愤慨的心情，被送上火车北返了。回到天津时，正赶上"天津事变"的发生——日本帝国主义为搞"华北自治"的阴谋制造借口，正在天津组织大批日本浪人，雇佣成千的地痞流氓，手持刀枪棍棒，冲出日本租界，在天津市区闹事。他们阻断交通，强占机关、学校，抢劫商店、民户，强奸妇女，杀人放火，无恶不作。日本在津驻屯军也出动演习，互相配合，天津市区一时陷入恐怖世界。各学校被迫停课，北洋大学当局为了同学们的"安全"，临时租用了法租界的"大陆货栈"作为同学们的临时避难所，同学们从残酷的现实中更加觉醒起来。

二、组织进步团体，开展读书和抗日救亡活动

大家认识到征服全中国是日本帝国主义的既定国策，妥协退让是蒋介石国

民政府的既定国策，因此抗日救亡，不能指望国民党，只能指望共产党，只能依靠广大群众的觉醒和团结。华北形势在恶化，抗日救亡的要求更加迫切。同学们忧心国家大事、民族利益和前途。不少同学组织进步团体，阅读进步报刊和社会科学书籍，探索挽救国家危亡和争取民族解放的道路。

1932年秋季开学后，来了不少新同学，其中有不少思想进步的青年。加上原有的各班的进步同学，反帝爱国主义的力量增强了，进步团体有了发展，如"荒火社""世界语学习班""新文字学习班""英语会话会""演说辩论会"等。这些团体都是以进步同学为骨干，以读书、研究为号召组织起来的，起着自我教育、传播进步思想、联络同学、积蓄和扩大进步力量的作用。从九一八事变后，北洋同学还以开展宣传进行募捐和劳军等形式，支持马占山抗日武装斗争，支援十九路军淞沪抗战，支援二十九军的喜峰口抗战，支援冯玉祥的抗日同盟军的察北抗战。同时还以各种形式进行宣传活动，抵制日货、开展反对日军武装走私的斗争。

在这个时期，北洋有了新兴社会主义科学家联盟（简称"社联"）的组织，成员赵庭良、赵仲池、郭佩珊、张祖舜等人，成了北洋进步力量活动的核心。在抗日救亡活动的基础上，党在北洋大学发展了党员，1933年被吸收入党的有赵庭良、郭佩珊、孙亚藩（陈池）、魏海（魏达展）、张祖舜等。北洋大学的学生自治会恢复了活动，领导成员大部分是同学中的积极分子，如刘锡珍、郭佩珊、黄诚、苗天瑞等。1933年秋自治会领导了反对校当局取消贷书制的斗争。

1932年6月，蒋介石为推行"攘外必先安内"的投降卖国政策，发动了对中央革命根据地的第四次"围剿"。为了拼凑内战经费，不惜削减教育经费，院长李书田追随国民党的反动政策，不顾同学们的切身利益，宣布取消贷书制。贷书制就是学生在学习期间使用的课题、仪器都由学校借给，到学生毕业时愿意继续使用者，折价买下来，否则将所借书籍、仪器归还给学校。这一制度在北洋大学已实行多年。1933年秋季开学以后，26年班派出代表向校当局交涉恢复贷书制，遭到李书田的无理拒绝，而总务长雷宝华竟说什么"愿意念的就念，不愿意念就滚蛋"，激怒了全班同学，整队找到院长李书田，要求雷宝华赔礼道歉，同时恢复贷书制。学生自治会立即组织同学支援这场斗争。李书田不但不接受同学的要求，反而捏造罪名，向天津市公安局诬告学生中有"共产党"。当天夜晚，学校当局作内应，向市里招来保安队和武装军警250人，包围了学生宿舍，宣布解散26年班，强行驱逐离校，听候甄别。同时张榜开除赵庭良、杨戊生（魏东明）、周健、陈德昂等19人。事件发生后，学生会立即召开紧急会议，动员各班准备采取统一行动，并串联积极分子，酝酿罢课支援26年班同学，进一步开展恢复贷书制的斗争。校当局为了破坏学生运动，由注册课主任崔诵芬用金钱收买、分化学生会领导，遭到当时学生会的负责人郭佩珊公开揭露。校当局采取高压手段，开除了学生会负责人和进步同学郭佩珊、黄诚、刘锡珍等人，全院师生被迫举行罢课，李书田不得不收回了对15位同学的开除令，答应恢复贷书制。但对赵庭良、杨戊生、周健、陈德昂4位同学仍坚持开除。同学们经过这场斗争，进一步认清了学校当局的反动面目，同时在斗争中得到锻炼，懂得了斗争中必须采取的策略。

1934年，地下党员魏海同学被捕。孙亚藩也不得不离开学校。暑假期间，学校又秘密开除了吴承明、张祖舜、苗天瑞、周永升等同学。学校进步力量遭到打击迫害，自治会活动也受到挫折。可是，由于进步同学与同学们有密切联系，1935年冬在各班选举代表和学生自治会领导成员中，进步同学仍然占着主导地位，在尔后的一二·九运动中成为骨干力量。

九一八事变后，日寇步步进逼，又侵占山海关、承德等地，兵临长城各口，蒋介石政府步步退让，于1933年5月21日签订了丧权辱国的《塘沽协定》，使日本帝国主义占领东三省和热河合法化。1934年，日本外务省公然叫嚣日本是亚洲的"主人"，是中国的"保护者"。1935年6月，蒋介石政府与日本签订《何梅协定》，日军增兵华北，同时收买汉奸、地痞、流氓，策划所谓"华北五省自治"。1935年11月，日本帝国主义策动汉奸殷汝耕在通州成立了"冀东防共自治政府"。蒋介石政府竟于12月指派宋哲元等成立"冀察政务委员会"以适应日本的需要。天津是日军侵略华北的大本营，日军横行霸道，同时大量走私。在天津街头经常出现所谓"自治请愿团"，亡国大祸迫在眉睫！

值此严重关头，党中央于1935年8月1日发表了《为抗日救国告全体同胞书》，提出团结一致，停止内战，共同抗日的号召。11月11日，平津十个学校的学生自治会联合发表《为抗日救国争自由宣言》，预示着新的抗日救亡运动的高潮即将到来。

三、站在天津一二一八大示威前列的北洋同学

1935年12月9日，北平学生冲破了国民党反动政府的禁令，举行了英勇的一二·九抗日救国大示威。消息传到北洋大学，同学们心情极为振奋，学生自治会立即召开会议，研究响应北平同学的行动，派人到北平和天津各院校联系。正在酝酿组织之际，北平同学又举行了规模更大的一二一六抗日救亡示威游行。天津法商学院的杨秀峰教授，通过法商学院学生朱光、郝金贵等到各大中学进行联络和组织，共同议定于12月18日，天津各校举行示威大游行，对天津学生响应北平一二·九运动的示威游行起了推动作用。游行的主要口号是"打倒日本帝国主义""反对成立冀察政务委员会"和"反对华北五省自治"。事先商量好北洋大学和法商学院两校队伍在小王庄汇合。12月18日早晨，北洋同学300多人到小王庄附近，同法商队伍汇合，一起到黄纬路和河北工学院，接着同河北女师学院、河北第一师范、扶轮中学、觉民中学等校的学生队伍，汇成了河北区的游行大军，沿大经路向金钢桥进发，准备通过金钢桥和南路由南开大学、南开中学、中西女中、三八女中、汇文中学等组成的游行队伍汇合，进入市中心进行游行示威。

南北两路游行队伍到了金钢桥，受到了军警的阻拦。为了突破封锁，桥南

桥北的游行队伍奋力冲击。北洋同学在北路队伍的前面，一方面奋不顾身地向守军冲击，一方面高唱抗日救亡歌曲，宣传抗日救亡道理，终于感染了守桥部队，他们把枪竖起来紧紧地抱在怀里，让出了一条通道，南北两路游行大军在桥上汇合后一齐奔向市区。游行队伍吸引了很多市民和店员，在官银号、大胡同的街道两旁，楼上楼下站满了人。有时游行队伍停下来，向群众作宣传。队伍经北马路，穿旧城，转向西马路，沿途很多市民、店员、工人在两旁随着游行队伍前进。队伍最后在南开中学集合，开了大会，决定成立天津学生联合会（简称"天津学联"），选出法商学院、南开大学、北洋大学的代表为学联常委。

天津学联成立不久，又成立了平津学生联合会（简称"平津学联"）。从此，北平、天津两地的学生运动紧密地联系在一起，声威益振，在全国有很大影响。

四、踊跃参加平津学生南下扩大宣传

平津学生反日游行大示威，震惊中外。国民党反动政府对学生运动除实行镇压外，还采用了提前放假的办法，涣散学生队伍。党的对策是组织平津学生深入农村，扩大宣传。由北平同学们组成三个团，即第一、第二、第三团，天津同学组成第四团。约定1月初分别从北平和天津出发，最后在河北省固安县会合。天津学联将决定传达给各学校后，北洋学生会召开了全体学生大会进行动员，得到同学们的热烈拥护，决定除留守人员和应届毕业的同学外，在校同学一律参加，人数250人左右，按年级编队组成四个大队，大队下设小队，于1月1日早晨出发。由于这一行动被天津当局得知，派了大批军警封锁了市区内的学校，致使绝大多数学校的同学未能出来。北洋离市区中心较远，当时来的军警只把住学校大门和北运河大桥，同学们机智地从宿舍后门走出，越过结了冰的北运河，向西北方向进发。加入北洋大学南下宣传队伍一起行进的天津同学，只有法商学院四位同学（其中有朱光、庄金林、王民生等），和汇文中学的两个同学（其中有姚大衡），组成了平津学生南下宣传团的第四团。行进的路线是武

清县、安次县、永清县和固安县。在行进中对沿途村庄的农民进行宣传，一进村庄就给群众唱抗日救亡歌曲。《义勇军进行曲》《救亡进行曲》以及"中华民国二十年哪，九月十八那一天哪，关东起狼烟""二月里来龙抬头，宋哲元坐了外交楼，几千里地都归洋人管"等歌曲，深受农民的欢迎。结合农民遭受的压迫剥削，宣传日本帝国主义侵占东北，中国人民当亡国奴的大祸就要临头，揭露蒋介石政府实行投降卖国政策，号召中国人民团结起来，共同抗日，救亡图存，收到较好的效果。

一二·九运动时期，爱国学生使用的《义勇军进行曲》歌谱。

大队到了皇后店，受到当地农民和小学教师的热烈欢迎。次日召开了群众大会，群众情绪激昂，连警察都表示同情。接着，向安次进发，安次县长开始拒绝大队入城，经据理力争，始允进城，在西关小学住宿。第二天在安次城郊作了抗日宣传。之后，大队过永清县境，于7日到达固安县，和从北平来的同学们汇合在一起。

这一星期的农村宣传旅行，是对全体同学一个极为严峻的考验。时当数九寒天，千里冰封，狂风怒吼，同学们步行从一个村庄到另一个村庄，没有后勤支援，不仅白天吃不到饭，连热水也喝不上。晚上挤着睡在破庙里或学校教室里的干草铺上，大家硬是挺了下来。

平津同学同时来到了固安，把固安县长吓坏了，他紧紧地关上城门，如临大敌。大家只好在城关活动，北洋同学住在南关外，他们在那里遇上了原来北洋老同学吴承明和杨戊生等。他们是在1933年和1934年同校当局的反动措施进行斗争时被开除的。这次又在抗日救亡的革命活动中汇合在一起了，大家格外亲热兴奋。还在燕京大学的队伍中见到一个穿蓝色长袍、留着小胡子的外国人。

第二天上午，平津各团的同学在北关召开大会，讨论通过宣言时，对"打倒日本帝国主义"还是"打倒一切帝国主义"两个口号，发生了争论，最后还是统一采用前者，而否定了后者。大会还响应党的"团结一致，停止内战，共同抗日"的号召，通过了一个号召团结抗日的宣言。

平津学生南下扩大宣传团在固安停留三天之后，决定继续南下。在北洋的同学开会讨论时得到消息，院长李书田竟乘同学们南下宣传之机，指派26班学生孙伟东冒充北洋同学的代表，跟李书田到南京去"晋见"蒋介石。同时，北洋学生南下宣传原计划到固安县为止，现在大队人马继续南下有许多实际困难，经过讨论，最后决定派张多疆（丁仲文）、陈尧德（陈志远）、林心贤、孙景芳、刘讷、冯有申、于奇（于大章）、马克昌、高不危等十人随北平同学继续南下，其余的同学由固安经廊坊返校。回到学校的时间是1月12日。南下的同学除北洋大学的外，还有法商的朱光、庄金林，汇文中学的姚大衡等，共十几个人，编成一个小队，由孙景芳任小队长，合并在北平第三团（主要是北大、师大、东北大学）。大队到达霸县后，得知第二团被特务包围，即停止前进，决定回师支援，经过一天一夜急行军，到达大兴镇附近时，二团的同学已经突破包围，分散到了一团或三团。三团就地休整一天之后，翌日和二团的部分同学一起继续南下，两天之后到达保定，顺利地进了城，高呼"打倒日本帝国主义""反对冀察政务委员会"等口号，开展了宣传活动。

1月22日，军警包围了住在保定同仁中学的同学，声称奉令在次日拂晓押解全体同学回北平。同学们连夜开会商讨对策，同学们认为，先进青年应建立一个统一的革命组织，得到大家的拥护。北洋学生张多疆提议建立"中华民族解放先锋队"（简称"民先队"），当场一致同意。次日拂晓，同学们被军警押上铁闷子车（货运车），大家席地而坐，无水无饭，既冻且饿，苦不堪言！只在中途停车时开过一次车门，让大家上厕所，完全形同囚犯。车运行了11个小时，早晨5点上车，下午4点才到西便门。

同学们一出闷子车，立即被武装人员层层包围，分别按学校一一点交验收，用车子拉走。天津的同学们由北大同学接到马神庙北大三院的新红楼住下后，平津南下宣传团召开了各团代表会议，通过了在保定的创议。"民先队"正式诞生了。

天津的同学在北平受到北大学生自治会和同学们的欢迎，举行了座谈会，还在东来顺请吃饭。战斗的友谊鼓励着大家前进。杨秀峰教授在他北平寓所接见并设宴招待了天津同学们，鼓励大家"坚持统一战线方针，团结抗日"，大家受到一次统一战线方针的教育，陈尧德同学即席用在南下宣传团所见到农民受压迫和剥削的残酷事实，说明对外抗日和对内实行民主必须相辅相成，得到杨秀峰教授的鼓励，约定以后大家在天津密切联系。

五、反对院长李书田破坏学生运动

一二·九运动的发展使蒋介石坐立不安，于1935年寒假，命令各校当局分别率领学生代表进京"聆训"。平津学联决定抵制蒋介石的命令。北洋学生会也决定不派代表去"聆训"，并通知了校当局，也得到了许诺。可是李书田竟乘同学们南下宣传之机，收买、指派 26 年班土木工程系学生孙伟东冒充北洋同学的代表，跟着他进京"聆训"。平津学生南下宣传团的北洋同学听到后，一致要求给李、孙二人以严厉的教训。到了固安县后，就决定抽一部分骨干分子随大部分同学返校，弄清情况，提出对策。1 月 30 日，随平津学生南下宣传团到保定的十位同学也返校了。第二天，学生会召集全体在校同学开会，欢迎慰问南下宣传胜利回来的十位同学，同时讨论对李书田破坏学生运动的对策。大会决定对李书田破坏学运提出抗议，不承认孙伟东是学生代表，并要求开除其学籍。孙伟东畏惧同学们的谴责，从南京回津后，未敢返校。同学们在情绪高度激昂之际，涌到孙的宿舍，将其所有什物抛至校体育馆外的旱冰场上，浇上炼油付之一炬。李书田看到烧毁孙伟东的衣物、书籍，即以此为借口，向天津市公安局诬告北洋大学里有共产党进行纵火破坏，还向公安局提供了黑名单。当天午夜，几百保安队和侦缉队队员将学生宿舍团团围住，由校注册课主任兼斋务课主任崔诵芬带领，按名单逐屋搜捕。被惊醒的在校同学，纷纷起床，质问军警为什么捕人，正好碰上崔诵芬。林心贤同学质问她，她无言可对。同学们就把她打了一顿，使军警的搜捕未能进行到底，就匆匆收场，慌慌张张地把被捕的同学押上卡车开走了。同学们到校办公楼找李书田，他早已溜走。在另一间屋子里的桌子底下找到秘书长兼训导长徐泽昆，把他也痛打一顿。

这次被捕的同学，绝大部分是学运骨干，有徐瑞恩（徐达本）、陈尧德、刘莹、刘天民、张善臻、冯有申、王从善、历润生、王拭、吴炳焜、孙乘渊等十几人。由于发生在 2 月 1 日，我们就称之为"二一事件"，被捕的同学先是押在东马路的一个拘留所里。狱卒以同情的口吻问："你们是爱国犯吧？！"被捕的同学抓住这个机会向他们宣传抗日救亡的道理。拂晓又被押送到公安局院内的牢房里。

为了将校内英勇斗争的真实情况告诉被捕同学，学生会决定派林心贤等同学为代表到公安局探视被捕同学。此举得到教务长方遇周教授的支持，他陪同学生代表前往公安局，并表示和同学共安危。二一事件发生后，学生会派马龙翔、吴威荪到北平学联联系，得到北平学联热情支持。当时接头的是姚依林同志，他听了马、吴两同学的情况报告后，立即起草声援北洋学生的声明，很快就登了报。学生会还派人同天津各大报社联系，也得到报刊舆论的支持。

逮捕事件发生后，学生会立即找 26 年班同学马士杰，通过他找他正在天津市公安局任审讯科长的父亲，请求帮助。这位马科长是一位爱国和富有正义感的人，表示同情被捕同学，立即把他们从牢房里请出来，到他审讯科办公室休息、吃早点和看报。

下午，在经过逐个简单的讯问后，马科长即正式宣布所有被捕的同学无罪，并认定是李书田诬告。他和同学们谈话时，在谈到日军的步步进逼和国事日非时，老泪纵横，泣不成声。在谈到李书田竟以院长身份诬陷自己的学生时，表示骇怪。当天傍晚，李书田被召到公安局，当面宣布学生无罪释放。同学们回到学校时，李书田派人在大门口等候，说是"李院长在办公楼会客室设茶点招待你们"，遭到同学们的断然拒绝！

二一事件后，被捕同学胜利返校，学生会决定开展驱逐李书田的斗争。李书田得到国民党教育部的支持，他不敢来校，在校外指挥镇压学运。学生会为了保护学校秩序，建立了纠察队，日夜进行守护和巡逻。1936 年 2 月中旬，国民政府教育部派孙国封来津处理，孙到津之初，气势汹汹，声言要将北洋大学停办。北洋大学在津校友和在校教授关心母校的前途，积极协助调处。不少校友和教授同情学生的正义要求，如教务长方遹周教授就支持学生的意见，迫使教育部孙国封和李书田终于答应了：1. 不开除学生；2. 教育部于 1936 年暑期将李书田调离北洋大学；3. 孙伟东不再回校。经学生召开大会讨论，决定在上述条件得到孙国封和天津校友保证的情况下，同意李书田返校办公，正式复课。这场斗争经历了五十多天，到 3 月下旬胜利地告一段落。

六、北洋大学"民先队"诞生

1936年2月上旬，有二十多个青年学生在北洋大学的一间屋子里开会，宣告了北洋大学民族解放先锋队的诞生。这次会议即成立大会。大家充满豪情斗志，唱国际歌，在共同的政治目标下团结得更加紧密。"民先队"设队长、组织委员和宣传委员，下设小队和小队长。当时除了南下宣传去过保定的同学张多疆、陈尧德、林心贤、孙景芳、刘讷、冯有申、于奇、马克昌以外，还有徐瑞恩、付景洪、朱树荣、刘莹、王从善、曲圭善（曲介甫）、张沛（童铣）、邹高清（袁心湖）钱万生（宗群）、牛宝印、孙洞等二十多人。正副队长为冯有申、马克昌，

《民族解放先锋队宣言》

马克昌兼组织委员，宣传委员邹高清。负责北洋"民先队"参加天津"民先队"和天津学联工作的为徐瑞恩、张多疆、刘讷。"民先队"建立后，很注意政治思想工作，除领导学生会出版《北洋学生》，还出版了《民众周报》。

北洋同学驱李运动结束后，迎来了1936年的春假。市内各校很多同学借春假到西沽看桃花的机会，到北洋团聚，互相激励奋勉，坚持抗日。"五月的鲜花，开遍了原野……"和"起来，不愿做奴隶的人们……"的歌声，在校园内此起彼伏。天津学联号召各校同学在5月中旬到市区和郊区宣传抗日。恰在这时，海河里天天发现浮尸，那是被日本人拉去修建军事工程的劳工。为了抗议日军暴行，同学们纷纷组成宣传小组，走上街头，撒传单、作演说，但国民党当局都命军警围困各学校，不让学生外出，还派遣特务在街上搜捕做宣传的同学。牛宝印的宣传小组被拘留了半天，林心贤在大经路散发宣传品也遭逮捕。徐瑞恩到学联去汇报这一情况时，发现各学校都有同学被捕。学联立即布置展开积极的活动，口号是"为海河浮尸复仇""立即释放被捕的同学"。天津孕育着抗日救亡运动新的高潮。

七、五二八抗日示威大游行

针对日军暴行，天津学联在扶轮中学召开各院校学生代表会议，讨论组织天津学生和爱国群众举行大规模游行示威问题，北洋大学有徐瑞恩参加。会上天津学联朱光分析了形势，认为在全国抗日救亡运动的发展和党的统一战线影响下，游行示威可以得到广大群众拥护，二十九军官兵也有可能保持中立，游行示威可以起到打击日军侵略气焰，扩大抗日民族统一战线影响，促进全国抗日救亡运动新高涨的作用。会议决定成立天津学生纪念五卅运动筹备会，于5月30日举行抗日游行示威，口号是"打倒日本帝国主义""反对日本增兵华北""彻查海河浮尸案""立即释放被捕同学""拥护二十九军和爱国军警抗日"等。游行示威行动分南北两路，在金钢桥汇合，对待守桥军警应争取他们同情。

两路游行示威队伍在金钢桥会师，组织统一的队伍进入市区游行。

会后，为了防止汉奸、亲日派和反动军警的破坏，又在法商学院召开紧急会议，决定游行示威的队伍，以打铃为号，铃声一响，立即集合，冲出校门和北运河桥。到达公路时，遇到一个班的军警拦住了去路，那个班长说："我奉命把守这段公路，只要你们绕开走，我就不管。"同学们立即从旁边庄稼地里绕了过去，然后再上公路向市区前进。途中，联络员送信说："北路队伍已经到金钢桥，桥上站满了军警，过不去。"要求北洋同学去支援。北洋同学闻讯，立即跑步前进。

这时，北洋的三位老教授冯叔捷、邓曰谟和巩艺圃，分坐三部黄包车赶了上来，他们含眼泪劝说大家回校。同学们听不进去，对老师们的关怀表示谢意后继续跑步前进。一口气冲到了大经路，桥北的队伍见到北洋同学来了，大家齐声欢呼。大家立即向守桥的保安队高喊："中国人不打中国人""你们不痛恨日本鬼子吗？""你们为什么不打日本，专跟自己人过不去？""别忘了军民是一家人！"守桥的是张自忠的部队，同学们称赞他们喜峰口抗战的成功。保安队战士的爱国心和同学们共鸣了，不少的人眼里含着泪，低头不语。这时南路游行队伍到了金钢桥南，封锁线遂告瓦解。南北两路游行大军在桥上汇合起来，向东马路奋进。在官银号，举行了市民大会。朱光、阮务德，还有北洋一个同学登上世界书局的二楼发表演说，接着游行队伍继续前进，进到东马路东口时，可以清楚地看到日租界的日军荷枪实弹，警戒森严。为了显示群众力量，北洋的同学登上电车顶，向涌上街头的群众做慷慨激昂的演讲。游行队伍为了避免无谓的损失，进入旧城门通过城里，最后到达南开中学操场集合。通过团结抗日的宣言后，宣布游行示威胜利结束。整个游行示威中，军警采取两侧随行，未加阻挠。

八、积极参加暑假农村教育活动

1936 年暑假到来前, 在天津学联主持下, 6 月间开会, 商定成立各大中学校代表参加的暑期义务教育促进会。北洋大学的代表是徐瑞恩 (徐达本)。根据分工, 天津南郊王兰庄的义教, 主要由北洋大学和三八女中负责。北洋 "民先队" 队员踊跃参加, 他们是张多疆 (丁仲文)、于奇、刘讷、傅景洪、林心贤、王从善、陈尧德、张沛、曲圭田、孙景芳、黄习知 (黄沙) 和徐瑞恩等人, 三八女中有徐克壮 (徐克立) 和刘岫珊 (田冀)。负责人是张多疆, 常驻王兰庄主持工作的是徐瑞恩。法商学院的郝金贵也常来参加活动, 他主要是受党的委托联系这个义教点。地下党员在参加 "义教" 活动的同学中起核心作用, 他们积极热情地关心同学, 带头过农村的艰苦生活, 以 "红军艰苦奋斗、不怕牺牲的革命精神" 相互激励, 在困难中锻炼自己的革命意志, 洋溢着革命乐观主义精神。

天津学联制定的《天津业余教学团暑期工作大纲》。

办校的经费是募捐来的, 刘岫珊同学做了大量工作, 主要用于买书、纸张、粉笔、教材等。教育对象包括成年、青年和儿童, 内容是识字、唱歌、灌输抗日救亡的道理。

孙景芳、于奇、黄习知等同学是北洋歌咏团、剧团的骨干，他们经常组织演出《放下你的鞭子》《一颗炸弹》等节目，受到农民的热烈欢迎。还请市里的青玲剧团、八一救亡剧社到王兰庄附近各村联合演出。

在教学和宣传活动开始时，农民对"洋学生"不了解，互相有隔阂。同学们从关心农民的疾苦下功夫，联系农民生活进行宣传教育，农民及其子女逐渐愿意和同学接触了。特别是青年农民中涌现出一些积极分子。有一次我们的话剧团在王兰庄附近的另一个村演出，遇到军警的阻挠。王兰庄的农民积极分子，联系当地的群众和我们演出队的同志一起进行斗争，取得了演出的胜利。

王兰庄的农民绝大部分是佃户，地瘠租重，生活困难。为了维持生活，大都私熬硝盐卖，但一经盐警队查获，就要遭受毒打和罚款。国民党保安队也同盐警队勾结，经常到村里敲诈勒索。再加上日寇驻军经常到天津市郊区进行军事演习，以及日本浪人的捣乱，对王兰庄农民是很大威胁。同学们通过与农民中的积极分子谈话，启发他们组织起来，以保卫他们自己的切身利益和防范日寇的蹂躏。暑假快结束时，同学们把工作交给学联派来的慕湘等同志。后来知道，七七事变爆发前，王兰庄建立了农民救国会，建立了党支部，在抗日战争及解放战争期间，都是领导农民进行革命斗争的坚强堡垒。

九、北洋大学中共支部创建，领导学运深入发展

1936年8月在暑假将结束前，李书田宣布开除林心贤、曲圭田、陈尧德、徐瑞恩四位同学，刘莹、刘天民被迫休学，牛宝印留校察看，冯有申、刘讷、王从善、于奇、马克昌等分别受记大过和严重警告处分。任命张苏为训导长和曾经在遵化县做过国民党县党部书记长的人当总务长。学校院内还设立了派出所，军事教官宾世林也在监视进步学生的活动。体育教员王健吾主编的《北洋校刊》极力散布"读书救国"的谬论，同时还在同学中间发展"CC"、复兴社等反动组织。就在这种困难的情况下，北洋大学地下支部成立了。张多疆、张沛、

傅景洪、陈尧德、徐瑞恩、王从善、牛树荣（于奇）等同学加入了中国共产党。张多疆任支部书记，傅景洪、张沛分别担任组织委员和宣传委员。傅景洪还成为中共天津市委学生区委的领导，任组织委员。

"民先队"也有发展，在斗争中有刘天民、李恒林、张蔚（张子林）、高景煦、田庚锡、张文彬、张令禛、杜鸿芳、马宝璞、张子钦、武元昌、张彦卿、黄习知、任学敏（任涛）、龙英琪、郭起光等参加。钱万生继冯有申任队长。七七事变前，北洋"民先队"已发展到近 60 人，占在校学生约六分之一。

党支部对学校当局开除学生和其他反动措施，经过认真考虑，认为北洋学运的部分骨干分子被开除是对北洋学运的一个打击。从主观上检查，经验不足，对反动势力缺乏戒备，而李书田是在国民党"CC"头子陈立夫支持下干的，要迫使他收回成命不是轻易的事。被开除的同学陈尧德、徐瑞恩经中共天津市委同意，分别转到太原和四川。林心贤、曲圭田也到了太原。在这种情况下党支部没有再发动对李书田面对面的群众斗争，而是将主要力量放在团结同学，把北洋的学运引向深入。

1. 加强学习，进行自我教育

当时，大家喜欢的读物有《大众哲学》《逻辑学与逻辑术》《社会学大纲》《新哲学大纲》《新教育大纲》，苏联小说《母亲》《铁流》《毁灭》，邹韬奋的《萍踪寄语》以及鲁迅、茅盾、郭沫若等的著作。刊物有《大众生活》《世界知识》《全民抗战》《读书生活》等。除了读进步书刊，还接受党和"民先队"领导的帮助教育。1936 年下半年南开大学李明义（李哲人）同志曾来校讲抗日救亡工作，中国大学董毓华同志来校讲"目前学生运动的形势和我们的救亡工作"。为了进行自我教育，1936 年下半年加强了办《民众周报》的力量。由冯友申、朱树荣负责，于奇、邹高清组稿、联系印刷，由刘廷英同学带到上海三联书店出版，到 1937 年上半年共办十多期。在这个时期天津"民先队"和学联还组织各校进步同学学习新文字，比较活跃的有北洋大学、河北工学院、南开中学和汇文中学等,天津学联负责和上海天马书店联系,供应学习材料。

2.开展多种形式的抗日救亡活动

在日寇进一步侵入华北后,天津学联和"民先队"组织了规模较大的深入农村的反日宣传活动。有一次到杨村去宣传日本帝国主义如何得寸进尺地侵入华北,农民兄弟们要注意应变。在市区的宣传,采取小型分散的形式,如到劝业场、电影院、体育场、公园、散发抗日宣传品、张贴传单等。同时,进一步加强了"新声"歌咏的活动,1936年下半年曾请吕骥同志在英租界教唱进步歌曲。通俗剧团也有了进一步的发展,经常到近郊对农民演出街头剧。

3.支援绥远的抗战

1936年秋,日军和伪军侵犯绥远,傅作义将军所部奋起抵抗,取得百灵庙大捷。这一胜利震动了国内外,鼓舞了抗日救国人士的斗志。全国人民展开了支援绥远军队抗日运动,当时天津学联发动了慰问绥远抗日将士募捐活动,还举办了慰劳抗日将士文艺演出。节目均由各院校学生负责。北洋的同

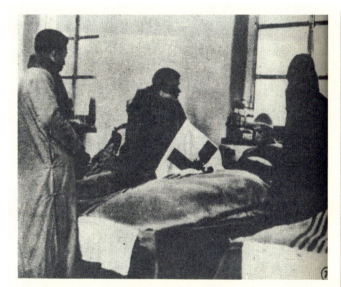

爱国学生组织慰问团到绥远抗战前线慰问受伤将士。

学在这次活动中积极进行募捐和演出,曲圭田同学还参加了天津学联组织的赴绥远的慰问团。

4.西安事变掀起的波澜

1936 年 12 月 13 日，"民先队"部决定举行全市"民先队"队员野外游击战争训练活动，地点在西北郊。当天，日军密派的特务、浪人带着照相机前来拍照，由于同学们严密戒备，未能得逞。在演习中，看到当天的报纸，了解到张学良、杨虎城发动"兵谏"，将住在临潼指挥打内战的蒋介石扣起来。正在演习的同学们群情振奋，欣欣若狂。演习结束之后，全校同学在议论西安事变，同学奔走相告，兴高采烈。少数国民党党员和"诚社"成员垂头丧气。后来，发布了释放蒋介石的消息。进步同学因为不了解党的政策，表现沉闷，而国民党员则狂妄叫嚣，燃放鞭炮。随后传达了党的方针政策，以党员和"民先队"为核心的广大同学的情绪就逐渐平静下来，才认识到党的释放蒋介石、争取蒋介石共同抗日的方针是正确的。西安事变后，为了促进国内和平统一，平津学生南下扩大宣传团在河北固安县进行抗日救亡宣传。

扩大和宣传党的抗日民族统一战线，北平地下党领导的学联，决定利用合法形式，发起组织向国民党三中全会献旗请愿团，参加的有北平、天津、济南、青岛、石家庄、张家口、西安等城市的学生代表，组织了华北学生献旗请愿团，北洋大学学生会派王从善、钱万生参加。但献旗团受到国民党当局冷遇，连献旗的仪式也未让举行！"献旗团"返回北平后，在东北大学召开了华北学生代表大会，正式成立了华北学生联合会。钱万生被选为常委。

5.参加军事演习和继续办农村民校

1937 年上半年，北洋同学参加了廿九军天津驻军的军事演习，自己得到锻炼，也取得了向官兵进行抗日救亡宣传的效果。

1937 年暑假，北洋大学"民先队"队员马克昌、于奇、孙洞、任学敏等在学校附近的柳滩办农民夜校。除了向当地工农群众进行抗日宣传，还对当地驻军二十九军的一个团官兵进行工作。七七事变后，这个团在保卫天津东局子飞机场，抗击日军进攻的战斗中非常英勇。在农村参加办民校的北洋同学一直坚持到 1937 年 7 月底天津失守后，才撤离天津。

十、七七事变后北洋同学活跃在抗战岗位上

1937 年 7 月 7 日，日本法西斯军队向我卢沟桥驻军进攻，二十九军奋起抵抗，抗日战争全面展开。7 月底日寇侵占我北平、天津。8 月 13 日，日本军队进攻上海，守军奋起抗击。

时值暑假，北洋大学 26 年班已毕业，27 年班的同学有实习任务，其他班次也大都放假回家，留校的只是一小部分和"民先队"队员，他们和其他大中学校留津的同学一起坚持抗日救亡活动。北平、天津沦陷后，留津同学撤离天津，以流亡学生的名义，在所到的地方展开抗日救亡活动。徐瑞恩、刘天民（刘邦辛）、刘岫珊等同学从北仓徒步沿津浦路南下到沧州，乘火车经徐州转郑州、石家庄，于 8 月中旬到达太原，和陈尧德、曲圭田汇合，以陈尧德的家为基地建立了天津流亡同学会，接待天津流亡同学。刘天民参加筹组平津流亡同学会。当时太原革命形势很好。日军进逼山西，党对阎锡山的统战工作成效显著，八路军源源开赴山西抗日前线，中共中央北方局和全国"民先队"总部都移到太原。薄一波同志领导的山西牺盟会抗日救亡活动很活跃。太原成为开展抗日救亡工作的基地，平津流亡学生逐步向太原集中。北洋同学林心贤辞去山西白晋铁路的职务，也到太原加入抗日救亡行列。王从善、李尚平（曲圭田夫人）、孙景芳等同学也到太原，参加平津流亡同学会抗日活动。徐瑞恩和刘岫珊还参加全国"民先队"总部组织部的工作，派到绥远与抗日救亡的群众组织进行联络。

日军节节进逼，太原危急，在太原的北洋同学经与八路军办事处、山西牺盟会联系，于 9 月份分别走上抗战前线。王从善分配到晋绥抗日根据地，林心贤到晋察冀边区抗日根据地，孙景芳随八路军一二〇师转战晋西北，曲圭田、李尚平去山西太岳区抗日根据地，徐瑞恩和刘岫珊到晋察冀边区抗日根据地。陈尧德走得最晚，在太原失陷前夕，参加了山西工人武装自卫队。

邹高清、黄习知在天津沦陷后和天津同学三十余人沿津浦线南下到南京，他们建立了天津流亡同学抗敌后援会，由邹高清、刘济光（刘瑞方）、孙鸿志、黄习知、王爱珍（薛明）五位同学组成执委会，邹高清任主任。大约一周后，北平的大批同学到了南京，建立了平津同学会。

国民党当局为了阻止学生参加抗战，对到南京的流亡学生提出两条办法：一是回各地读书或回原校。二是如参加抗战工作，就要到国民党青年战地服务训练班里受训。在此情况下，部分同学奔赴各个抗日前线，一部分同学回到学校，一分部同学参加了青年战地服务训练班。当他们知道训练班是专为国民党服务时，不少人立即离开，走上我党领导的抗日战场，如北洋同学黄习知、李恒林，分别参加了八路军一二九师太行区党领导的干部学院。

于奇、任学敏、郝庆札（郝执斋）、马振欧（马奔）、孟庆沆（王自新）到冀中参加了八路军吕正操部队，张多疆参加了太行区抗日根据地工作。牛宝印也回到了山东家乡与北平学生宋心田、卢之渭建立"民先队"，组织武装抗日。西安"临大"成立后，牛宝印又回到学校。

张蔚、贾克昌、张佩怀等同学先后到达陕西。在西北青训班学习后，分配到山西抗日前线续范亭领导的暂编一师。朱树荣、张沛在七七事变后到太原，参加新军暂编一师二队，从事抗日游击战争，1939年去延安。先期到达延安工作的，还有张多疆和付景洪。刘讷原在北平西山疗养院养病，北平失陷后，就转移到武汉，和在武汉大学任教的冯有申汇合在一起，投入抗日救亡活动。

已经在国民党统治区任职的同学，弃职奔赴抗日根据地的有孙艳清、何英芹（何振）等。

牛宝印：一二·九运动时期北洋工学院学生。
刘天民：一二·九运动时期北洋工学院学生，新中国成立后在邮电部标准研究所任职。
张善臻：一二·九运动时期北洋工学院学生。
冯有申：一二·九运动时期北洋工学院学生，新中国成立后任西北邮电管理局总工程师。

朱光天：一二·九运动时期北洋工学院学生，新中国成立后任河南省煤炭厅副厅长、顾问。

任　涛：一二·九运动时期北洋工学院学生，新中国成立后在化工部情报研究所任职。

陈志远：一二·九运动时期北洋工学院学生，新中国成立后任北京电力科学院党委书记。

宗　群：一二·九运动时期北洋工学院学生，新中国成立后任中央民族学院党委副书记。

袁心湖：一二·九运动时期北洋工学院学生，新中国成立后在中共中央调查部工作。

徐达本：一二·九运动时期北洋工学院学生，新中国成立后曾任铁道部郑州铁路管理局局长。

选自中共天津市委党史资料征集委员会编《一二·九运动在天津》，收录前进行了修改订正。

一二·九运动在天津片段

丁仲文

　　1931 年，日军强占东北三省，进而增兵华北，制造华北伪政权。亡国奴的命运正在威胁着每一个中国人。1935 年 12 月 9 日，北平各大中学校的爱国学生，在中国共产党"停止内战，一致抗日"的号召下，举行了大规模的抗日救亡游行示威。天津学生积极响应，于 12 月 18 日举行了示威游行，成为一二·九运动的重要组成部分。

　　当时，我是天津北洋工学院土木工程系学生。12 月 18 日上午，法商学院的游行队伍来到我们学校，我们 700 名学生闻风而动，一同游行到河北工学院，紧接着，海河以北的女师学院、河北第一师范学校的学生都参加了游行，像滚雪球一样，很快形成一支几千人的浩大队伍。我们按照事先布置好的路线，向金钢桥进发。海河南面，有南开大学、南开中学、汇文中学等校组成的队伍。这两支队伍在金钢桥汇合时，奋不顾身地同前来阻拦的警察展开斗争，高唱抗日救亡歌曲，宣传抗日道理，受到沿途居民群众的热烈支持。到游行结束时，已经到了掌灯的时候。虽值严冬酷寒，但同学们满腔的爱国热血驱散了凛冽的朔风，怀着胜利的温暖，回到了学校。

　　1936 年春节前夕，利用提前放寒假的机会，平津学联在党的领导下，组织了一支联合南下宣传团。分别从两地出发，到固安县会合，最后回北平。这支宣传队伍深入到霸县、雄县、清苑、安新等广大农村，沿途用唱歌、演讲、演剧、写标语等方式宣传抗日。国民党反动派恐惧万状，在高碑店将清华大学的学生截住强行送回学校。我们为避免被国民党警察阻拦，经常变换行军路线，曲折迂回，有时夜行日宿，进进退退，和他们捉迷藏。

当我们来到保定时，被军警包围。在被强迫遣送回平津的前夜，大家一起开会，酝酿成立一个群众性、先进性和能经常保持联系的学生爱国团体"民族解放先锋队"，大家热烈赞同，当即通过了组织议程，选举了负责人。后来，在这个基础上形成了一个全国性的青年抗日救亡组织——中华民族解放先锋队。

1936年5月，日寇加紧进迫华北，民族抗日的烈火愈烧愈旺。天津海河内经常发现浮尸，引起党的重视。天津学联组织调查后，发现这是日军修筑秘密工事后杀害的中国工人。为了揭露日军，打击侵略的气焰，决定借5月30日纪念五卅运动的时机，举行一次大规模示威。国民党天津市政府得知这个计划后，准备阻止、破坏。学联立即召开紧急会议，决定于5月28日提前行动。5月28日，国民政府派军警和救火车到法商学院门前阻拦，学生出不了大门，就派一队人来了个假冲锋，声东击西，掩护其他学生推倒操场围墙，进入师范学校，又迅速跑到天津河北工学院。军警发现时，队伍已经跨过新开河，直奔金钢桥了。在金钢桥，军警们在桥头把守，学生把传单发给他们，走上桥头演讲抗日道理，并高呼"拥护天津军警抗日"等口号。讲到动情处，军警和学生都流下了眼泪。

这时，学生四人一排，手挽手，肩并肩，冲上金钢桥，直插东北角，沿途交通中断，许多人力车工人主动帮忙散发传单，做起义务宣传员。同学们到文具店买粉笔写标语，有的店员也不收费。不少工

1936年5月28日，在中共中央北方局和天津市委领导下，天津爱国学生举行抗日大救亡游行。图为爱国学生游行场景。

人、店员也加入游行行列，队伍到东南角时，已扩大到 5 万余人。游行中还召开了群众大会。这次游行，不但发动了工人、店员、市民，而且争取了军警同情，扩大了抗日救国的统一战线，显示了中国人民团结起来的力量。

1936 年暑假，北洋工学院、三八女中、扶轮中学等部分学生，按照党的指示精神，到市西郊王兰庄举办农民夜校，把抗日救国的火种撒在农民心中。我们在农村贴标语、撒传单、高唱《义勇军进行曲》和《救亡进行曲》，吸引了很多群众。我们相信，抗日的最深厚力量是在民众之中，一定要把农民的思想武装起来。我们首先在王兰庄建立了青年夜校和成年人识字班。祖祖辈辈不识字的"睁眼瞎"，看到学生把文化送上门，十分高兴。老百姓给学生们找房子、烧开水、做饭，好不热闹！校长就由我担任，其他人有的当教员，有的搞宣传，每星期日还要演些节目，如活报剧、魔术等，借机演讲抗日救亡道理，宣传党的方针、路线。演讲的内容主要包括以下几个方面：九一八事变后，东北人民在日本帝国主义统治下过着饥寒交迫的生活；国民党反动派"消极抗日，积极反共"的政策是亡国政策；劳苦农民是受帝国主义、封建主义和官僚资本主义压迫最深的阶级，不反对帝国主义及其走狗，是翻不了身的。每次讲演，都以全体大合唱抗日革命歌曲为尾声。

1937 年，青年学生响应党的号召，纷纷脱下长袍，穿上军装，深入农村，建立抗日根据地。7 月 7 日那天，当我走进火车站，奔赴抗日战场的时候，看到了卢沟桥事变的"号外"，心情无比激愤，抗日的决心更加坚定，从此拿起了枪杆子，走上武装革命的道路。

丁仲文：一二·九运动时期北洋工学院学生、北洋工学院党支部书记，新中国成立后曾任天津大学副校长。

选自中共天津市委党史资料征集委员会编《一二·九运动在天津》，收录前进行了修改订正。

天津的一二·九学生运动

庄　林

中央及各地方党史征集资料部门正在广泛征集革命回忆录，知道后我心情十分激动。我从小时起，就手持小旗，跟着游行队伍高呼"打倒日本帝国主义""誓雪国耻""取消廿一条""抵制日货"等口号。那种仇恨日本帝国主义的朴素心情，难以用言语形容。上了中学后，我积极参加学生运动。抗日战争全面爆发后，我丢掉笔杆子，拿起枪杆子，奔赴战场，直到打倒日本帝国主义，建立新中国。回忆往事，历历在目，作为一个历史的目击者和见证人，把它忠实地写下来，留给年轻的同志们，供大家参考。但我已年逾古稀，记忆有所衰退，所写之事，疏漏难免，深望健在的同辈能予以补充指正。

天津法商学院旧址

★ 南京请愿

1931 年秋天，我刚考入天津法商学院大学预科，突然听到日本侵占东北的消息，犹如晴天霹雳，震惊了全校师生。大家看到"号外"后，群情激愤，有的放声大哭，有的摩拳擦掌，痛斥日军野蛮罪行。学生会连夜召开全校学生大会，选举王守先、刘大伦和我，率领代表团前去南京请愿，要求政府出兵收复失地。我们还联系扶轮中学的同学，要求他们和我们一同前去。院长顾德铭也参加了大会，他很支持我们的请愿活动，拿出自己的补贴给代表团作路费。第二天，也就是 9 月 19 日凌晨，我们出发了。在北站乘上直通浦口的特别快车，次日到达南京下关车站。当时天色已黑，又正下着大雨，同学们浑身都湿透了。国民政府派人接上我们，把我们安置在一所中学的礼堂里，没有铺盖，同学们只能挤在一起凑合了一夜。第二天一早，我们商定一方面对所在中学的学生进行宣传，一方面派人去国民政府交涉请愿。我来到我分工负责一个教室，学生们已集合起来。我代表天津学生讲话，先说九一八日军强占沈阳的事，国民驻军不抵抗就撤退了，东北广大人民从此过着亡国奴的悲惨生活，以及我们此行请愿的目的。讲着讲着，我悲愤得哭了起来，许多同学也随着我一起落泪。有一位同学激动地站起来说："日军如此无理，国民党军队如此无能，政府如此软弱，只有我们来干，督促他们抗战。他们不干，我们就撤换掉他们。你们千里跋涉来南京请愿，我们十分敬佩，特向你们表示亲切的慰问，祝你们成功，我们愿做你们的后盾。"同学们纷纷鼓掌。刚讲完，国民政府就通知我们到陆军礼堂去开会。

我们来到礼堂，被安排在楼上，面对讲台。讲台两边站着警卫，架着机枪，枪口冲着我们，如临大敌。忽然听到有人喊："立正！敬礼！"然后就看到从桌子后走出一个人来，身穿长袍马褂，头戴毡帽。因为桌子高，只能看到他的脑袋，也不知道此人是谁，似乎架子很大，瘦瘦的面孔。他先瞥了我们一眼，然后脱下帽子，露出光秃秃的脑袋，向我们点点头，讲话是浙江口音。"同学们！你们辛苦了，中正听说你们来是不太高兴的。"这时，我们才知道原来是蒋介石。"你们应该好好在学校读书，不应该跑到这儿来，这不是荒废学业吗？你们的任务就是读书，抗日的事情有政府管，用不着你们操心。打日本不是那么容易，需要准备好。我可以给你们讲，三年之内如果收复不了失地，我蒋中正愿拿颈上的人头见你们。你们来南京请愿是不相信政府，这不好，快回去吧！"说完戴上帽子就要走，大家非常不满。

到南京来他没有说一句鼓励和慰问的话，劈头给我们一顿训斥。这时候，一位同学高喊："蒋主席慢走，我们还有话说。我们来南京是因为没法读书了，天津离沈阳有多远你知道吗？一夜之间就到了，眼看国破家亡的惨祸就要落在我们的头上。你说我们来南京是不相信政府，这种说法没有道理。我们来南京，正是对政府相信，不然就不来了。你说政府要准备，事先并未告诉我们，我们相信政府的决心，但得看事实。"讲话铿锵有力，蒋介石哑口无言，只是点头，然后从后台走了。据说这人是扶轮学校的教员，后被蒋介石政府传讯，结果不得而知。

★ 喜峰口劳军

1933年3月，二十九军在长城抵抗日军侵略，学联组织慰问长城抗战将士代表团，我和赵越超同学当选为代表。我们带着全校师生捐款购买的一些钢盔、一部分现金和慰问品，经过蓟县、三河、遵化到喜峰口，沿途见到日机轰炸的惨状，目不忍睹。在喜峰口我们见到了二十九军的大刀队。有一次夜间，大刀队摸到日本兵营里，一声不响地大砍一阵，杀死许多日本

天津爱国学生到长城慰问抗战将士。

兵，从此日本兵很怕大刀队。他们幽默地说："原来日本兵的脑袋，也是一砍就掉。"慰问时，正逢大刀队在操练，杀声震耳，情绪高涨，干部和士兵都同样脚穿沙鞋布袜，生活朴素，比较平等。慰问后，他们异口同声地说："这样鼓励和支援我们，我们一定要抗战到底！"

★ 和阮慕韩相识——与组织发生关系

1932年南京请愿归来，我结识了阮慕韩老师。他1932年到我校教书，原籍察哈尔，曾留学日本，攻读法律，为人谦虚谨慎，和蔼可亲，深受同学们爱戴，教法律，也教日语，课余我常找他请教。有一次，他问我："你为什么选择日语作为第二外语呢？"我随口答复说："增加些外语知识。"他说："恐怕不应这样简单。我教日语，你们学日语。应该有个共同目标，就是抗日救国。为了很好地了解日本，最后战胜日本，为这个目的来教来学才更有意义。"我听后对他更是肃然起敬，感到他言谈不凡，更想接近他。这年年初，爆发了十九路军淞沪抗战，阮老师对我说："你不是主张抗日吗？上海的驻军和人民抗战了，你们学生会应该有所表示。"经他提醒，我们学生会就给十九路军发了慰问电，支持他们抗战到底。1933年3月又发生了二十九军长城抗战。阮老师又指导帮助我们组织慰问团。1933年5月，冯玉祥、吉鸿昌、方振武在张家口组织了民众抗日同盟军，他又动员我们发慰问电。有一次我到他那里去，他问我："你相信蒋介石的抗战是真的吗？"我说："他在准备，我们应等待他的准备嘛。"他说："他准备什么？如果他真心抗战，为什么不支持十九路军、二十九军和抗日同盟军呢？他不但不抗战，还不准别人抗战，真如人们所说的，'内战内行，外战外行'。他为'攘外必先安内'的错误政策迷了心窍，主张'宁予外寇不予家奴'，他是个丝毫不讲信义丧心病狂的野心家，代表了大地主大资产阶级利益的卖国贼，比袁世凯还要坏十倍的家伙！"言谈中情绪非常激动。

我因对蒋介石存在幻想，对他的话有些半信半疑，反问他："共产党不是也和他打吗？""是啊！难道共产党就等着被他杀光吗？四一二大屠杀何等凶残，共产党反抗是不得已的，是为抗日而战，为保存自己而战。"我问他共产党抗日的真相，他从九一八事变后，中共中央关于日本帝国主义强占满洲的决议，谈到共产党支持东北义勇军和各种抗日武装的种种事实，直到1933年初，中华苏维埃临时中央政府和工农红军军委发出的愿在三个条件下与全国各军队共同抗日的宣言。我说："这些怎么我都不知道呢？"他说："这些都被国民党封锁了，你怎么知道！"

1934年九一八事变三周年纪念日时，我又去找他。一进门他就问："怎样？你看蒋介石抗日了吗？你还不明白？那是骗你们青年人。"这时我才如梦初醒，对他说："我明白了，完全明白了。对蒋介石完全失望了，抗日不能再依靠他。你再讲讲共产党还有哪些抗日行动？"他兴奋地说："有啊！方志敏、寻淮洲、粟裕已经组织了北上抗日先遣队。"我说："现在我们只有依靠共产党了，可是上哪儿去找共产党呢？"他意味深长地告诉我："慢慢找，如果你有决心，总会找到！"

1934年底或1935年初，他被捕刚刚放出来，我去北平看望他，他说："我刚被放出来，但身体还很好。"忽然低声说："庄金林同学，你不是找党的关系吗？你的情况我们全了解，我和党的北方局有联系，你以后就和我暂时发生个别关系。本来我不是作学生工作的，但目前法商学院还无学生支部，就先通过你传达党的指示。这种关系是绝对秘密的。我和你讲的话千万不可向别人讲。从现在起我不找你，你

阮慕韩（1902—1964），河北怀安人。1931年加入中国共产党。曾任河北省立法商学院法律系讲师。在一二·九运动中参与组织天津学生抗日救亡运动，并在天津教育界开展抗日统一战线工作。

也不要再到我这里来。如果万一被捕，要善于挺刑，至死不能泄露党的秘密。不该你知道的事不要问，这是党的纪律，要看得比性命还重要，千万要记住！"

那天，我高兴得一夜未睡，心想：怪不得他知道那么多事，原来他是共产党员！我的苦闷心情完全消失了，好像在黑暗中徘徊而突然见到了阳光。

当时我并不懂得"个别关系"是怎么回事，但我相信党，他叫我做什么，我就做什么，他怎么指示，我就怎么做。一直到1936年二三月间法商学院成立了学生支部后，经朱纪章、阮务德介绍参加了学生支部，才和阮慕韩老师停止保持"个别关系"。阮慕韩老师对我的教育和帮助，一是学习是为了革命；二是打破了我对蒋介石的幻想；三是建立了对党的信任思想，引导我加入党的队伍，为我今后的长期革命生活奠定了基础。我将永远敬重和怀念他！

阮务德（1914—1938），化名张德民。1933年就读于天津法商学院，为法商学院学生自治会负责人之一。1935年一二·九运动爆发后，参加天津学生大示威，为天津学联负责人之一，不久加入中国共产党。参加"义教"活动并受市委指派在学生中发展党员。

★ 杨秀峰老师的教育

杨秀峰是河北迁安县人，北京师范大学毕业后到法国留学，1934年离开巴黎经日本转道返回天津，遇到徐冰和李楚离，但未能解决组织问题，后来在北平遇到阮慕韩才解决，也在阮领导下，作平津文化界和教育界上层知识分子的工作。他在法商学院最初兼任秘书和教育学系主任，并任教"社会发展史""经济史""辩证唯物主义"等课程。还组织了经济学会、政治学会和时事座谈会等群众学术团体。

杨秀峰学识丰富，为人诚恳、直率，善于和同学们接近，言谈很有说服力。他和阮慕韩作风不同。阮持重谨慎，始终未暴露共产党员的身份；杨性格爽朗，敢说敢做，似乎无所畏惧。我始终不知道他已是党员。直到解放后，他才告诉我。二人都是在平津两地兼课教授，所以北平的消息很快就能传到天津。我经常去找他，他说我是进步青年，很爱和我谈话。

杨秀峰（1897—1983），河北迁安人。1930年加入中国共产党。1934年任河北省立法商学院政治系教授。参加领导一二·九运动。1937年任天津各界救国会党团书记。

一二一八前夕，他告诉我天津也应发动和组织学生运动。在公开场合他作了三次重要讲话，至今我的印象还很深。一次是批判陶希圣和杨立奎（北京师范大学物理教授）公开支持蒋介石"攘外必先安内""读书救国"的谬论和破坏学生运动的阴谋。在上哲学课时，秀峰同志讲到看问题要透过现象看本质，不要被现象迷惑。他说：陶希圣、杨立奎二人讲，"读书救国"，表面看颇有道理，然而它的本质是不让学生参加抗日救亡运动，为蒋介石"攘外必先安内"的理论服务，是适合日本帝国主义利益的。这两个教育界的权威，表面是教授，本质是政客，是蒋介石的走狗。我们千万不要受骗。学生听后很受教育。

再一次，是在时事座谈会上，讨论到德国法西斯问题。有的学生说希特勒是伟大领袖，蒋介石经常称赞希特勒。杨秀峰发言时很愤慨，用大量事实揭露了希特勒对内独裁，搞法西斯专政，任意践踏民主，压制人民，对外实行侵略，搞民族压迫，算是什么伟大领袖？是政治流氓。蒋介石也不讲民主，在日军侵略面前不抵抗，搞投降主义。他称赞希特勒、墨索里尼等法西斯分子，就是称赞日本侵略中国。那天，进步同学和不明真相的学生辩论得很激烈，他的讲话大大长了进步学生的志气,使那些持反动观点的学生陷于孤立。

第三次是在讲经济学时,讲到学校当局让他填一张有反共内容的表格,他当场撕掉了表格,因为他是讲马克思主义学说的。马克思主义的最终目的是在全世界建立共产主义。这一伟大事业要靠共产党来领导。他虽不是共产党员,但相信马克思主义,填了那张表,就等于违背自己的信仰,自动解除自己的职务。他的话很有力量,博得了热烈的鼓掌。

★ 一二一八游行和成立学联

12月16日下午,阮慕韩叫我到他宿舍去,杨秀峰也在,似乎他们在等我。杨秀峰先说:"12月9日,北平学生已经行动了,你们怎么样?"我说同学们的情绪异常高涨,大有一触即发之势。阮慕韩接着说:"看来主客观条件已经成熟,你们可以考虑立即有所行动,杨老师给你们拟了一个方案,供你们参考。"接着杨秀峰掏出一张纸,简单地写了游行队伍的组织、路线、口号,开大会和请愿的内容等,给了我。杨秀峰又问我:"你估计有哪些学校、多少学生能参加?"我说估计我们大学部和商职部大部分能参加,其余河北方面北洋大学、河北工学院、女师,以及觉民、究真、中山等中学也可以出来,河南方面的汇文中学也能出来。南开大学和南开中学也能出来一些。我们努力做工作吧。我离开后马上找朱纪章等人召集学生开会。我们找了一间宿舍,到会的大多是学生会的积极分子,决定12月18日游行。17日我们又开了一次会,讨论了队伍的组织、口号、集合地点、传单等,做了具体分工,我被安排到女师等校串联,做动员。

18日早晨8点,校园内响起了钟声,同学们集合起来,立即出发,过了法政桥奔扶轮中学,有人去北洋、女师等校联络,9点多钟都到了公共体育场集合。队伍由我带领,顺大经路过金钢桥、大胡同、官银号、东马路、东南角、西马路,直抵南开中学大操场。南开大学的一部分人在官银号也加入队伍,沿途还有一些人参加进来。整个队伍有两千余人。

杨秀峰教授参加了游行，和我走在最前面，指导我们喊口号和行动。他那天身着呢子大衣，夹着黑色皮包。当走到东南城角时，有的同学要冲向日租界，他赶快跑过来，问："要干什么？"我告诉了他，他连连摇头，告诫我们说："那怎么行！不干那蠢事。我们走西马路，东南角。"此时，离日租界已很近，日本人筑有防御工事，架有机枪，并有荷枪实弹的士兵在把守，正监视我们的行动。我们在东南角稍停，群情激奋，大声喊了"打倒日本帝国主义"的口号，就转向西马路，最后到达目的地——南开中学操场，已经时近中午了。南开中学的同学热烈欢迎我们，为我们准备了馒头。南开中学代表吴祖贻讲话说："馒头虽冷，我们欢迎慰问你们的一颗心却是热的。我们抗日救国的心是连在一起的！"

大会通过了宣言和建立天津学联的提案，并决定立即去市府请愿。会后，大队高呼口号，唱着救亡歌曲，向市政府出发请愿。市长肖振瀛避而不见，由秘书代为接过请愿书，我们回校时已是下午3点。

到校后，大家集合在大礼堂，欢迎杨秀峰教授讲话。他说："我们不愧是李大钊的后继者，保持和继承了五四运动的光荣传统。今后还要发扬光大，希望与同学们共勉。"两天后，召开了天津学联筹备会议，12月24日正式成立了天津学联。学联设执委、常委会，以学校为单位，选派代表组成。不固定人选，会议有代表参加就行，代表有发言、表决、选举与被选举权。学联创办了《天津学生》报，由我和阮务德任主编，但由于种种原因，只出版了一期。以上这些活动都是在阮慕韩、杨秀峰的指导下进行的。

后来，杨秀峰把北平中国大学的学生王仲华（董毓华）介绍给我。王仲华是北平学联的代表，我们经常往来。有时我去北平，有时他来天津，互相沟通情况，关系异常密切。有一次他提出："北平学联有意成立'平津学联'，你们意见怎样？"我说："征求一下'天津学联'的意见，估计不成问题。"我随即征求常委意见，都表示赞成。12月底，正式成立了"平津学联"。这事我向杨秀峰、阮慕韩讲时，他们说："知道，应该这样干。"

平津学联成立后，我从杨秀峰、阮慕韩处获悉要组织"平津学生扩大宣传团"，随后，王仲华、朱纪章正式来通知我。王仲华告诉我："宣传团一共四个团，北平三个，天津一个算第四团。双方到固安县会合。"我找天津学联的常委联系时，各校已放假，打了多次电话才找到北洋大学的王远馨和汇文中学的姚大衡等。

温健公（1908—1938），广东梅县人。1928年，加入中国共产党。1935年夏，任河北省立法商学院经济系讲师。一二·九运动爆发后，与杨秀峰等领导了天津学生抗日救亡运动。1938年12月在山西吉县牺牲。

杨秀峰始终和我保持着联系。他和许多校内校外的进步老师也都有联系，当时温健公（广东梅县一带人）也在我们学校教课，他和杨秀峰关系十分密切。他为人热情开朗，敢作敢为，善于和同学接近。在抗日战争初期，我和刘子超都在华北军政干部学校工作，遇到他妹妹温华英，她告诉我温健公同志已牺牲，他也是个老党员。

★ 闻永之老师对我们的帮助

闻永之是法商学院的辅导科主任，湖北人。他在找我和阮务德谈话时流露出坚决主张抗战和对于蒋介石的不抵抗主义不满的思想。对学生会的工作也很支持，他告诉我："学生会开会，只要哪间屋子空着就可以用，给我打招呼就行。缺什么东西我可以用公家的名义替你们领。"开始我们对他有些怀疑，辅导科主任怎么不但不管我们，反而帮助我们。接触时间长了才发现，他思想进步，分析能力很强，水平也很高，怀疑渐渐解除了。有时和他谈起来，竟至通宵达旦。一二一八游行前夕，他对我和阮务德说："你们对北平的一二·九运动有什么看法？"我们说："完全赞成。天津太沉闷了。""你们也想干吗？"我俩说："怎么不想！我们原先还想搞暗杀团呢。九一八事变后，真想组织一个暗杀团。杀死一个日本人够本，杀死两个赚一个。"他说："那种想法是错误的，冒险主义的，你们能杀几个日本人？要依靠广大人民群众，人民群众是真正有力量的。你们不是也要学习北平学生那样干吗？这才是正路。什么时候行动呢？"我和阮务德当时已经沉不住气了，但因为他毕竟是辅导主任管训育的，迟疑半天，还是没敢说出来。最后，他说："不要有什么顾虑，我虽是辅导主任，但也是有热血的中国人！我和你们的爱国心是一样的！"我们被他这句话打动了，回答说："明天就行动。"他问准备得怎样？我们一一告诉了他。他又问："有把握动员哪几个学校的学生出来？"我们也告诉了他。他又问："传单

闻永之（1904—1940），本名闻允志，字永之，湖北浠水人。1926年加入中国共产党。1935年任天津法商学院辅导课主任。天津一二·九抗日救亡运动领导人之一。1940年8月在对日作战中牺牲。

和口号准备好了吗？"我们说："准备了，但很少。""那我给你们纸，马上赶印，还来得及。"他取出纸，老阮写后，他又去印。印后，又问我游行路线，谁领队，等等。我告诉他，由我领队。谈到下半夜一时多，我才回屋睡觉。

闻永之在和我们接触中不断声明"我可不是共产党员"。我和阮务德对他讲："你就是共产党员我们也不怕。"以后，学生运动中遇到什么问题，我们都找他商量。他极其热诚地帮助我们。

我和阮务德1936年10月被捕，第二天放风时发现闻永之也被捕了，相互点了点头，没有说话。后来听说他被学院保释出去了。我和阮务德被引渡到北平。抗战全面爆发后，在八路军一个游击支队里遇到他，他是支队的政治部主任，见到我非常高兴，谈起往事来格外亲切。他说："你们的情况，阮慕韩和我讲

了，我老早就是党员，现在可以说了。我们那个时候一同坐牢，现在一同战斗，既是师生，又是同志，要一同战斗到打倒日本帝国主义，建设共产主义。"他又带我见了黄欧东同志，请我给抗大的同学做了一次在敌后建立根据地报告。晚饭后才恋恋不舍地告别。谁想我们那次竟是最后的一面，听说他在一次渡河战斗中牺牲了。

★ 和何松亭相识到推动马占山抗日

何松亭是东北人，曾留学英国，当时他除在法商学院教银行和货币学，还兼任天津边业银行的职务，为人很豪爽朴实，待人亲切。他知道我在搞学生运动，常常和我讲东北被日军强占的事情。他说："我是东北人，这是最痛心的。我认识张学良，他是一个有抗日爱国心的热血青年。人家骂他不抗日，真冤枉他了，他有苦说不出来。是蒋介石不让他抵抗。蒋介石才是罪魁祸首，他宁可使国民党军队死在剿共上，也不抗日，让中国人残杀中国人。共产党主张抗日有什么罪？有机会你可以问问马占山将军，是谁真正支持了他。现在东北义勇军已组成抗日联军了，杨靖宇将军就是共产党员。共产党才是真心抗日的。听说到南京请愿时，蒋介石向你们拿人头担保，三年收复失地，现在已经五年了，他有什么行动？我们不能只听漂亮话，要看行动。我支持你们的抗日爱国，有啥问题可以找我。"

我从上海开完会回来，就到他家去汇报了会议情况。话刚说完，他就兴奋地说："来，我带你去见一个人。"我不知道要见谁，也不好问。到了他隔壁一个院子里，走进上房，进到里屋，看靠墙放着一张床，床上躺着一个瘦老头，正在那里抽烟，见何松亭打招呼说："老何，你怎么来了，没上班？"何介绍说："这是出席全国各界救国会和全国学联的代表庄金林，我的学生，让他给您谈谈全国抗日的情况。"又指着他对我说："这就是全国有名的马占山将军。"马将军一翻身坐起来和我握手，连说："好！好！赶快讲，我一定仔细听。"我一五一十把会议情况向他讲了。他越听越起劲，我告诉他："全国救国会给您发了慰问电，请您努力抗战！"他不禁哈哈大笑起来说："抗日是我们东北军人应尽的天职。国民党军队一枪不放就跑了，算什么军人！我老马要抗战到底，蒋介石不发给我钱和枪，我能打几天？全国救国会还给我发来电报。我接到不少电报啦！但用电报不能把日本鬼子吓走。"我说："以后会给你汇款和物资的。"他说："最好是政府拨款。"我说："正在要求政府拨款，但愿能实现。"他说："还不如共产党，他们不讲漂亮话，而是真干。政府要是共产党管就好了，我们真能得到实惠，那还怕抗日不胜。"说完深深叹了口气，又躺下抽烟了。后来何松亭告诉我："老马本来不想干了，听了你的介绍后，我又做他的工作，他回到东北继续抗战了。"何松亭那里经常高朋满座，谈论抗日问题。解放后，我去天津中国人民银行看望他，他才告诉我，他是1926年入党的老党员，那年是在做东北军的工作。

★ 南下扩大宣传团的活动

天津参加南下扩大宣传团的学生不太多，我是天津学联的代表，也是天津第四团的代表。到安次时，北平一团团长韩天石和另外两位同学来迎接我们，第二天一同到固安。在固安与北平一团（以北大为主）会合，以后我们就和他们一起行动，成为他们一个分队。固安县城门关闭，军队把守着不让进去。我们在城外开了一个大会，王仲华讲了话，固安一个中学校长也讲了话，城上还用篮子送下大饼慰问我们。随后，出发到雄县北的一座镇子——咎冈，住了一夜，又去雄县。在这里我们得知二团（以师大为主）、三团（以清华为主）先后在大兴县南和高碑店，被军警驱散，我们这个团也有军警围追。我们采取昼伏夜出办法，和军警"打游击"。途中，天天和农民接触，开座谈会，作宣传。农村有些革命知识分子，也向我们宣传。那时，我们都穿着衣服睡，有时地上铺点儿草当床，日夜走路，脚都起了泡，吃不饱，睡不暖，还要向农民宣传，真是受到锻炼，了解了农民生活的真实情况。少爷小姐作风受到很大触动，开始和农民有了共同语言和感情，也了解到农民中蕴藏着的抗日力量。最后队伍进了保定城，宣传了两天。在保定的第二天夜里开了一次全体大会，有百十个人参加。我和北平的潘彭涛主持会议。大家都不愿意就此散了，考虑建立一个什么组织，继续保持联系。大家议论纷纷，最后讨论通过了天津北洋大学的张多疆和北平师大小曹（女）的提议叫"民族解放先锋队"（简称"民先队"）。凡是那天参加会的都是"民先队"发起人，也是第一批"民先队"队员，现在还健在的已经不多了，据我所知还有袁宝华、陆平、刘居英、敖纪民、徐达本、张多疆、姚大衡、朱纪章、林心贤等人。"民先队"先在学生中发展，后又扩展到其他各界，最后在军队中也建立了。抗战前后发展很快，全国成立了"民先总队"，总队长李昌。1937 年，中央取消了原来的共青团，只剩下"民先队"，成为一支在党的领导下的新的青年群众组织。

南下宣传团 1936 年 1 月 3 日出发，1 月 21 日到保定，1 月 23 日回到北平。正好是农历除夕，在北平过的年。北大同学给我买了"年货"庆贺。2 月 1 日，我作为列席代表参加北平"民先队"成立大会。敖纪民当选为第一任队长。回到天津，天津也在成立"民先队"。第一任队长是李哲人（即李明义）。

★ 全国各界救国会和全国学联的成立

1936 年 4 月，我代表天津学联和平津学联去上海参加全国学联。这也是阮慕韩通知我的，并告诉我找王仲华联系。王仲华从北京来天津，我们接上组织关系后，一同到上海。开始，我们被安排在上海青年会和王仲华住在一起，以后搬到亭子间去住了。在那里和陆璀、柳也夫（刘江陵）、黄敬、唐守愚等人共同从事紧张的筹备工作。我还分管印刷传单，接待湖北、四川、江西等地代表，每个星期还要参加沈钧儒、邹韬奋、章乃器、史良、沙千里、王造时、李公朴等组织的素餐会，在功德林素餐馆的时候多，借着会餐讨论大会的工作纲领等文件以及大会议程等。开始时有些争论，但在我们共同努力下，很快就达成共识。全国学联于 1936 年 5 月 28 日成立，全国各界救国会在 5 月底 6 月初成立，都在上海。

7 月初，西南地区号召奋起抗日，国内形势有所好转。日本帝国主义也采用"经济提携"的新策略向中国进攻。国民党决定召开二中全会。面对这一形势，全国救国会及全国学联决定选派代表到国民党二中全会现场去请愿，代表为：沈钧儒、章乃器、史良、彭文英、沙千里、庄林和陆璀。到南京后，还准备招待新闻界，报告请愿情况，以扩大宣传，同时联络南京的抗日人士，以推进救亡运动。

9 日夜出发，10 日晨抵南京，代表团在南京共 4 天。13 日上午向国民党五届二中全会请愿，事先写了请愿书，要点是：1. 准许代表团在大会发言 5 分钟；2. 立即决议对日抗战；3. 决议开放民众运动，保障言论、出版、集会、结社自由，释放政治犯；4. 停止内战。

董毓华（1907—1939），化名王春裕、王仲华，湖北蕲春人。1925 年加入中国共产党，曾任北平学联主席、平津学联主席、一二·九运动负责人之一，平津学生南下宣传团总指挥。抗日战争爆发后，任华北人民抗日自卫委员会党团成员兼军事部长。

代表团到国民党中央大礼堂时，会场门禁森严。大会分别派了马超俊接待全国救国会代表，曾扩情接见平津学联代表，全国学联代表也自动跟进去（原来不准他们进去），当时还有谭根等在座。

曾对原来不接见全国学联代表的做法表示抱歉，对请愿书的意见是：1. 对日抗战，政府正在准备，在野人士不了解情况，人民与政府应有共信关系，尤其人民应相信政府，由政府来统一军令、政令去抗日。曾说他本人是抗日的，但人民不能随便拿抗日与政府为难。2. 关于开放民众救国运动。他根本不承认南京政府有压迫民众抗日的举动，否认南京中学学生有五人尚未释放。各地当局压迫学生运动是他们的错误，南京的民众运动搞得很好，如全救会开会不便，尽可到南京来开。人民应该遵守纲纪，不能以民众运动来和政府捣乱。3.关于停止内战问题。他说现在无所谓内战，西南问题可以不用兵而用政治方法解决，政府决定组织国防会议，容纳西南领袖。

他说完，我当即质问：1.为什么说全国学联是不合法的？学生反抗日本非法占领中国领土，符合国家兴亡匹夫有责的道理，为什么是非法的？难道日本强占中国领土是合法的吗？怎么政府对日本不敢吭一声？2.政府不承认有内战，明明还在打，不承认怎么行？要求立即停止。3.我已经是第二次听到政府正在准备抗日。第一次是亲耳听蒋介石先生说的，三年如不收复失地，拿人头来见我们。现在已五年，蒋介石的脑袋还是长在脖子上。有谁还相信这些话。日本人的进攻从未停止，眼看我们就要做亡国奴了，无家可归，政府知道吗？这时我的内心十分激动，声泪俱下，全场寂静无声。曾扩情也哑口无言，谭根特别表示了同情。会后，我和沈钧儒去他那里，他说："你的讲话理直气壮，我真感动。平津学生为什么那么能讲话啊。"

我们还经常到马相伯老人那里去。马老虽然不能走动，但言语思维都很清晰。他每次见到我们总是滔滔不绝地谈论着抗日主张，对蒋介石不抗日甚为忿恨。有一次气急了说："他（蒋介石）再不抗日，我们就可取而代之嘛！"有一次，沈钧儒、李公朴都在他那里，邹韬奋开玩笑说："马老是真老头子，沈老是小老头子，公朴呢是假老头子（李公朴最年轻，蓄起一大绺黑髯）。说得大家都笑起来。同年8月间，世界学联在日内瓦开会，我和陆璀准备一同去参加，后我未去成。

当时，我们还做马叙伦、潘大魁、王造时等人的工作，并和徐雪寒、吴砚农、李超白、沈兹九、陈波儿等人经常接触。

1936年6月一天拂晓，天津日军宪兵和特务乘大卡车到我家，刚好我在上海开会，没有抓到我，就把我父亲抓走，打得父亲死去活来。父亲已是 70 多岁，敌人什么也未问出来，怕死在狱中，才把他放出。临走恶狠狠地说：你孩子什么时候回来，什么时候向我们报告，不报告就拿你治罪。还留下几个特务住在我家里，从 6 月一直住到 8 月，估计我不会回去了，才撤走。天津学联和法商学生会及我家里都不知道我的确切地址，在此期间，他们怕我回来被捕，派人在天津东站口天天等我。9 月，我回津，刚一出站，家里派的人就告诉我，千万不要回家，日本特务刚走，我就带了一箱文件和书到法租界我弟弟那里，才避免了被日军捕走的一场灾难。

10 月初，我和阮务德同一天被天津公安局特务逮捕。第二天又将闻永之捕去。学生会发动全校罢课和请愿，杨秀峰等给宋庆龄、冯玉祥、沈钧儒、宋哲元等发了电报，要求胁迫政府释放被捕学生。12 月我们才被宣布无罪释放回校。那时学校正在搞护院运动，原因是宋哲元一方面被天津的反动势力施加压力，一方面又遭到学生的反对，有些难于应付，就下令解散天津法商学院。学生、老师们与学校当局都在为复校奔走，要求宋哲元收回成命。我到校后，被推选为法商学院全体学生代表，赴京找宋哲元请愿。到北京后，我住在二龙路王远馨住的公寓，正好警察搜查他的住室，我说是找宋哲元的，他们看了我的公函说："没您的事。"但把远馨带走了。我正在犹疑中，警察又转了回来，将我也一起带走，转送到公安局。这是我第二次被捕。第三次被捕是日军占领天津后，因无证据，只拘留一小时，即行释放。

★ 一二一八运动与党的领导

一二一八运动发生在 1935 年，那时天津党组织已遭受破坏，组织还未恢复。天津市广大学生早就具有抗日救亡思想，九一八事变后更加强烈，已经到了忍无可忍的地步。1935 年，受北平一二·九运动的影响，一触即发。天津的党组织虽已遭到破坏，许多党员遭到逮捕，但一部分党员还保存下来，分别隐蔽在不同岗位上。九一八事变后，我们党一直反对蒋介石的不抵抗政策，以各种方式宣传，并以实际行动领导着抗日武装斗争。1935年8月，《八一宣言》发布后，抗日民族统一战线进一步发展，党的正确路线取得了各民主党派和一部分军队的拥护。以宋庆龄为首组建的各种抗日救亡组织，如雨后春笋一般发展起来。红军胜利到达陕北后，更加人心振奋。1935年一二·九运动发生前后，党又专门指派了一部分党员到天津发动学生开展抗日爱国斗争。从这个意义上讲，天津的一二一八运动，应该说是一二·九运动不可分割的一部分，同样是在党的领导下发动起来的。1936年，天津党组织正式恢复，刘少奇、彭真、姚依林等同志到天津后，加强了领导，但是，工作更多采用了秘密方式，一般为单线领导，尽量避免发生横的关系。因此，在严重的白色恐怖下，党的组织基本没有遭到破坏，不但保存和积蓄了力量，而且在群众中发挥了很好的领导核心作用。这一时期，北方局、市委的领导力量是强的，特别是刘少奇到津后，更是如此。始终坚持统一战线政策，很少喊过去"左"的口号。虽然群众运动中喊过打倒宋哲元的口号，但很快就纠正过来，改为团结二十九军，拥护宋哲元将军抗战，把宋哲元这样的人，基本上也团结住了。没有像北京那样举行悼念郭清同学的抬棺游行，没有遭到军警大规模镇压和屠杀，未发生重大流血惨案。后来在一二一八运动基础上发动了五二八运动。学生运动的领导更为成熟，团结同学更广泛，影响更大，效果也更好。

一二·九运动开始，我是一个朴素的爱国主义者，觉悟不高，以后由于老师和同学的帮助教育，又在救亡运动的实践中受到教育，使自己逐渐了解党的政治纲领、党的组织原则和党的作风，加入党的组织。1939年以后，在敌后游击战争中，进一步学习了毛主席的建党思想、军事思想和战略战术，我深深体会到，没有我们党的领导，一二·九运动也好，一二一八运动也好，都难以发动得那样广泛，也难以取得那样大的胜利。一二·九运动在我国青年运动史上有着划时代的意义。它标志着在党的领导下，青年运动在政治上、思想上、组织上日益成熟了。它为党培养出了大批干部，推动了抗日民族统一战线的发展。它的功绩是永远不能磨灭的。

庄林：又名庄金林，一二·九运动时期法商学院学生，曾任全国学联天津代表，新中国成立后曾任铁道部上海铁路管理局局长。

选自中共天津市委党史资料征集委员会编《一二·九运动在天津》，收录前进行了修改订正。

一二·九运动中河北女师片段

安　琳　于瑞英

安　琳

于瑞英

九一八事变后，日军占领了东北三省，又把魔爪伸向华北。国民政府不但不抵抗，反而向侵略者献媚讨好。每一个有良心的中国人无不痛心疾首。我们这些青年学生更是异常悲愤和苦闷。长夜漫漫，希望在何方？

1935 年 12 月 9 日，北平学生在党的领导下，不顾反动当局的残酷镇压，举行震惊中外的游行示威。16 日，学生和市民再次举行示威游行。天津学生起而响应，在 12 月 18 日也走上了街头。游行中，口号声此起彼伏，长期压抑在人们心头的悲愤，犹如火山爆发。通过这次游行和以后的活动，我们受到深刻的革命启蒙教育，许多同学从此踏上了革命征程。

现在，岁月染白了我们的双鬓，但当时那激动人心的斗争场景，至今仍历历在目。

1935 年我们在天津河北女师读书，对时局只有一些模糊的认识。老师利用课堂给我们介绍了有关"冀察政务委员会"、《塘沽协定》和《何梅协定》问题，并以此为题让我们作文，谈各自的感想。英文老师王希贤经常给我们透露英文报纸上的有关消息。

记得有一次国文老师马鹤龄给我们讲时局，讲着讲着便勾起满腔悲愤，质问当局："我们教书的无党无派，为什么要我们在'防共协定'上签字？"（当时中等以上的学校的教员都必须在"防共协定"上签字）老师的进步思想和爱国热情给我的影响是非常大的。

当时，在同学们中还流传着许多文学作品和进步刊物，给我们这些生活范围狭窄的女学生打开了新的天地。有些描写工人斗争生活的小说，深深地打动了我们的心。我们常常看着看着，眼泪就会不知不觉地流下面颊。《士敏土》《石油》以及苏联革命前和革命后的许多作品，经常在我们中间传阅。中国女星剧团（主要演员有白杨、陶金、张曼萍等）演出《雷雨》《复活》《茶花女》，我们都千方百计地去看。家境不宽裕，没有钱供我们看戏，我们就用平时一点一点积攒下来的零花钱买戏票。此外，电影《渔光曲》《城市之光》，进步杂志《大众生活》等，都促使我们对社会、人生进行思考和探索。可以说，文学艺术给了我们以新的启迪。

一二一八大游行的那天上午，我们正在教室里上化学课，突然听到院子里有人在大声呼喊，同学们就打开窗户去探听，才知道是要举行大游行。侯丁老师抵住大门不让我们出去，我们就绕开他冲下楼去，其他班的同学也都下来了，就连当时十分老实读书的于兰（后成为电影演员）也跟我们一起加入了游行的队伍。传达室的大老李担心出事，来拉同学们回去，可是没有一个跟他走。游行队伍前呼后拥，有个缠过脚的女同学把鞋给挤丢了，我们就找了只男生的鞋给绑上。朱光是学联领导，站在汽车上慷慨激昂地发表演说。学生们振臂高呼："打倒日本帝国主义！""反对华北自治！""停止内战，一致对外！"当游行队伍到达金钢桥与另一支队伍汇合时，遭到了保安队的阻拦，我们高喊："中国人不打中国人！"以瓦解军警士气。两支队伍终于冲破了封锁胜利汇合，组成了一支浩浩荡荡的游行大军。

当队伍来到南开中学操场举行全市学生大会时，我们都很累，随便地坐在地上。南开中学同学拿来馒头、开水慰问我们。大会宣布成立"天津学生联合会",并发表了抗日宣言和通电,反对成立华北傀儡政权,援助北平学生运动,要求停止内战一致抗日,允许集会、结社自由。

游行回来后,我们就在学校写传单、编消息(我们叫作"情报"),在学校之间相互交流,主要是揭露反动当局的投降活动。学校要提前放假,学生都要回家,分散到河北各县。这时学联成立了学生纠察队,劝止学生回去,以便继续集体活动。我们当了纠察队员。但因老师干涉,学生们大都还是回家了。

1936年"三八"后的一天,张洁清由朱淑宜介绍,带着《全国妇女救国会宣言》来找我们,让我们参加。我们接受了中国妇女救国会的领导。

1936年5月,日本帝国主义加紧侵略华北。广大群众抗日情绪更加激烈。为了推动形成抗日民族统一战线,壮大抗日革命力量,市委决定在纪念"五卅"国耻日时,组织天津学生和各界爱国群众举行示威游行。

当时不少同学对游行示威不理解,认为意义不大。为了清除同学们的模糊认识,组织好游行,市学联事先召开了由各校学生会主席参加的代表会议。安琳担任学生纠察队的队长,代替学生会主席参加了会议。第一个在会上讲话的是老沙(沙兆豫),他慷慨陈词,历诉海河浮尸和日军走私等事件,讲到华北就要沦亡时,与会者心情非常沉痛,热血直往脸上冲。第二个讲话的是李涛,他号召学生们组织起来,加强团结。安琳也在会上发了言,她的情绪很高,表示一定要带领同学们参加游行。

五二八游行的人数并不算多,但基本达到了预期的目的。学生们高举"反对日本增兵华北"的大旗,分成南北两路,到金钢桥会合。当遭到军警的阻拦时,同学们便手挽着手往前冲,向兵士们宣传:你们是不是中国人,为什么不把枪口对外,反而伤害自己的同胞?问得兵士们垂下头,默默不语。队伍会合后在官银号开万人大会,讲演的人慷慨激昂,痛陈抗日救国的道理。会上撒传单,呼口号,气氛非常热烈。

　　这次参加示威游行的代表面极为广泛，除了学生，还有工人、农民和市民，显示了中国人民不甘屈辱勇于反抗侵略者的气概和力量，揭露了日本帝国主义扩大侵略的阴谋，唤起了中国人民的爱国热忱，影响十分深远。

　　为了扩大一二·九运动的影响，继续深入群众进行抗日救亡宣传，1936年暑假，天津学联成立了"暑期义务教育促进会"，选择天津近郊的王兰庄、小园和姜井等村作为活动点。安琳分在小园，这个点由吴祖贻负责，经常参加活动的有程宏毅、杨若余等。安琳住在村长家里，其他同学都回家住。于瑞英参加姜井点，负责人是马毓臻，经常参加活动的有张文展、杨希林、杨若余。

　　我们刚来到村里时，农民们用好奇的目光打量我们这些"洋学生"。我们主动地接近他们，跟他们拉家常，很快就熟悉了。有的孩子帮我们收拾住处、教室，大娘大嫂借给我们生活用具。我们一边进行开课的准备工作，一边在村里张贴标语，挨家挨户做动员。经过几天的筹备，一切就绪了。白天我们给孩子们补习功课，教他们识字，教他们唱《五月的鲜花》等救亡歌曲，给他们讲《最后的一课》等故事。孩子们觉得这种学校很有意思，因此，无论是上过学的，还是没上过学的都爱来听课，教室坐得满满的，还有很多站着听的。虽然孩子们不能完全领会所讲内容，但在他们幼小的心灵里刻下了对日本侵略者的仇恨。晚上，我们给大人们讲课，结合他们接触过的事情，向他们宣传抗日道理。例如，我们讲鬼子低价买我们的棉花，高价卖给我们布匹，走私不纳税，这是喝中国人的血，吃中国人的肉。我们还给他们讲海河浮尸和天津"便衣队"暴乱事件等，他们听了非常气愤。

　　除"义教"，我们还组织了歌咏队、话剧演出队，到各"义教"点及附近村庄演出，后来在这个基础上成立了通俗剧团。

　　开始，我们从于玲、尤竞、宋之的所办的文艺刊物《中流》上抄下一些剧本排演，张惠敏、孙景芳是领头的。我们没有道具，学联就请天津的青玲剧团供给我们道具，从艺术上给我们以指导。没有排练场地，我们就因陋就简，在周迁

（被捕牺牲了）家的一所破旧的空房子里排练。我们排演的都是抗日救亡和有关妇女解放的节目。

"义教"结束时，我们召开了村民大会，在操场上搭了戏台，先由吴祖贻等人演讲，然后演戏，演出的话剧叫《打回老家去》。参加演出的有王侗、安琳、张惠珍、黄沙、孙景芳等。还有阮务德，他跑前跑后，什么都干。我们先在小园演，后到姜井。演出是成功的，很受群众欢迎，以致后来我们再次来到这几个活动点时，群众围着我们，要我们唱歌。

通过"义教"，宣传工作顺利地开展起来了，抗日救国的思想开始在农民群众中广泛生根开花。我们在农民中间生活了一个暑假，思想感情也发生了深刻的变化。过去，我们对劳苦大众仅仅是同情，而通过这次深入接触，我们开始懂得了人民群众是抗日救亡的主要力量。在农村的这段艰苦生活，也磨炼了我们的意志。我住的小土屋里，牲口的臊味熏得头疼，老鼠到处窜，蚊子嗡嗡飞，跳蚤满坑跳，喝的是水坑里打来的发绿的臭水，吃的是棒子面、腌黄瓜。但是我们互相激励，以苦为荣，始终洋溢着革命的乐观主义精神。

这次到农村，我们亲眼看到了人民群众在水深火热之中的生活，深深地认识到，必须推翻这个黑暗的社会制度，祖国才能得救，劳苦大众才能翻身得解放。我们在思想觉悟上有了一个新的飞跃，在党的关怀和培育下，在"义教"结束时，我俩都光荣地加入了中国共产党。我们在农村中传播抗日救亡的种子，也在斗争中改造了自己。来时我们还是幼稚的青年学生，回去时已成长为共产主义战士了。

我们学校历来有演戏的传统，通俗剧团成立后更加活跃。崔嵬从绥远回来，给我们排了一出叫《黎明》的戏，安琳在剧中扮演女主角——一个深受资本家压迫和剥削的女工，天下着大雪，孩子生病了，但不得不抛下孩子去上班，等到下班回来时，孩子已经死了。后来主人公在党的领导下走上革命道路，去迎接胜利的曙光。我们在天津大经路民众教育馆演出，许多观众被剧情吸引，为女主人的遭遇流下了同情的泪水。那时，我们还演过李剑平的《母亲的心》，还到电台去演出过《村长的家》等。

通过演剧活动，不但宣传了抗日救亡思想，在通俗剧团周围也团结了一大批普通同学。如绰号"嘉宝"（美国著名电影明星）的张耀琴，还有陈妮贤等，她们虽不是"民先队"队员，也成了剧团的积极分子。

通俗剧团还以义演的方式为支援抗战捐款。有一次在中国戏院演出，安琳站在台上向观众说："有的太太捐了金戒指，还有哪位太太小姐捐献？"因为戏院大，加上有些胆怯，观众没听清，后来还是张洁清亲自出马讲了话。在演出中我们也碰到过反动分子的破坏和捣乱。有一次当我们演出结束时，反动分子就散发小纸条样的传单，上面写着"打倒挂羊头卖狗肉的共产党"，但是群众不听他们那一套，看戏捐款的人还是很多。

1936年下半年，我们在校内还办了墙报，署名女同学会。这一时期，为了宣传抗日，我们还曾到电车上散发过传单。

1936年冬，天津学联组织我们分头去北仓和杨村慰问二十九军。北仓驻军的领导把队伍集合起来，先听我们同学做的时事报告，然后又让我们教他们唱歌。我们教唱的是《上起刺刀来》，歌中唱道："这是我们的国土，我们不挂免战牌！"二十九军的官兵情绪很高，对我们非常客气。当我们来到杨村驻军的营房时，欢迎我们的是一片真挚而热情的掌声。我们宣读了给二十九军抗日将士的慰问信后，便组织他们座谈，起初沉默了几分钟，然后一个一个开了腔。他们的发言，实际是对日本侵略者的声讨，是对国民党反动派的愤怒控诉。他们说："过去我们打仗，七打八打，打的都是自己的同胞。后来冯先生把我们调到察北抗日，不几天就收复了大片失地，真痛快呀！弟兄们拼死往前冲。可正当我们乘胜前进的时候，中央却下令不叫我们打了，我们的肺都要气炸了。东北沦亡，华北垂危，我们当兵的不能保家卫国，百姓养活我们这些人干什么！"他们对上级派他们镇压学生运动非常反感，说："我们怎能忍心，怎么下得了毒手啊！"有个老兵站起来说："我们东北人，一家老小都在关外，不知是死是活，什么时候才能打败日本，和他们团聚啊！"说着就大哭起来。士兵们有的擦泪，有的抽泣，有的叹息，有的瞪眼握拳，整个营房完全沉浸在一片悲愤的气氛之中。这时，有位同学领头唱起了《打回老家去》。座谈会结束了，我们和他们握手告别，一个排长小声对我们说："他们要下命令把我们往南撤。到那时候我就不干了！回家拉一支队伍和鬼子拼！"离开营房很远了，我还能听到那怒吼的歌声，士兵们的话语仍在我们耳边回响。我们似乎在黑暗中看到了希望，这希望就在亿万中国工人、农民、士兵的身上，这希望就在我们的心里。

　　安琳：一二·九运动时期天津女师学院附中学生，党支部负责人，新中国成立后任北京科技电影制片厂编导。

　　于瑞英：一二·九运动时期天津女师学院学生，新中国成立后曾任商业部物价局副局长、顾问。

　　选自中共天津市委党史资料征集委员会编《一二·九运动在天津》，收录前进行了修改订正。

在王兰庄生活片段

陈志远

一二·九运动后,北洋工学院成立了学生自治会,我是负责人之一,同时也是天津学联的负责人之一。1936年暑假我去江苏常州戚墅堰发电厂实习期间,因为我年初组织学生运动和惩罚了去南京听蒋介石训话的伪学生自治会代表孙伟东,院方将我开除学籍,同时被开除的还有徐瑞恩(徐达本)、林心贤、曲珪田(曲介甫)等五六人。实习结束回到天津,因被开除,没有地方去,正好知道王兰庄组织了农民夜校,我和林心贤立即赶到了王兰庄。

到王兰庄后,见到法商学院的郝金贵、庄金林,南开大学的李哲人,北洋工学院的张多疆(丁仲文)等,还有汇文、中西女中等学校的一些同学。那里实际上已成为抗日学生的一个俱乐部,大家自己做饭吃,一个大炕上睡觉,一起看书、讨论问题。当时党组织在王兰庄开展了工作,组织我们学习"大众哲学""政治经济学",那时候学生们都想学些革命道理,马克思主义很有吸引力。

大家学得很认真。我们晚上给农民上课,教识字,教唱歌,讲形势,讲日本人怎样侵略中国等。张多疆和郝金贵还在那里秘密发展党员。

9月,市内大中学校开学上课,同学们纷纷回校。剩下我和林心贤、徐瑞恩、曲珪田无处去。有人帮助我们在河北区月纬路租了

参加"义教"的学生在农村居住的土房。

一间房子，我和林心贤住在那里，主要做"民先队"（即中华民族解放先锋队）和学联的工作。9月份我加入了中国共产党。

有一天，组织派我送慕湘到王兰庄接替我们的工作，我到南门附近的一个小旅馆接到了慕湘，替他雇了一辆人力车，我骑自行车，两人边走边聊。我告诉他王兰庄生活很艰苦，要他长期在王兰庄工作，希望他能坚持下去。他很热情，他说："革命还怕苦？脑袋掉了都不怕！"这给我留下很深的印象。我把他送到王兰庄，安排了一下生活才回市里。

11月，我和林心贤去太原参加抗日救亡工作。1937年平津陷落后，太原成立了平津流亡同学会。我是山西人，通过社会关系介绍同学、同志到太原。

陈志远：一二·九运动时期北洋工学院学生。

选自中共天津市委党史资料征集委员会编《一二·九运动在天津》，收录前进行了修改订正。

1936年后半年我在王兰庄的工作

慕　湘

　　一二·九学生运动后，天津各大学、中学的学生，在"学联"的领导下，走与工农相结合的道路，在郊区王兰庄、姜井等村庄和工厂区小于庄办了农民夜校和工人夜校，宣传抗日救亡，教工农识字。1936年暑假期间，北洋大学、南开大学、法商学院和几个中学的男女进步学生大部分都参加了这一活动。8月底学生返校上课，我去王兰庄接替了他们的工作。送我去的是北洋大学的学生陈尧德（陈志远）。暑假期间，他在此与农民处得很熟，把我送到后，他便返回市内。

　　村当中，有两排土房，称为庙，但平时无神。大约在阴历七月十五日孟兰会会期，才在南屋外间张挂起神龛，记得供奉的是达摩老祖，可能是当时义和团遗留下来的信仰，会期宰一头牛，全村聚餐。南屋西头里间住着一个高个子老人，是张勋复辟时的辫子兵，还留着辫子，平时盘在头顶上，他无亲无故，依靠捉蚂蚱、小鱼、虾米过活。北屋西间住一中年人，人称和尚。东间是私塾，由一位山东人马先生教授一二十个儿童读书识字。我和马先生都睡在这位老人的土炕上。白天马先生利用这破庙教儿童三字经、百家姓。夜晚点上煤油吊灯，我教成人识字，讲政治常识，宣传抗日救亡，唱救亡歌曲，还推行拉丁新文字。起初只有一些青年人参加，以后中年人，包括个别妇女也参加了。在我们的影响下，马先生也联络了附近村的私塾先生，教他们新文字和算术。

　　不久，学联又派来余力步和路平。大家称我为校长。余力步是唐山人，刚从监狱释放出来，被捕前在地下党机关工作，刻一手很漂亮的钢板小字，他掌握一种简易的印刷方法，还会唱歌演戏，因此，他来后，这里的工作更加活跃了。

路平是山东荣成人，平素沉默寡言。1935年参加胶东暴动，失败后逃出来。当时廊坊驻有东北军王以哲师的教导队，那里有他不少同乡，也有秘密党组织，他经常到天津市同他们聚会，有时还带回点秘密文件。

天津学联经常在星期日到王兰庄集会，来时都骑自行车。那些参加活动的学生多半都认识我，但我很少认识他们，因为他们多是集体来集体走，个别接触少。我有事找他们或要钱，去南开找程人士（程宏毅）、吴江（沙琴晖又名沙兆豫），比去北洋找陈尧德等人次数多。有时也在小于庄开会。记得有一次会上讨论对日本汉奸在工人中组织普安协会应持什么态度，争论很激烈，有的主张坚决打倒，有的主张通过联合去争取工人。那时我们对统一战工作还没有很深的理解。

有的时候夜间掌上灯，我们还在住处门前演小话剧，两条被单拉起来，后面就是我们住的屋子，前面就是舞台，这些活动，余力步是主角。

后来听说南面有一个村子有一伙土匪，把握几十支枪，我曾去争取过这伙人，但没有成功。

中秋节后的一天上午，忽然几十个武装警察包围了村子，原来是某权势官豪出来上坟，怕土匪绑票，出动了一队武装警察保护。我们虚惊一场。秋后的一天，驻扎在海光寺的日军把王兰庄包围起来，机关枪、大炮支起来对着村子。我们又受了一场虚惊。原来是日军秋操演习进攻村落。还有日本浪人乘坐人力车也来过王兰庄。遇到这种情况，我们都藏到村里人的家里。将流行的小说《铁流》《毁灭》以及鲁迅的书也都藏在可靠的群众家里，不放在身边。

每逢星期日在市里读书的同学经常来此集会，而这里又没有一间大房子。所以私塾马先生就不受欢迎了，秋后他返回山东老家。学校由我们接办，这时我想在村里盖些房子，正式建校。这个想法得到正、副村长和群众的支持。我向天津学联汇报了此事，他们也同意。我便起草了一份捐启，在各校同学中很快捐集了300多块钱，买了砖瓦木料，全村男女老幼一起动手，没花一分工钱，很快盖成了4间玻璃门窗的大瓦房，也是村里唯一的大瓦房。从此我们的声望大大提高了，邻近各村不断有人来请我们去办义务教育学校。

市内各学校学生捐款在王兰庄盖起了4间瓦房校舍，农民有了自己的学校，也为市学联、南开大学、北洋大学等党支部的活动提供了场所。

王兰庄的人生活十分穷苦，到了深秋，原野上的蚂蚱、水塘里的小鱼和虾米都不容易捕捉了，人们只能在盐碱地上刮土熬盐。在野地里挖一个大坑，里面安一口锅，支起炉灶。锅上面是个池子，把刮下的盐土，从池子淋到锅里，熬干一锅，能出二三斤盐。国民党时代，盐是官方专营的，熬私盐犯法，专门设有盐警缉私队，日夜在原野上巡查，一旦发现就没收大锅、水桶，罚款，还要捉人去蹲班房。我们便同熬盐的刘振奎等人商量，组织起来，几个人合伙熬盐，四处远处放上哨，一旦发现盐警，发出信号，立即灭火，四处逃散。这个办法对付盐警很有效，很快组织起几个秘密熬盐小组。在这个基础上，有以农民救国会（我们临时拟定的名称）的名义，介绍一些农民为秘密会员。在这个基础上，又把思想觉悟比较高的刘振奎、何文彬等介绍参加共产党，单线同我个人联系。

这时日本走私汽车沿着津盐公路日夜向南奔驰，王兰庄就在公路的一侧，有时汽车坏了，日本浪人捉农民帮他们推车，农民们借机抢过一辆走私汽车。

　　西安事变后，我去山西参加牺牲救国同盟会的工作，从此离开了王兰庄。1958年前后，我因公到天津出差，去过王兰庄一次，见到了一些老熟人。

　　慕湘：一二·九运动时期在王兰庄开展"义教"活动。

　　选自中共天津市西青区委党史资料征集委员会编《西郊党史资料汇编（1936—1949）》，收录前进行了修改订正。

在王兰庄工作的回忆

余力步

我原名余唐宝,1927 年加入中国共产主义青年团,1933 年到 1934 年,先后在共青团天津市委、河北省委工作,曾被敌人通缉。1935 年暑假,一个邻居介绍我弟弟去赵各庄矿第三子弟小学教书,我弟弟因我住唐山不方便,便让我去了,我便以"于唐博"的化名到赵各庄矿子弟小学教书,后因宣传抗日救亡,引起敌人注意。1936 年暑假前夕,我突然接到弟弟的来信,说家里被搜查,他也被公安局传去问话,并告诉我不要再回唐山。我接到信后,便立即弃职离校,由赵各庄矿直奔天津。

在天津住在姓刘的表兄家。当时,平津学生已经投入抗日浪潮中。在津我遇到初中时的同学宛儒仪,当他知道我因宣传抗日救亡逃来天津后,便介绍我到义务教育促进会办的津郊王兰庄小学去工作(宛当时进步,是学联的干部,曾出席全国学联会)。

义务教育促进会是当时天津学联推动抗日救亡运动、实施国难教育方案的组织,义务教育促进会在工人区的小于庄和农民区的王兰庄办了小学。我到王兰庄后,与我共同工作的有慕湘、路平、崔建华(女)。对农民、妇女和儿童实施抗日救亡教育,教唱救亡歌曲,传播新文学,读报讲时事。我们还在农民中建立了农民救国会,救亡运动在农民中起了很大的作用,使他们认识到日本的侵略将使农民成为牛马,使农村变成废墟。同年 8 月,我们集体参加了中华民族抗日先锋队(以下简称"民先队")。1937 年春节前后,我又到新扩展的于家台子村去工作,与我共同工作的是清华大学学生周明峦。

"民先队"的工作除了"义教",还开展了旅行演剧活动,宣传抗日救亡,当时演的剧目有《放下你的鞭子》《警号》《善忘的人》《礼物》等。我是个不重要的演员，只是配合通俗剧团教唱歌，做口头宣传。

"义教"和旅行演剧是天津"民先队"收获最大的两项工作。印度考察团（由三四名印度妇女和一名华侨做翻译）曾参观过我们学校，并捐了款。

我在王兰庄还领导过一次盐民反对盐警的斗争。津郊土质盐碱，农民在秋收后常偷熬硝盐，而调驻那里的盐警便逮捕罚打，甚至查出无盐票而有咸菜缸的也要罚。有一股农村流氓，人称"盐狗子"，给盐警做走狗，报告熬盐户。一次我们发动盐民痛打了"盐狗子"曹大麻子，向盐警示威。盐警们讲："他们好厉害啊！"针对盐警压迫农民，我们还散发传单，向社会呼吁。传单由一位姓王的同志写好，我来刻印。内容大意是：现在华北危机，盐警不应该压迫自己的同胞，而应该枪口对着日本帝国主义！

此外，在假期我们还配合通俗剧团作旅行演剧的宣传工作。七七事变前夕，我们正由天津去杨柳青演剧宣传途中，听到事变的消息，遂改变去马厂作慰问二十九军三十八师的计划。返回天津后，市内已极度紧张，"义教"宣布结束，我回到表兄家，在那里又做秘密宣传工作半年多。1938年3月，我与王福时离津南下，同年10月到了延安，入抗日军政大学学习。

余力步：一二·九运动时期在王兰庄开展"义教"活动。

根据余力步1942年1月、1945年8月和1955年2月写的自传整理，选自中共天津市西青区委党史资料征集委员会编《西郊党史资料汇编（1936—1949）》，收录前进行了修改订正。

关于1936年我加入中国共产党及从事革命活动的回忆

刘振奎

1936年暑假，张多疆（丁仲文）、徐瑞恩（徐达本）等来到王兰庄。他们宣传抗日救国、抵制日货、教唱革命歌曲、办识字班、演剧。在"义教"活动中我和他们熟识了。9月的一天，我们到野外西洼唐家坟玉米地进行游击战训练，在野地里慕湘对我说："你入党吧！"我说："哎，我入吧！"就这样，由慕湘介绍，我加入了中国共产党。慕湘还说："入党的事上不传父母，下不传妻子。"入党后不久，慕湘就离开王兰庄到山西去了。慕湘在王兰庄还组织过农民救国会，有四五十人参加。

慕湘走后不久，路平、余力步、崔建华、李锅腰等来到王兰庄。余力步教唱歌，出壁报。路平和我在于台子还成立了一个学校。路平住在于台子。路平领我们演剧，开展反盐警斗争。崔建华住在王兰庄，她认李汉恩母亲为干娘。路平在于台子发展过3名党员（毕有学、毕学玲、潘富庆），在王兰庄发展过9名党员（何文彬、刘振瑞、郭金伦、孙殿甲、李恩泽、郭春祥、宋贵生、孙玉荣、刘振和），他走后把这些人交给了我。我在李七庄发展翟长安为党员。

1939年的一天，路平把一支伪装成大点心的撸子手枪带到了王兰庄，想把当时在王兰庄一带活动的土匪争取过来打游击、打日本人，这些土匪有几十支枪，土匪头子姓韩，是大韩庄人。路平和此人在李长瑞家谈过话，未谈成。当夜这个土匪头子去高庄子取20响匣枪，被王鸣九派人捉住弄死了。

1939年冬天，路平临走前，领着我们埋过一个大坛子，里面装着书、文件，还有一根武装带，它被埋在李汉恩家院内粪堆底下。一年后，我们扒出来，因坛口进水，坛内的物品都糟了，又不敢随便扔，就在李家烧了。

1939年底,路平、崔建华、余力步等从王兰庄撤到市内,从那以后,我再没见过路平和余力步。路平撤离后不久,1940年前后小赵来王兰庄和我接头,从此我经常到市内同小赵、小李接头,他们受顾磊(严子涛)领导,偶尔也来王兰庄。

1940年夏,小赵派我到平西根据地去学习,去时从高碑店下火车,雇一头毛驴到齐沟镇,再奔峨峪,找"内线"何团长,由他送我进根据地。在根据地学习半个月以后返回王兰庄。不久,党又派何文彬去平西根据地学习。当时我们学习的地点叫旁坡,司令员是肖克。

顾磊曾派我到南郊小站去找王晓(王兆凯)。他是小站早期发展的党员,叫我捎信给他到指定地点接组织关系。

1942年,有一次我去市内崔建华家接头,正好碰上小赵,他对我说:你们快走,我被唐山铁路工人王某出卖了,敌人即将逮捕我,快转告顾磊等迅速离津。此后,我谁也见不着了,与党组织失去了联系。

1944年一天夜里,王兰庄来了3个人,自称八路军。一个叫王胖子,一个姓高,一个姓王。当时村长孙宝山请我出来接待,以后他们来了就找我。日本投降后,王兰庄一带正式建区,区长叫周幼农,政委叫肖英。后来的区长姓范,政委姓崔。后区政权被敌人破坏,我也被迫逃离,我一度卖柴卖菜维持生活。1950年,我经宋兆武介绍参加区供销社工作。1965年,我因病退职。

刘振奎:王兰庄第一位共产党员。

本文由赵宝卿整理,选自中共天津市西青区委党史资料征集委员会编《西郊党史资料汇编(1936—1949)》,收录前进行了修改订正。

访谈篇

姜思毅（1920—2009），天津人。中共党员。中国人民解放军中将，军事科学院副院长、研究员。一二·九运动期间，姜思毅同志任天津扶轮中学党支部书记，积极投身抗日救亡运动，参与王兰庄"义教"活动。为深入了解姜思毅同志在天津的革命经历，进一步征集天津一二·九运动历史资料，课题组人员采访了姜思毅同志的儿子苏南。

追寻父辈的奋斗足迹

——访姜思毅同志之子苏南

采访人：您的父亲姜思毅同志青年时代参加一二·九运动，投身抗日救亡斗争，请您谈谈家庭对他选择革命道路的影响。

苏　南：我父亲1920年出生，一二·九运动时在扶轮中学读高中，是一个热血青年。他参加一二·九运动，走上革命道路，同家庭环境影响是有很大关系的。有两件事对他影响很大。一是1928年6月，日本关东军在皇姑屯安放炸弹，将张作霖专车炸毁，张作霖重伤后死亡。当时，我父亲的五叔就在这列火车上

姜思毅

担任货物押运员，在列车被炸翻倒时，因受到惊吓而精神失常，既而失去工作，家庭失去经济支撑，很快败落下来。二是1931年九一八事变发生时，我父亲的大哥正在齐鲁大学读书，参与了京津学生在津浦铁路卧轨，阻止铁路运输，迫

使张学良同意学生南下赴南京请愿，抗议国民党政府奉行对日不抵抗政策。经常听到家中的长辈谈论这两件事，父亲在思想上是很受触动的。

天津是近代北方引领风气之先城市，有着光荣的革命传统，是中国较早传播马克思主义的地区。1919年前后，李大钊曾经多次回到母校北洋法政专门学校演讲，传播革命思想。五四运动时期，周恩来等革命青年组织觉悟社，开展反帝反封建的爱国运动。1924年，中共天津地方执行委员会建立后，领导天津人民投身大革命运动，掀起工人运动高潮，爱国主义、民主主义、社会主义思潮不断发展。经历个人家庭变故，感受到社会革命思潮的发展，我父亲的思想受到潜移默化影响，幼小的心灵中埋下了革命的火种。

采访人：姜思毅同志在天津扶轮中学读书时成绩优异，积极阅读革命书刊和参加革命活动，由一名爱国青少年成长为坚定的共产党员。请您谈谈他在天津扶轮中学求学的经历。

苏　南：特定时代对他的成长影响是巨大的。父亲是在1932年进入扶轮中学读高中。20世纪30年代，日本军国主义不断扩大对华侵略战争，而国民党政府却推行不抵抗政策，签署了多个丧权辱国的"协定"，当时的中国已经到了民族危亡的最危险的时刻。国民党政府对日妥协的行为引起全国人民的强烈不满。面对民族危机日益深重的局面，中国共产党发出团结御侮、抗日救亡的号召，组织领导抗日民众武装反抗日本侵略者。

在扶轮中学，他读书刻苦，不仅主课成绩名列前茅，而且一些副课，比如音乐，也学得很好，甚至学会了作曲的基本知识。他品学兼优，很受同学们的尊重。课外时间，他勤于阅读社会科学书籍、进步文学书籍，其中有不少共产主义启蒙读物。1935年，在党组织的影响下，父亲有机会接触和阅读马列主义的文章，阅读党编印的《北方红旗》《火线》《实话报》《国防》等刊物。那些新鲜的知识、革命的道理，给他的思想以极大的冲击和震撼。他在扶轮中学求学期间，在党的领导下，天津学生抗日救亡运动得到如火如荼地开展，学生爱国运动持续不断。父亲积极参加学生爱国运动,在革命斗争实践中广泛接触工人、农民、军人。历经党的思想感染、爱国学生运动的洗礼和革命斗争的考验,他于 1936 年加入中国共产党,当时只有 16 岁。

早期的扶轮中学

可以说,在扶轮中学的求学经历,为父亲后来在革命军队里从事宣传工作、政治工作、理论工作打下了比较坚实的基础。

采访人:1935 年,年仅 15 岁的姜思毅同志参加了一二·九运动,当时的情况是怎样的? 加入党组织后,他主要做了那些工作?

苏　南:1935 年 12 月 9 日,在中国共产党领导下,北平学生举行游行示威,抗议日本帝国主义侵略华北,呼吁停止内战、一致抗日,一二·九运动爆发。天津学生积极响应,12 月 18 日,天津大中学校学生在党组织领导下走上街头,开展游行和抗议活动。扶轮中学是天津学联组织的成员,学生们开展爱国宣传,散发传单,组织游行,非常活跃。我父亲积极参加游行示威和抗日宣传,做了许多工作。

1936 年四五月间,党组织开始在扶轮中学的积极分子中发展党员,第一批发展了三名党员,我父亲是其中之一,同时入党的还有李青同志。同时,成立了扶轮中学党支部,李青是第一任书记。三四个月后,我父亲接任党支部书记。

那时候,父亲和李青等同学几乎夜以继日的工作,发起成立墙报、画刊、数学、世界语、无线电、读书、时事、歌咏等 10 多个群众组织，在扶轮中学建立党的外围组织——民族解放先锋队，先后吸收 60 多人参加。党支部通过这些组织团结教育广大同学参加抗日救亡运动。父亲主编进步刊物《喃喃》，组织学生参加歌咏活动，演唱《义勇军进行曲》《五月的鲜花》《开路先锋》《毕业歌》《铁蹄下的歌女》《救亡进行曲》《打回老家去》等救亡歌曲，深受同学们的喜爱，这些歌曲唱遍了校园内外。

父亲任扶轮中学党支部书记时，党支部注意在进步学生中发展党员，在一年时间内先后发展十几名党员，是天津当时党员数量较多的党支部。后来这些党员大多数参加了八路军、新四军，其中有 8 位同志在抗战前线英勇牺牲。扶轮中学党支部还深入工人中开展抗日救国宣传活动，他们组织进步学生开办工人文化补习学校，在恒源纱厂秘密发展了一位工人入党。这种情况在学生运动中是不多见的。父亲作为党支部书记，在实践中积累了党的工作经验，也加深了对革命理论的理解。

1936 年 5 月，姚依林从北平调来天津工作，后担任天津市委书记。他对扶轮中学党的工作非常重视，我父亲作为党支部书记，直接受姚依林同志领导。听父亲讲过两个小故事。当时姚依林要求他为北方局想办法找一部电台。我父亲通过同学关系，用 200 多元买到一台大功率电台。但这个电台功率太大，很容易被侦测到，而且体积太大转移不方便，无法使用。父亲经此也认识到，干革命只凭热情不行，还要讲究斗争方法策略。

扶轮中学党组织创办宣传刊物，我父亲是创办人和撰稿人之一。他们租了一个小楼的地下室来刻制腊板。有一次进入这栋小楼时，父

姜思毅同志在扶轮中学主编的进步刊物《喃喃》。

亲不自觉地用口哨吹起马塞曲，楼上住的白俄老太太会讲汉语，听到后就问我父亲在哪里学的马塞曲？父亲才忽然意识到这样有暴露的危险。这些细节也是在地下工作实践中逐步认识到的。当时父亲在政治上的工作上还很稚嫩，在姚依林同志领导下，他在斗争实践中不断学习锻炼，很快成长起来。

1936 年暑假，在党组织领导下，父亲和一些同学到王兰庄开展"义教"工作，实际上是宣传党的抗日主张。当年，王兰庄还是一个比较偏僻的地方，生活条件比较艰苦。他们同当地农民生活在一起，白天教村里小孩子识字、唱歌，晚上为青年农民办学讲课，宣传抗日救亡思想和革命道理。在这些进步学生的宣传引导下，王兰庄青年农民的政治觉悟得到很大提高，有几位同志后来加入党组织，走上了革命道路。在这个过程中，父亲对农村的实际情况也有了更深入的了解，他们这些进步学生到农村开展"义教"宣传的过程，也是进步知识分子同农民群众相结合的过程，可以说，这是他们在政治上成长的必修课。

采访人：您的父亲姜思毅同志怎样开启了他的军旅生涯？在战争中，他如何创造性地开展战时政治工作？学生时代的经历对此有何影响？

苏　南：在王兰庄的"义教"工作结束后，父亲仍然在天津坚持地下斗争。1937 年卢沟桥事变后不久天津沦陷，斗争环境更为险恶。按照党中央的指示精神，北方局对华北敌后抗日武装斗争作出部署，父亲被派往唐山开滦煤矿开展动员工作。河北著名抗日英雄节振国就是父亲在那时发展的党员。他们组建了十几个人的武装队伍，名为华北抗日挺进纵队，司令员是一位参加过长征的江西籍老红军。后来宋时轮纵队到达冀东一带，他们才撤出来。20 世纪 90 年代初，我去探望李运昌老人，他操着浓重的冀东口音边比划边说："北方局派你爸爸到冀东的时候他才那么高……"

父亲回到天津后，北方局又派他到八路军 115 师 343 旅工作。当时，萧华率领八路军 343 旅旅部和一部分部队组成东进纵队来到河北南宫。1938 年 4 月，我父亲到达南宫，参加了这支队伍，并随部队前往冀鲁边一带开辟抗日根据地。父亲担任八路军 343 旅政治部宣传科科长，那时他只有 18 岁。1940 年冀鲁边根据地与鲁西根据地合并，成立鲁西军区，他担任宣传部部长，始终从事部队的政治宣传和教育工作。

父亲从参加一二·九运动开始，就从事党的政治宣传工作，编发刊物、办班授课、编演话剧，在这些工作中积累了丰富的经验，增长了斗争本领。到部队工作后，他把在天津开展革命宣传工作的一些做法进行转化创新，运用到部队的宣传工作中，取得了很好的成效。当时，由于环境艰苦，没有条件出版报纸，他安排同志借用老乡家的门板来写黑板报。党中央的指示、上级的要求、战争的形势、部队的动态包括表扬和批评的通报，通过黑板报的方式展现出来。把老百姓的门板作为流动宣传板，部队走到哪里，就把宣传工作开展到哪里，这种宣传方式在冀鲁豫部队、山东部队推广开来，开展思想动员、鼓舞抗日斗志，在抗战中发挥了很大作用。

他注重深入基层开展思想政治工作。当时，八路军在装备上是有劣势的，参加抗日队伍成分也比较复杂，部队思想教育工作任务很重。作为宣传部部长，他经常找干部、战士谈话，了解思想状况。即使在作战期间，仍然坚持深入一线部队，通过了解部队战斗力情况，掌握作战中的思想情况、干部情况，研究开展宣传鼓动和部队教育工作，把党的思想理论武装到每个干部战士，把党的宣传动员传达到基层，有效提升了部队战斗力。

作为军队政治工作干部，他高度重视党的理论学习宣传工作，为宣传毛泽东思想作出重要贡献。毛泽东思想是马克思列宁主义同中国革命实际相结合的产物。1945 年，党的七大确立毛泽东思想为中国共产党的指导思想。党的七大之前，在党内最早提出并宣传毛泽东思想的是王稼祥和刘少奇。实际上，父亲也是这一时期党内较早提出并积极宣传毛泽东思想的同志之一。1943 年 7 月，王稼祥在《中国共产党与中国民族解放的道路》一文中，专门论述了毛泽东思想及内涵。同月，刘少奇在《清算党内的孟什维主义思想》的文章中也对此作了阐述。在王稼祥、刘少奇的文章发表后4个月，1943年11月15日，父亲就在冀鲁豫军区《战友报》上发表署名文章《加紧宣传毛泽东思想》，指出毛泽东思想"是以马列主义理论为基础，研究了中国的现实，积累了中共22年的实际经验，经过了党内外曲折斗争而形成起来的"，"是中国的马克思列宁主义"。这篇文章在冀鲁豫根据地引起很大反响，指导促进了对毛泽东思想的学习宣传工作。当时，他只有23岁，入党也只有7年。这些深刻的理论认识极其难能可贵，应该说是同他在学生时代勤于读书、善于思考形成的理论素养分不开的，是同他在长期理论学习和革命实践中形成的政治领悟力和政治敏锐性分不开的。40年后，四川省党的理论刊物《毛泽东思想研究》再次刊发此文，编辑在按语中写道："今天重读此文，对于我们在新的历史条件下坚持马列主义、毛泽东思想仍有教益。"可见父亲这篇文章的历史价值。

抗日战争时期，父亲历任宣传科科长、鲁西军区兼115师343旅政治部宣传部部长、冀鲁豫军区政治部宣传部部长等职。解放战争时期，他历任旅政治部主任、旅副政委、师政委等职，参加了红船口、大崔凹、挺进大别山、淮海、渡江、解放大西南等战役战斗。在解放成都的战役中荣立战功，整个解放战争师政委立军功是不多见的。

新中国成立后，父亲长期从事人民解放军宣传教育和军事科研领导工作。他历任西南军区军大五分校第一副政委，总政处长、副秘书长、宣传部长，政治学院训练部副教育长、政治学院副院长，军事科学院副院长等职。他在1960年被错误打成"谭政宗派反党集团"骨干成员。在"文革"中也受到严重冲击。1977年中央重新审定结论，恢复父亲工作。离休以后，父亲仍在关注着党和军队的建设，孜孜不倦地学习研究，撰写了大量军队政治工作理论著作。

从青少年时代起，父亲投身革命，始终坚定理想信念，为党和人民事业不懈奋斗。他对毛泽东思想，对我党我军历史，特别是对军队政治工作研究有些造诣，做了一定富有成效的工作，为部队革命化、现代化、正规化建设作出贡献。他一生追求真理、奉献人民、襟怀坦荡、淡泊名利,彰显着共产党员的初心使命,这一代革命者的崇高风范,永远值得我铭记和学习。

慕湘（1916—1988），山东蓬莱人。中共党员。中国人民解放军少将，八一电影制片厂政委，中国作家协会成员。1936年下半年，慕湘同志受党组织委派，来到王兰庄开展"义教"工作，接办平民学校并任校长。在王兰庄开展"义教"期间，慕湘同志积极宣传党的抗日主张，在进步青年农民中发展共产党员，为建立当地党组织和开展抗日活动打下基础。为深入了解慕湘同志的革命经历，进一步征集天津一·二九运动特别是王兰庄"义教"活动历史资料，课题组人员采访了慕湘同志的儿子慕丰安、女儿慕爱军。

回忆父亲的革命经历

——访慕湘同志子女慕丰安、慕爱军

采访人：您的父亲慕湘同志是在何时何地参加革命、加入中国共产党的？参加革命后主要承担过哪些工作？在胶东暴动中有哪些革命经历？

慕丰安：我的父亲慕湘原名慕显松，1916年6月出生于山东省蓬莱县城的一个穷苦人家。1923年以后，他相继在县城小学和县立职业补习学校读书。在县立职业补习学校学习期间，父亲开始接触新文学，阅读了鲁迅、胡适、冰心等现代作家的作品。1930年夏，他考入莱阳山东省立第二乡村师范学校。九一八事变后，父亲积极参加街头抗日募捐，

慕 湘

又下乡开展救亡宣传等活动。1932年9月，父亲经同学黄日宾介绍，加入中国共产党，由此实现了人生的重大转折。

当时，中共莱阳县地下组织的革命活动引起国民党山东省当局的极大恐慌和仇视。反动当局勒令校方对师生中的地下党员严加查处。到1933年，第二乡村师范学校有一多半党员被开除。在这种情况下，父亲被指定为该校党支部负责人。这年暑假前夕，他外出接头联络时被发现，随即被学校除名。

同年秋，父亲转入济南正谊中学，几个月后因散发革命传单又被学校开除。12月，他被派到蓬莱县，在县城青年知识分子中开展工作。在那里，父亲团结了一批爱好文学的进步青年，成立尘烟文艺社，积极组织为当时的《蓬莱日报》副刊《尘烟》周刊撰写文章，大力宣传革命思想，并在这些青年中发展党员。

1935年冬，父亲参加胶东农民武装暴动，暴动失败后，胶东党组织遭到严重破坏，许多共产党员被捕，父亲也与党组织失去了联系。得知国民党当局将要抓捕他，父亲立即离开当地，转往天津，继续寻找党的组织。

采访人：胶东暴动后，慕湘同志是怎样从山东来到天津的？党组织是怎样安排慕湘等同志到王兰庄开展"义教"工作的？

慕爱军：胶东暴动失败后，国民党当局大肆搜捕共产党员和革命群众，白色恐怖笼罩蓬莱地区。父亲想到参加过尘烟文艺社的李隆兴在天津当店员，便到天津投奔李隆兴。李隆兴后来改名李慕，也加入了中国共产党，新中国成立后曾任青岛市市长。在津期间，父亲积极参加一二·九爱国运动，加入中华民族解放先锋队。按照党组织的安排，父亲到王兰庄开展"义教"工作，并秘密组织发起了农民救国会。

采访人：慕湘同志是怎样在王兰庄办民校的？他对王兰庄有怎样的回忆？

慕丰安：一二·九运动中，天津各大学、中学的学生在党组织领导下，走与工农相结合的道路，在市郊王兰庄、姜井等村庄和工厂区开展"义教"工作，兴办农民夜校和工人夜校，宣传抗日救亡，教工农识字。1936年暑假期间，北洋大学、南开大学、法商学院和几个中学的进步学生参加了这一活动。8月底，同学们返校上课，党组织安排父亲去王兰庄接替他们，把"义教"工作坚持下去。北洋大学学生、共产党员陈尧德（陈志远）把父亲送到王兰庄，开始接办"义教"工作。

据父亲回忆，王兰庄有两排土房，称为庙。南屋西头里间住着一位高个子老人，是张勋复辟时的辫子兵，还留着辫子，平时盘在头顶上，他无亲无故，依靠捉蚂蚱、小鱼、虾米过活。北屋西间住着一中年人，人称和尚。东间是私塾，由一位山东人马先生教授一二十个儿童读书识字。父亲和马先生就睡在土炕上。白天马先生利用这土房教儿童三字经、百家姓。夜晚点上煤油吊灯，父亲教成人识字，讲政治常识，宣传抗日救亡，唱救亡歌曲，还介绍拉丁新文字。起初只有一些青年人参加，以后中年人，包括几名妇女也参加了。在父亲的影响下，马先生也联络了附近村的私塾先生，来这里学习新文字和算术。秋后马先生就返回山东老家了。父亲担任民校的校长。

不久，学联又派来余力步和路平，他们都是共产党员。余力步是唐山人，刚从国民党反动派监狱释放出来，被捕前在地下党机关工作，刻一手漂亮的钢板小字，他掌握一种简易的印刷方法，还会唱歌演戏，他来后王兰庄的工作更加活跃了。

路平是山东荣成人，平素沉默寡言。1935年参加胶东暴动，失败后逃出来。当时廊坊驻有东北军王以哲的教导队，那里有他不少同乡，也有党的秘密组织，他经常到天津市同他们聚会，有时还带来秘密文件。

天津学联经常在星期日到王兰庄集会，来时都骑自行车。那些参加活动的学生多半认识父亲。父亲也曾去南开大学找过程人士（程宏毅）、吴江（沙琴晖又名沙兆豫），去北洋大学找过陈尧德。

有的时候夜间掌上灯，还在住处门前演小话剧，两条被单拉起来，后面就是住的屋子，前面就是舞台。这些活动，余力步是主角。后来听说南面有一个村子有一伙土匪，掌握着几十支枪，父亲曾去争取过这伙人，但没有成功。

"义教"工作也曾受到敌人的干扰，有时也很危险。在这期间，中秋节后的一天上午，忽然几十个武装警察包围了村子，原来是某权势官绅出来上坟，怕土匪绑票，出动了一队武装警察保护。秋后的一天，驻扎在海光寺的日军把王兰庄包围起来，机关枪、大炮支起来对着村子。原来是日军秋操演习进攻村落。还有日本浪人乘坐人力车也来了王兰庄。遇到这种情况，父亲他们就藏到村里人家里。将《铁流》《毁灭》等进步小说以及鲁迅的书藏在可靠的群众家里，不放在身边。

学联的同学们经常在星期日来此集会，而这里又没有一间大房子。父亲想在村里盖些房子，正式建校。这个想法得到正、副村长和群众的支持。父亲向天津学联汇报了此事，学联也同意。父亲便起草了一份捐启，在各校同学中很快捐集300多块钱，买了砖瓦木料，全村男女老幼一起动手，没花一分工钱，很快盖成了4间带有玻璃门窗的大瓦房，也是村里唯一的大瓦房。从此学校的声望大大提高了，邻近各村不断有人来请父亲去开办义务教育学校。

王兰庄的人生活十分穷苦，到了深秋，原野上的蚂蚱、水塘里的小鱼和虾米都不容易捕捉了，人们只能在盐碱地上刮土熬盐。在野地里挖一个大坑，里面安一口锅，支起炉灶。锅上面是个池子，把刮下的盐土，从池子淋到锅里，熬干一锅，能出二三斤盐。盐是官方专营的，熬私盐犯法，盐警缉私队日夜在原野上巡查，一旦发现就没收大锅、水桶，罚款，还要捉人去蹲班房。父亲和路平他们便同熬盐的刘振奎等人商量，把大家组织起来，合伙熬盐，在远处安排放哨，一旦发现盐警，发出信号，立即灭火，四处逃散。这个办法对付盐警很有效，很快组织起几个秘密熬盐小组。在这个基础上，就以农民救国会（我们临时拟定的名称）的名义，发展一些农民为秘密会员。父亲把其中思想觉悟比较高的刘振奎、何文彬等发展为中共党员，父亲同他们单线联系。

西安事变后，父亲去山西参加牺牲救国同盟会的工作，从此离开了王兰庄。

1958 年前后，父亲因公到天津出差，去过王兰庄一次，看望曾经共同开展革命工作的老同志。他对王兰庄的乡亲们有着深厚的感情。

采访人：离开王兰庄后，慕湘同志调到哪里工作？后来又有怎样的革命经历？

慕爱军：1936 年 12 月，父亲按照党组织的安排，来到太原，在牺牲救国同盟会举办的民训干部团担任"民先队"副总队长兼第二分队队长。当时，中国共产党已同国民党地方实力派阎锡山建立起特殊形式的上层抗日统一战线，牺盟会实际上成为中共领导下的山西省群众性的抗日救亡组织。1937 年 7 月，父亲调任晋原县（1914 年由太原县改此名，1951 年撤销，并入太原市）牺盟会特派员，宣传发动群众，组织抗日武装。

太原被日寇攻陷后，父亲组织起一支抗日游击队，对侵略者进行袭扰斗争。不久，该游击队被编为第二战区战地总动员委员会太原支队，他任政治主任。1938 年，战地总动员委员会被第二战区司令长官阎锡山取缔后，第二支队被缩编为山西省保安二区第一支队第二营，父亲改任营教导员。在任期间，他努力提高部队人员的整体素质，大力发展地方武装。

1940 年秋，父亲进入延安抗日军政大学培训学习。1942 年毕业后，他返回晋西北，任晋西北军区第八军分区对敌斗争委员会秘书，后负责晋绥党校支部的工作。1945 年 9 月，父亲调任《抗战日报》（次年 7 月改名为《晋绥日报》）任编辑。

解放战争时期，父亲历任绥蒙军区陶（林）集（宁）骑兵支队政委、陶集大队政治处主任、骑兵旅政治部组织科科长、第十一旅第四十四团政委、第二十三师政治部副主任和绥远起义部队第一○七师政治部主任、副政委、代理政委等职务。

1951 年，父亲作为中国人民志愿军第三十六军第一○七师副政委、代理政委，率部参加抗美援朝战争，出色地完成了战斗任务。1955 年，他被授予大校军衔,荣获二级独立自由勋章和二级解放勋章,1964年晋升为少将。

1959年,当时全国各行各业都"大干快上",掀起了以优异成绩向国庆十周年献礼的热潮。父亲积极响应部队党委提出的"大写革命回忆录"的号召,以太原抗日民族统一战线斗争为背景,撰写了一部五六十万字的小说稿。经过反复修改、精雕细琢,1962年6月,这部名为《晋阳秋》的长篇小说由解放军文艺出版社出版发行。著名史学家、时任北京市委书记处书记兼人民日报社社长的邓拓看过《晋阳秋》后,欣然题词:"救亡抗日说从头,往事获篇青史留;血火山川今再造,高歌千载晋阳秋。"中宣部、解放军总政治部对这部小说给予高度评价,并向父亲颁发了优秀小说奖,中央人民广播电台也连播了这部小说。1975年,父亲恢复工作并调任八一电影制片厂政委、党委书记。在老战友的嘱托和广大读者的鼓励下,他振作精神,笔耕不辍,相继完成《满山红》《汾水寒》和《自由花》。到1987年,130万字的长篇巨著《新波旧澜》全部面世。2009年,《晋阳秋》被人民文学出版社列入"新中国60年长篇小说典藏",予以重新出版。2011年,《晋阳秋》由中央电视台、山西黄河影视社联合改编摄制成25集同名电视连续剧,作为山西省纪念建党90周年献礼剧目隆重推出,从而使人们得以重温这部红色文学经典。

父亲早已离开我们。他的一生同千千万万革命者一样,在党的领导下,投身革命斗争,将生死置之度外,为探索救国救民的道路不懈奋斗。我想这正体现了共产党人的初心和使命。在他的教育和影响下,我们兄弟姐妹勤奋学习、努力工作,在各自的工作岗位践行党的全心全意为人民服务的宗旨。作为他的子女,我们也有责任认真整理和深入研究父亲的革命经历,把红色基因一代代传承下去,为奋进新时代新征程提供精神力量。

　　刘振奎（1908—1993），是王兰庄第一位共产党员，王兰庄党支部第二任书记。在一二·九运动中，刘振奎同志积极配合爱国学生开展"义教"活动，投身抗日救亡斗争。为深入挖掘天津一二·九运动，特别是王兰庄"义教"活动史料，课题组采访了刘振奎同志的孙子刘跃华。

王兰庄第一位共产党员刘振奎同志的革命经历

——访刘振奎同志之孙刘跃华

　　采访人：刘老，您好！今年咱们王兰庄村要对一二·九抗日救亡运动纪念馆进行提升改造，我们也想借此次机会进一步挖掘咱们村早期党员的革命事迹。老一辈的革命精神既是我们的"初心教科书"，也是汲取信仰力量、查找党性差距、校准前进方向的丰富源泉。您的爷爷刘振奎同志是村里的第一位中共党员，您对他老人家的革命事迹应该是耳濡目染。为更好传承红色基因，凝聚奋进力量，请您给我们讲讲您的爷爷刘振奎同志当年参加革命的情况。

　　刘跃华：我的爷爷刘振奎生于1908年，1993年1月24日病逝。他是王兰庄第一位中共党员。爷爷曾经讲到一些事，我尽量根据回忆进行描述，争取把他早

1985年5月，薛明同志重访王兰庄，看望"义教"时期入党的刘振奎老人。

年革命活动的点点滴滴呈现出来。我先从他对"义教"的见闻讲起。爷爷青年时期，家境贫寒，再加上地痦租重，他和村里大多同龄人一样，基本上是以打短工、熬硝盐、卖菜、卖柴为生。1936年暑期，天津进步学生到我们村开展"义教"活动。当时，爷爷28岁，血气方刚，和村里几个思想比较进步的年轻人一起参加了这场活动。

采访人：他老人家对您讲过这些学生在王兰庄开展"义教"活动的历史背景吗？

刘跃华：我小时候就听爷爷讲过，但是当时年龄小，听起来也懵懵懂懂。后来听爷爷讲得多了，就逐渐明白了，记住了。九一八事变后，日本侵略者强占我们大片国土，国民党当局步步退让。1935年12月9日，中国共产党领导北平爱国学生，举行抗日救亡示威活动，要求"停止内战、一致对外"。12月18日，天津学生积极响应，也举行了抗日救国示威游行。1936年5月28日，中共天津市委再次组织学生和爱国群众举行示威游行。6月，天津学联召开各校学生代表会议，成立了由大中学校学生代表参加的暑期义务教育促进会。然后，学联选择王兰庄、小园、姜井作为开展乡村义务教育的活动地点。

采访人：从现在的视角看，这些学生毕竟年龄不大，他们是如何打开"义教"工作局面的？

刘跃华：听爷爷说，村民最初并不了解学生，大多数人对这些"洋学生"很好奇，把他们当"外来人"，只让小孩子跟着学唱歌。后来学生们主动接近村民，挨家挨户做思想工作、拉家常。几天后，彼此熟悉了，参加活动的村民才慢慢多起来，"义教"工作的局面也就逐步打开了。

采访人：这些学生平时都是如何开展工作的？

刘跃华：当时的条件比较差，听我爷爷说，村里的"义校"免费发给学生课本、练习本、铅笔、石笔、石板等，这些进步学生担任教员，生活费都是自己负担。学生们白天给村里孩子们补习功课，教唱救亡歌曲，讲故事等，孩子们都喜欢去。晚上，他们则是给大人讲课，宣传抗日道理。此外，他们还号召村民抵制日货，积极组织歌咏队、话剧演出队，为村民演出。

采访人：当时抗日热潮不断高涨，学生们向村民宣传抗日救国的道理，是通过什么具体实例引起大家的共鸣的？

刘跃华：这方面听爷爷讲得最多的就是海河浮尸案。1936年春，日本侵略者在天津修筑秘密军事工程，招募了大批中国工人、农民。日本人为了防止军事秘密被这些苦力泄露，又可不用付工钱，便狠下毒手，利用本地帮派组织，杀人害命，而后丢入海河。你说这日本人坏不坏？还有他们日本人压价收购中国农民的棉花，然后又高价在中国市场倾销布匹，并且不纳关税，变着法子喝中国人的血。

采访人：当年，日本侵略者在中国大地上烧杀抢掠、无恶不作，犯下了令人发指的罪行。这段苦难的历史，我们不能忘记。幸亏，千千万万的中华优秀儿女舍家抗日，谱写了惊天地、泣鬼神的爱国主义篇章。我出生在农村，对农村的情况还是了解一些的。那时大学生、中学生家境应该是比较好的，他们能适应当时的农村生活吗？

刘跃华：爷爷多次说过，这些学生不带"洋"味，很能吃苦，积极乐观。他们吃的是玉米面窝窝头、腌黄瓜，喝的都是水坑里打来的发绿的臭水；住的条件也很差，学生都住在狭小的土屋里，有的土屋甚至紧挨着牲口棚。在夏天，"老鼠到处窜、蚊蝇嗡嗡飞、跳蚤满炕跳"都是司空见惯的场景。有的女学生即使生病了，仍然坚持开展"义教"工作。还有的学生用自己的积蓄支援"义教"，甚至发动亲友向"义教"点捐款。可以说，这些学生都是以极大的热情克服了各种实际困难，投身于抗日救亡运动的洪流中。我爷爷也常常告诉我，这些进步学生当时身处白色恐怖中，不顾国民党反动当局的威胁，每天坚持"义教"、唱歌、开会和宣传活动，让我要学习这种不怕困难、肯于吃苦、英勇顽强的进取精神。1936年8月底，因为市内各校陆续开课，那些进步学生陆陆续续离开村里，返回学校，但"义教"工作没有结束。每逢假日，不少学生还来到王兰庄继续开展"义教"、宣传抗日活动。

采访人：那后来王兰庄民校是怎么办起来的？

刘跃华：后来，党组织安排慕湘常驻村里。慕湘提议办民校，获得了村长和群众的支持。慕湘通过多种途径募捐到 300 元钱，村民也很积极，买来砖瓦木料，一起动手，没花一个工钱，盖成了四间有玻璃门窗的瓦房。王兰庄民校正式成立，慕湘为校长。民校白天是小学，晚上就变成成人识字班。我爷爷就是在这期间入党的。

采访人：您的爷爷作为王兰庄最早的中共党员，您听他讲过当年入党的情况吗？

刘跃华：加入中国共产党，可以说是我爷爷人生中最难忘的一件事。通过"义教"活动，我爷爷和慕湘、张多疆（丁仲文）、徐瑞恩等人成了朋友。1936 年 9 月的一天，爷爷他们都到野外西洼唐家坟玉米地进行游击战训练。在野地里，慕湘对我爷爷讲了党组织的情况，我爷爷当时就提出了加入党组织的请求。慕湘对我爷爷的情况非常了解，经他介绍，我爷爷就正式加入中国共产党，成为村里的第一位共产党员。因为当时处于白色恐怖下，慕湘向爷爷强调了党的纪律："入党的事，上不传父母，下不传妻子"，所以，我奶奶当时也不知道爷爷入党的事，都是后来才知道的。

采访人：慕湘同志什么时候离开王兰庄的？后来党组织又是如何开展工作的？

刘跃华：1936 年 12 月，西安事变后，慕湘离开王兰庄，路平、余力步、崔建华等人来到王兰庄。路平是山东荣成人，平时沉默寡言。他先后在王兰庄发展了 9 名党员，分别是何文彬、刘振瑞、郭金伦、孙殿甲、李恩泽、郭春祥、宋贵生、孙玉荣、刘振和。他还在于台子发展了 3 名党员。作为老党员，我爷爷发展李七庄的翟长安为党员。当时，党组织积极争取发展抗日力量，路平想把当时活动在我村附近一带的土匪争取过来打游击，毕竟这些土匪有几十支枪。1939年的一天，路平把一支伪装成大点心的撸子手枪带到王兰庄。他找来土匪头子（姓韩，大韩庄人）在李长瑞家谈判，但没谈成。后来这个土匪头子被人捉住杀掉了。那个时候，形势确实比较严峻，大家都很谨慎，像慕湘他们遇到日本人突然来村里，会将进步书籍包括鲁迅的文章藏在可靠的群众家里，不带在身上。可以说，大家都是提着脑袋干革命呢。

采访人：您听爷爷讲过当年他进行一线斗争的故事吗？

刘跃华：听爷爷讲过，1937年春，他在党组织领导下，曾到附近村庄开展抗日救亡宣传；对蔡台、炒米店等地的伪警察进行分化争取；参加抗日游行、反走私斗争等活动；组织动员群众支援二十九军抗击日军，在阵地上抢救伤员，为战士们送水送饭等。天津沦陷后，爷爷定期去市内土城一带，和上级组织联系。他带头参加抗日斗争，带领农救会会员拦截日军运送粮食弹药的大车，缴获过粮食弹药和日军军官的佩刀。他还按照党组织指示，乔装打扮，在八里台、西营门等地散发抗日传单。

采访人：据我所知，以前党的组织关系是单线联系，不发生横向关系，您听爷爷讲过他和上级党组织之间的单线联系吗？

刘跃华：1938年9月，王兰庄党支部由中共平津唐点线工作委员会天津城委书记顾磊（严子涛）领导。初期，顾磊通过崔建华和王兰庄党支部联系，后来又派小赵、小李来村里和我爷爷接头，再后来顾磊直接和我爷爷联系。顾磊曾派我爷爷到南郊小站去找王晓（王兆凯），通知他到指定地点对接工作。

采访人：那路平又是何时离开王兰庄村的？

刘跃华：听我爷爷讲，应该是1939年底。路平、崔建华和余力步都撤到市内。他们走之前，就把发展的那十几个党员的组织关系都交给我爷爷了。这里有个小插曲：路平临走前，带领爷爷他们在村民李恩汉院内的粪堆下埋过一个坛子，里面装着书、文件，还有一根武装带。不过，一年后，因为坛口进水，坛内的物品都糟了，他们又不敢乱扔，就在李家院里烧掉了。

采访人：您爷爷是一直在王兰庄及其附近地区从事革命活动吗？

刘跃华：也不全是。1940年春，顾磊经小赵派我爷爷到平西根据地学习。他最初是乘火车，在高碑店下车后，雇了一头毛驴骑到齐沟镇，再奔峨峪，找党的"内线"人员何团长，由他送我爷爷进根据地。在根据地学习半个月后返回王兰庄，担任党支部书记。赵普暄接任中共平津唐点线工委书记后，他和王兰庄党支部直接联系，王兰庄党支部成为党在天津近郊的秘密联络点。

1938年9月，中共平津唐点线工作委员会在天津成立，领导北平、天津、唐山三个城委和北宁、平绥铁路党组织的抗日活动。图为中共平津唐点线工作委员会旧址。

采访人：我来之前，曾听老人们说您爷爷当时与组织还失去联系一段时间，这是怎么回事？

刘跃华：1941年，赵普暄被捕。1942年一天，我爷爷去市内崔建华家接头，正好碰上"小赵"，他对我爷爷说他被唐山铁路工人王某出卖了，敌人很快会逮捕他，让我爷爷转告顾磊等人迅速撤离天津。1942年2月，顾磊撤离天津。从那时候，王兰庄党支部和上级党组织失去联系。

采访人：与党组织失去联系后，您的爷爷是如何开展斗争的？

刘跃华：在艰苦的抗战岁月，我爷爷仍然坚守岗位，积极寻找组织。1944年，日军在解放区人民武装的不断打击下，收缩兵力，缩小防御面。盘踞在梨园头附近的日本鬼子，大部收缩到四号房—李七庄—灰堆的废铁道线上。1944年秋，冀中解放区派遣张裕普同志带领武工队来到梨园头。爷爷就和武工队取得联系。虽然因隶属系统不同，区武工队无权解决党的组织关系问题，但同为革命战友，爷爷就配合武工队工作组开展工作，组织发动群众开展游击战，建立村政权、农会、民兵等组织。1945年，抗日战争的胜利形势已经完全确定，日本帝国主义的全盘失败已经指日可待了。区武工队根据形势的发展，开展了更大规模的进攻性战斗。8月初，武工队正在王兰庄召开干部会，在李七庄的侦察员报告说："古河窑厂的日寇已全部撤走，只剩下十几个伪军。"武工队领导人张裕普同志得悉后，就乔装成农民，深入虎穴，闯过日伪岗哨来到李七庄，探明情况后，随即赶回王兰庄，决定对窑厂残余伪军进行夜袭。当天夜里，我爷爷和翟老虎等七八个武工队员在张裕普同志的带领下，悄悄绕过敌人的岗哨，穿过半人高的荒草地，直奔古河窑厂。厂外的郊野什么动静也没有，站岗的伪军还哼着小调，武工队员悄悄摸上前去，迅速用毛巾堵住哨兵的嘴，把他捆绑结实。武工队员来到岗楼门前，里面的伪军还在打麻将，队员们将门踢开，几支枪一齐对准伪军。这些伪军吓得立刻举手下跪求饶。张裕普同志没收了他们的武器，把他们全部捆绑起来，又向他们宣讲了解放区的政策，安然返回王兰庄。这次奇袭给敌伪军以很大震慑，他们再也不敢出来活动了。

采访人：后来，您爷爷还参加过什么活动？

刘跃华：1948年，我爷爷受到国民党通缉，转移到北仓的亲戚家扛活、打短工，直到天津解放前夕才回到王兰庄。1949年1月，天津解放后，我爷爷立即到天津县委报到，参加干部训练。1951年，天津县第五区成立王兰庄供销合作社，我爷爷被任命为主任。1958年，被调到白塘口供销社。1965年，因病退职,后一直在家,以普通村民身份参加劳动。

采访人:从您的叙述上看,您爷爷投身革命时间较长,当时对家里有没有什么影响?

刘跃华:有影响,家里的经济更加拮据,导致我父辈受教育程度都不高。但是从另一个角度去考虑,爷爷干的是革命大事。爷爷有四个子女,分别是我大姑刘树文、父亲刘树清、小姑刘树芳、小叔刘树林。我父亲在 1948 年去小站练兵营参加培训,也走上了革命道路。父亲结束培训后,先后担任西青食品厂厂长、张家窝供销社社长等职务,后期又到付村公社、西青粮种厂、鸭淀水库工作。我的小叔当兵复员后先在家务农,后来进入铁路系统工作。我的两个姑姑一直在家务农。小姑因家庭贫困,在很小的时候,就被送到黑牛城做童养媳。听我父辈说,爷爷经常教育他们艰苦奋斗,自力更生。现在,我虽已过花甲之年,但仍常常想起爷爷的教诲,自觉树立良好家风,把老一辈在革命年代不怕困难、不懈奋斗的精神传承好、发扬好。

郭春祥（1913—1996），是王兰庄村最早的共产党员之一。在一二·九运动中，郭春祥同志积极配合爱国学生开展"义教"活动，投身抗日救亡斗争。为深入挖掘天津一二·九运动，特别是王兰庄"义教"活动史料，课题组采访了郭春祥同志的儿子郭宝光。

传承父辈的荣光

——访郭春祥同志之子郭宝光

采访人：今天，许多人惊叹王兰庄的日新月异发展和村民的幸福生活。这里小区花香满径，园中葱茏葳蕤，美景尽在眼前，遑论咱们这里还有全国独一无二的一二·九抗日救亡运动纪念馆。您的父亲郭春祥是村里的早期党员，您也是村里的一名老人，您对时代的发展、事物的变迁应该也有很多的感怀。我们这次想借一二·九运动纪念馆提升改造的机会，就村里抗日战争时期"义教"工作以及早期党员的相关事迹，对您进行采访。

郭宝光：天津一二·九抗日救亡运动纪念馆是我市重要的红色资源，对于传承红色精神，赓续红色血脉，奋进新征程具有重要意义。我非常支持这项工作。过去听我的父亲说过许多他参加革命的往事，但也难免存在不系统、不准确的情况，也需要大家多找一些佐证。

采访人：非常感谢您的提醒，我们也会努力查阅资料。郭老，能否简要介绍一下您自己？

郭宝光：我今年77岁，1968年应征入伍，1979年转业至红桥区工作，退休前在红桥区咸阳北路街行政办公室负责档案管理。工作期间，由于工作成绩突出，我负责的档案室被评为天津市一级档案室。退休后，我的党组织关系转至王兰庄村党支部。

采访人：我查阅过一些资料，一二·九运动后，在王兰庄开展义务教育的路平同志，曾在村里发展过9名党员，其中就有您的父亲郭春祥。请您介绍一下当年您父亲入党的情况。

郭宝光：当时根据保密原则，加入党组织有"上不传父母，下不传妻子"的要求。在我记忆中，父亲除了讲一些抗战的往事外，他加入党组织的情况，从来没告诉过我。后来看到村里党支部老书记刘振奎同志撰写的回忆文章，我才知道父亲还是共产党员。不过，通过父亲平时讲过的那些经历，我隐约地感觉到他在当时一定属于进步青年。

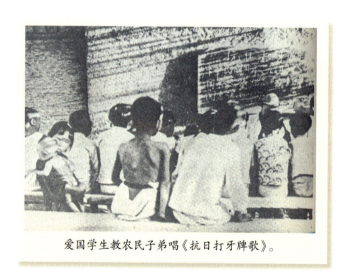

爱国学生教农民子弟唱《抗日打牙牌歌》。

采访人：长辈的言传身教就是家风，您能讲一些相关的具体例子吗？

郭宝光：印象比较深的是，学生们教村民唱爱国歌曲。在当时的"义教"活动中，王兰庄村是教唱爱国歌曲比较早的。路平等发展的9个党员中，除了父亲，还有我的老爷（方言，意思为爷爷辈中排行最小的）郭金伦。老爷嗓音比较好，会识谱，会教歌，经常和那些进步学生一起教群众唱歌，进行抗日救亡宣传，激发农民的爱国热情，发挥宣传群众、组织群众的作用。父亲在我老爷郭金伦的带动下也参加唱歌，因为年代已久，现在能回忆起父亲常说的主要歌曲有《救亡进行曲》《松花江上》《五月的鲜花》《我中国万岁》《伟大的手》《西方安乐国》《我们中国真危险》《我有敌人凶似狼》《说凤阳道凤阳》《手把锄头锄野草》《同志们，大家一条心》《自由神》《抗日打牙牌歌》等，这些爱国歌曲旋律优美、慷慨激昂，蕴含着深刻的爱国道理，对激发村民和青少年爱国热情发挥了重要作用。父亲很爱唱这些革命歌曲，也唱过《小放牛》等民歌。我是1945年出生的，小时候常听他唱这些歌曲，但是从没听过他讲过自己是共产党员的事。

采访者：这些都是经典的革命歌曲，我虽然不会唱歌，但是像《救亡进行曲》《抗日打牙牌歌》都听许多遍，歌词中"工农兵学商，一起来救亡""世界都夸一二八呀，热血培成革命花呀"，很触动人心。

郭宝光：我还记得我父亲讲过开展"抢长泰稻子"的故事。日寇占领天津后，日本资本家看中了黑牛城、纪庄子一带的大块土地，他们在日本军队的支持下，毫无代价地圈占两千多亩，强拉民夫，开办"长泰农场"，强迫这一带的农民当奴隶。打下的稻子一律被日军征收作"军粮"，农民吃一点稻米，被日寇发现就会遭受各种毒刑。日寇还在这一带建立许多砖瓦厂，许多农民的土地惨遭掠夺，他们只好靠"挑方坑"（即替窑厂"挑土"）维持生活。1945年8月，抗日战争的胜利形势已经非常明朗，日本帝国主义的全盘失败已指日可待。那时，窑厂附近日寇经营的两千多亩稻田，籽粒累累，已到了该收割的日子。日寇派出十几个鬼子看守稻地。胜利在即，武工队决定不能再让粮食落在敌人手里。"抢收稻子！"武工队一日之内，便组织各村共六十多名青壮年，乘大槽子（船）开往稻地收割稻子。由于奸细告密，看守稻田的日军赶来用机枪扫射割稻子的群众。武工队与敌人开展战斗，用火力掩护群众转运稻子。当纪家庄的大队日伪军乘汽车赶来时，武工队已掩护群众安全回村。父亲参加了这次抗日斗争，村里参加行动的年轻人还有郭金伦、郭春普、史俊德、史俊智、孙绍庭、翟恩路、李恩芳、李恩栋、孙殿清、孙宝龙等十几个人。在这次抢稻子的战斗中,武工队员王海亮不幸牺牲。王兰庄村民很悲痛,因为王海亮穿的衣服也不多,村民吕俊波从家里拿来一件棉袍为他穿上,大家还筹置了一副白皮棺材为其装殓,予以安葬。

采访者:王兰庄村志提到,在1945年5月,中共津南工作委员会干部徐根元带领王兰庄、梨园头等群众到广发、德新窑地及日本农场抢收敌伪物资,不幸中弹牺牲,抗日斗争形势是非常残酷的。

郭宝光:还有一件事,就是关于王兰庄村民"扒铁路"的事。对这个事,一是听村里的老人讲过,刘振奎之子刘树清、刘振和之子刘树英等村里老人提过。二是看过相关的文稿。1958年,天津市委下放干部到村庄,有四五十名干部被分到了王兰庄,天津市委党校陈德仁老师就住我家西屋。他带着几个干部与村里不少老人进行过座谈,回忆革命斗争点滴,经常晚上点上煤油灯,伏案撰写、整理《梨园头革命斗争史》手稿。这书中的内容不只是写梨园头村的革命斗争史,还是梨园头乡所包含王兰庄、高庄、大倪庄、小倪庄、王姑娘庄、梨园头村(所处位置是由北向南)六个村的革命史。这部书稿写好后,一直没有出版。2003年,陈德仁老师来到村里,把打印好的书稿交给我,让我转交给村党支部。这本书稿记述了"扒铁路"的故事。1937年7月30日,天津沦陷。上级党组织指示:立即组织群众,彻底破坏敌人的交通线,阻止日寇南进,择机消灭零散的日寇。王兰庄党支部根据这一指示,召开支部会议进行了研究。根据群众反映的情况,党支部认为,津浦路陈塘庄至西站支线铁路是敌人运兵南进的交通线,敌人尚未在此布置岗哨,适合开展破袭战。9月初的一个夜晚,天色漆黑。王兰庄党支部负责人路平带领王兰庄、于台子等村大批群众,扛着洋镐、"冰镩"(凿冰用的工具),来到邓店村北,四周布下岗哨,立即动手扒路。参加行动的群众说:"蒋介石有几百万军队,跟鬼子还没照面,就像兔子一样跑了,还不如我们这几个老百姓哩!""提蒋介石干什么,明天咱再去扒。""扒路"斗争进行了好几次,从邓店北至牛坨子的路轨全被推到河沟里,阻滞了敌人的铁路运输。王兰庄的年轻人基本上都参加了"扒路"斗争。

采访人：老一辈党员都把革命事业看得很重，即使流血牺牲立下汗马功劳，也很少为自己表功，因为他们觉得这都是自己应该做的事。那您听您的母亲提过父亲相关的往事吗？

郭宝光：我的母亲、姥姥和四个舅舅都是党员。姥姥是党的地下交通员，经常把情报藏在衣角里，从河北省送到天津。我的大舅参加人民军队后，曾任连长，在解放山西大同的战斗中牺牲了。母亲很少提及这些事。就我个人而言，一二·九运动对王兰庄影响是比较大的。王兰庄当时的青年大都会唱进步歌曲，大都能积极参加党领导的工作。

采访人：我也查阅过一些资料，感到党组织非常重视以文艺为武器进行抗日救亡活动，派出许多共产党员和"民先队"骨干组织通俗剧团。您听说过相关的故事吗？

郭宝光：我倒没有听过这么专业的名称，但是常听父亲讲到活报剧。当年在王兰庄开展"义教"的学生演过诸如《抓汉奸》《打回老家去》等活报剧，扮演汉奸的学生还在脸上贴膏药，演得很形象、很生动。据父亲说，在村里比较受欢迎的剧目有《钜大缸》。村里也有村民参演，我们村里有两个人演得比较好，比如演女角色的史淑荣就很受群众欢迎。受一二·九运动的影响，不论是学生还是村民，他们演出的都是耳目一新的剧目，开展抗日宣传，反对封建思想，增强了村民参加抗日斗争的积极性。新中国成立后，村民刘玉强、许宝江也演过活报剧。

采访人：当时村里都很穷，《一二·九运动的烈火燃烧到王兰庄》写道："农民冒着严寒去水坑里捕点鱼，地主却说水坑是他们的，捕上来的鱼他们要拿一半。农民只能把剩下的一半拿到市里卖，不但受鱼商层层盘剥，而且还被伪警察白拿，落在农民手中就所剩无几了。"还有熬盐的事，有的妇女因为卖盐被坏人卖到外地，有的坐大狱、倾家荡产。关于当年的穷困生活，您听过老人讲过相关的故事吗？

郭宝光：王兰庄的农民大多数是佃户，地瘠租重，生活困难。为了生存，许多人在村子的东洼地上挖一个大坑，支起炉灶，刮土熬盐，熬干一锅，能出二三斤盐。当时，盐是官方专营的，设有专门盐警缉私队。盐警一旦发现熬盐，不但没收村民的大锅、水桶，还要对村民进行罚款、毒打，甚至还要捉人去蹲班房。国民党保安队也同盐警队勾结，经常到村里敲诈勒索。再加上日本驻军经常到天津郊区进行军事演习，对村民骚扰严重，威胁很大。那个时候的村民，日子过得真是万分艰难，穷得叮当响。王兰庄村东南方向原来有个叫杨树林子的地方，村民李金喜在附近的地里干活时，被日本人开枪打死了。村里人向日本鬼子讨公道时，日本鬼子胡乱解释说误打了良民。其实所谓误打良民只是借口，日本鬼子就是滥杀无辜、草菅人命。当时，这件事在村里的影响还是挺大的。日本帝国主义的侵略罪行，我们是不能忘记的。

采访人：那个时候的农民真是不易。听了这些血泪故事，我们这一代年轻人对"没有共产党就没有新中国"也有了更深的体会。那您的父亲后来在什么地方工作？

郭宝光：我的爷爷是佃户，到父亲这辈还是佃户。父亲一直在村里劳动，因为没有地，解放前就以打鱼、修砖窑为生，没事做的时候就去给别人"扛活"，能收到几担棒子，添补口粮。这里，我再提一下修窑和打鱼的事。当时，村里干瓦匠、修砖窑的人比较多。不少人不仅参与修建卫南洼的十八个砖窑，还曾到宁夏修砖窑。可以说，垒六七十米高的烟囱是我们村里老一辈人的一个绝活。这种烟囱不是以外搭架来建的，而是靠内绑鹊架完成的。随着烟囱越垒越高，做工的难度越来越大。这么高的建筑，从上到下的中心位置几乎没有误差。至于打鱼，村里当时有顺口溜，"逮鱼捕虾，王兰庄是他的家""姓郭的人呀，都是鱼鹰子"。我们郭家的郭金山、郭金丰、郭金昆、郭金伦、郭春祥、郭春普、郭春宝、郭春茂、郭春恒、郭宝路等人很擅长在水中摸鱼，都能用"迷魂阵"捕鱼，用"螃蟹篓"抓螃蟹。李恩栋、李恩芳、史俊智、孙绍贵、李恩桂等人捕鱼也特别有门道。冬天,很多村民穿着皮衩下水捕鱼。粘皮衩算是一门技术活。父亲是村里为数不多会粘皮衩的人,他把废旧的汽车轮胎内胎剪成上衣、裤子、靴子的大样,然后用胶水粘成完整的皮衩。父亲经常无偿帮助其他村民粘皮衩,也教会了不少人。村民穿皮衩捕鱼时,容易出汗,加上"水有多冰,里有多冰",有种泡冰水的感觉。出水后,一抖皮衩,掉的全是冰渣子。那个时候农民的日子真是不好过。新中国成立后,在党的领导下,村民的日子越过越好了。我刚才提到的老爷郭金伦一直在村里,没有离开过。他们饱经磨难而始终乐观面对,就是凭着那么一股革命加拼命的强大精神。我们也需要这种精神和传承,应该激励更多的年轻人去奋斗。

采访人:从某种意义上讲,爱国学生"义教"活动是王兰庄历史上浓重的一笔,值得深入研究挖掘,把"义教"历史记载下来,把"义教"精神传承下去。

郭宝光:可以说,王兰庄"义教"活动遗址是一二·九运动在天津的重要见证。这段"义教"的历史是非常有意义的。退休之后,我回到王兰庄,组织关系在村里,就想着为王兰庄的发展贡献点自己的力量。我找到党支部书记郭宝印同志,提出想把解放前村庄的面貌描画下来,具体到每家每户的场景。他非常支持,责成时任村党支部副书记李德利同志主抓这项工作,还让我把村里了解详情的老人请来一起开展这项工作。这样,我和李元、李臻两位老人开始共同推进这项工作。村里把一二·九运动纪念馆的会议室、图书室作为我们画图的场地。经过反复核对,画好后又进行放大,最后形成宽为两米多的村容村貌图。后来,一二·九运动时期在王兰庄参加"义教"的徐达本同志,来到村里寻访参观,为"一二·九运动纪念馆"题词,还专门看过这幅村容村貌图,对其中标注的信息高度认可。我把这幅村容村貌图和陈德仁同志撰写的《梨园头革命斗争史》书稿一并交给村委会。我觉得这些工作是有意义的,把村里的历史完整记录下来,生动呈现出来,以更好地传承弘扬一二·九精神,发挥好"义教"活动作为红色资源的教育作用。

何文彬（1916—1996），王兰庄村最早的共产党员之一。在一二·九运动中，何文彬同志积极配合爱国学生开展"义教"活动，参加抗日救亡斗争。在开展天津一二·九运动史料征集工作中，课题组采访了何文彬同志的女儿何玉芬。

追忆何文彬同志的革命往事

——访何文彬同志女儿何玉芬

采访人：习近平总书记高度重视红色资源保护利用工作，作出重要指示。保护好利用好红色资源，是我们党史工作者义不容辞的责任。目前，一二·九运动纪念馆正提升改造，我们想借用这个机会，对王兰庄早期党员的革命事迹进行再挖掘再整理，希望能从老一辈的革命精神中不断启迪自我、砥砺奋进。您的父亲何文彬同志作为村里早期的中国共产党党员，应该也有不少的革命事迹。今天就以这个主题，对您进行采访，您看如何？

何玉芬：我非常支持这项工作，也非常高兴有这个机会。父亲以前给我们讲过不少相关的事迹，但都是断断续续讲的，不够系统，不够全面。为整理父亲的事迹，我曾经询问过兄弟姐妹，还在河东区大直沽查阅父亲的档案，从中拍摄了一些资料，了解了一些此前没听父亲讲过的往事。

采访人：阿姨，能否先介绍一下您的情况？

何玉芬：我是何文彬的二女儿，在六个兄弟姐妹中排行第四。1974 年，我毕业后，没有依靠父亲的关系找门路，直接被分配到水泥纸袋厂工作，三年学徒后出师。因工作表现出色，被集体投票推优，工资上调一级。1983 年，我调入纸箱厂工作，主要从事电工工作。其间，我在红桥区劳动局现场组织的业务考试中获得全区第三名。又通过自学取得了高、低电工职业资格证书。1993 年，我下岗后到一家民营企业当电工，和同事一起只用一周时间就完成了 1000 多平方米厂房电线、电闸箱的布线和安装调试工作。后来，我调到公司销售部负责销售工作，业绩曾在华北地区名列第一。2018 年，我因病退休。

采访人：从您的介绍里不难看出，您在正当年时下岗了，却没有气馁，自谋出路，在企业里奋发有为，勇创佳绩，用自力更生书写精彩的人生。我觉得这种百折不挠的拼搏精神也显现出了您父亲当年奋斗的身影。您能否帮我们概括一下您的父亲早年参加"义教"活动的情况？

何玉芬：我父亲何文彬，曾用名为何焕章、刘玉衡，生于 1916 年 10 月 26 日。1934 年，父亲因家庭贫困，开始半农半读。1936 年暑期，在"义教"学生的影响下，和开展"义教"的学生们一起演剧，进行抗日救亡宣传活动。暑假结束后，有些学生每逢周日还继续到村里开展宣传。

采访人：您的父亲当时是如何加入党组织的？

何玉芬：1936 年暑假结束后，党组织先后派慕湘、余力步、路平和崔建华等来到王兰庄继续开展"义教"工作，他们常住村里。一天，余力步在夜校上课时提出组织农民救国会，我父亲和刘振奎、李恩泽、孙玉荣、郭金伦等十几人举手要求参加。农民救国会成立后，路平和余力步指导他们学习游击作战。9 月，父亲经路平和崔建华介绍加入党组织，成为一名共产党员。我父亲常常提起向党组织宣誓的情景，就是要为解放全中国不怕苦不怕死，就是要跟定共产党打天下。同时，我父亲还加入了抗日救国会宣传队，队员主要由北洋大学、扶轮中学、三八女子中学等学生组成，经常在一起唱革命歌曲。当时，革命歌曲有《大刀向鬼子们的头上砍去》《打回老家去》《放下你的鞭子》等。听父亲说，他们白天唱革命歌曲、演话剧，晚上则组织骨干分子练习打游击战，组织群众团结起来，和伪盐警队进行斗争。

采访人：当年，您的父亲除了开展抗日宣传，还有过其他形式的斗争吗？

何玉芬：1936年秋季，王兰庄开展了抵制日货的反走私斗争。当时，一些学生和农民在公路上和奸商展开说理斗争。1937年春，在路平等人的领导下，村里群众还展开了反抗盐警压迫、痛打盐狗子的斗争。本村的盐狗子经常欺侮老百姓。农民们组织起来，打得盐狗子险些丧命，盐警们也受到震慑，再也不敢来王兰庄抓人了。这些革命活动，我父亲都参加了。

采访人：您听父亲提到过当时党组织的领导人吗？

顾磊（1904—1992），又名严子涛，天津宝坻人。1933年加入中国共产党。1938年9月平津唐点线工作委员会成立后，任天津城委书记并负责铁路工作。1939年5月任平津唐点线工委委员兼天津城委书记。

何玉芬：我父亲提到过顾磊（严子涛）同志，顾磊是吴德同志介绍来的地下党员。他在1938年七八月间来到天津，与姚依林同志联系。两三个月后，葛琛同志来到天津，姚依林把顾磊介绍给葛琛。

采访人：我之前看过一些资料，初步了解到您的父亲也做过党的地下工作，您了解吗？

何玉芬：1937年卢沟桥事变后，为便于开展党的地下工作，获取更多敌人情报，路平、崔建华安排我父母搬到市区进入"上海纱厂"（"棉纺四厂"）做勤杂工。我父亲每星期日同他们接头，主要研究如何在工厂内展开地下工作，如何传达贯彻上级指示精神以及如何发展党员。有时候，我父亲也讲理论课。1938年夏天，路平因工作需要转移他处，顾磊同志接任工作。当时，上级给我父亲下达在工厂里的工作任务，主要有：一是组织群众、发动群众；二是发展党员、党组织；三是破坏敌人生产力；四是必要时打入敌人内部。

采访人：您的父亲是如何具体落实上级组织交办的这些任务呢？

何玉芬：父亲的工作大体分为两个阶段。第一阶段是在 1938 年至 1940 年，父亲在上海纱厂工作，以烧锅炉、打杂工为掩护。根据上级要求，设法破坏敌人生产，同时做积极分子的工作。随着工作的不断深入，工人们逐步了解到日本鬼子在中国土地上犯下的烧杀抢掠、欺男霸女等滔天罪行，一个个义愤填膺，爱国热情不断高涨，积极开展抗日活动。很多女工只要有机会，就破坏织布机零件，增加残次品率，还躲过监工把头的监视，把生产的布料缠在身上带出厂外，交给积极分子积攒起来，再由地下党送到根据地，给八路军做衣服。当然，很多女工被监工抓到过，轻则遭受毒打，重则被定为通"共产党"罪，甚至遭到杀害。当年，父亲还参与领导棉四工人大罢工，与日本鬼子进行斗争，《海河浪花》一书中记载了相关情节。那个年代，百姓生活艰苦，缺吃少穿，大都是吃了上顿没下顿。就是在这种情况下，工人们为什么支持共产党？因为他们看到了希望，他们才不惧生死。第二阶段是在 1941 年 10 月至 1943 年 3 月，父亲到了天津满蒙毛织厂，工作是烧锅炉。他和厂里的门卫混熟了，就向这几位师傅宣传抗日救国道理，把他们大多数团结起来，为以后开展抗日活动打下基础。后来，父亲也同车间的工人熟了，大家齐心协力破坏敌人生产。很多工人开始从仓库里把成品毛线偷出来，在门口如果遇上已做通工作的看门警卫，就能把毛线成品带出来，门警也是睁一只眼闭一只眼；如果遇上不好说话的门警，无法带出来，就将其偷偷放到我父亲的锅炉房。我父亲悄悄将这些毛线烧掉。这样，日本人也查不出丢失成品毛线的下落。可以说，我父亲和很多工人都是积极同敌人作斗争，尽力破坏敌人生产，打击敌人气焰。这期间，我父亲还发展了两名党员，分别是李荫南、王树林。

采访人：这两位入党的同志也参加过一些革命活动吧？

何玉芬：是的，我听父亲说过李荫南的事。1940 年夏天，父亲在上海纱厂发展工人李荫南入党。后经顾磊批准，派父亲和李荫南到平西根据地学习。他们从高碑店下车，由伪军何团长（党组织的"内线"）派人把他们送到齐沟，再进入山区。李荫南被分配到干校学习，父亲住招待所，每天学习文件、听报告、开讨论会。20多天后，党组织派父亲回到天津，并交给他两封信，一封是路条，一封是任务。李荫南留下继续学习。因高碑店那条路线被敌人破坏，父亲回来时就绕道昌平联合县到京西大觉寺，在那里住了七天，而后返回天津，并向顾磊汇报冀中区指示精神。

采访人：您的父亲和其他同志还有革命活动的交集吗？

何玉芬：有一件事父亲说起来很心酸。1940至1941年，为支援前线，上级指示父亲掩护一位东北青年，具体姓名父亲也不知道。那位同志21岁，从大寺运送驳壳枪到市区，不料被叛徒出卖，行至梨园头附近，被日本特务和汉奸捉住。幸亏，枪支已被父亲转交他人，没有落到敌人手里。后来，父亲眼睁睁看着这位青年遭到严刑拷打，但宁死不屈没有出卖任何人。这次任务完成，运输的枪支几经周折送交指定人员，但那位英雄的青年却在河西区南楼被日本鬼子杀害。这些为党和人民事业牺牲的英烈，我们一定要永远铭记。

采访人：那时候干革命是经常会遇到各种危险的。您父亲还遇到过什么险情？

何玉芬：1941年冬季，上级交给我父亲一份重要情报，需要送到天津市内某位同志手中，再转交党组织。走到护城河堤时，父亲就发现一队持枪的日本兵在大堤上走来走去。日本兵当然也发现了父亲，父亲在他们准备开枪扫射前，机智地顺着堤坡滚到冰面上，强忍住不断渗到衣服里的刺骨冰水，一动不动。日本兵以为父亲被枪弹击中，不再扫射了。敌人走后，父亲偷偷爬上岸，浑身被冰水浸透，冻得直打哆嗦。这次，父亲终于有惊无险地完成了党组织交办的任务。父亲在讲起这些事时十分平静，但当时真是性命攸关，母亲得知后，吓得病了一场。父亲说："遇上敌人没有退路，只有这一条路可走，宁可牺牲自己也不能让情报落入敌人之手。"随着年龄增长，我对这句话的体会越来越深。我想，这就是共产党人对信仰的最好诠释，他们所做的一切都是为了党和人民的利益。

采访人：那后来呢？

何玉芬：后来，形势越来越恶化，越来越严峻。1942 年春，父亲和顾磊在土城接头。顾磊告诉父亲敌情严重，暂时不能活动，若能去后方就快去，去不了就隐蔽起来。此后，父亲与党组织失去了联系。他和崔建华等几位党员经常凑在一起讨论寻找党组织的事。直到 1944 年，刘振铎来到我家，告诉父亲王兰庄来了八路军。我父亲立即找到刘振奎，经过多次联系，与津南工委的张良、王建等同志取得联系，并被他们介绍到张裕普那里。当时，海光寺一带有日军兵营。父亲按照上级指示，和另一位同志去海光寺摸清敌人的兵力部署以及枪支弹药存放的具体位置。他们乔装打扮，扮成卖青菜、卖活鸡的小商贩，在兵营周围转来转去。因为经常是吆喝卖青菜、卖活鸡，我父亲他们并没有引起敌人的注意。时间一长，他俩就趁机观察敌人的兵营情况，并画了一张草图，标注好兵营内兵力部署、枪支弹药存放以及指挥部的位置，为日后精准打击日军提供了帮助。现在咱们讲起来，很难体会那时的艰辛和危险。当时只要稍不留神，就会被日军盯上，就会有生命危险。1945 年 8 月 15 日，日本宣布无条件投降。我父亲按照上级通知要求，去马场碱河南刘岗庄配合八路军攻打天津。王兰庄有刘振铎、崔建华、孙殿甲、姓郑的和我父亲共 5 人参加。他们协助八路军一夜攻破城防线，进入李七庄、纪庄子、黑牛城等村。几天后，父亲和李恩泽按照张裕普指示，去海光寺日本兵营内散发冀中军区和冀中妇女联合会制作的标语、传单，宣告日本已经投降。天津电视台曾播放过电视连续剧《血溅津门》，其中就有八路军获取图纸后攻打海光寺日本兵营的情节。父亲看后非常激动，给我们讲述了这段历史。

采访人：抗日战争胜利后，您的父亲还参加过什么革命活动？

何玉芬：父亲档案记载着，他亲身参与解放天津战役，担任向导并参加作战。那是 1949 年 1 月 15 日凌晨 5 点钟，人民解放军攻破城防进入土城。当时，解放军一个连的兵力，经宜家楼、杨庄子、挂甲寺、棉纺二厂院内，跟敌人打了一仗，又在小刘庄和敌人打几场巷战，父亲为解放军当向导，还参加了战斗。老一辈革命者这种不怕吃苦、不怕牺牲的革命精神永远值得我们学习。1949年2月，父亲和崔建华联系上张裕普。按照张裕普的要求，父亲和崔建华脱离当时工作，由天津县委介绍到市委组织部分配工作。

采访人：除了您父亲讲的这些，那您自己对"义教"工作有过了解吗？

何玉芬：我时常听村里人说到爱国学生开展"义教"的往事，后来也见到了一些当年参加"义教"的同志。1973年5月，参加过"义教"的安琳同志来到我家，和父亲聊了一天。当时，我就在身边陪同记录他们的谈话。他们回忆一二·九运动、"义教"点，谈论着当年相关活动的领导者、参与者的情况。我记得，除了父亲，老书记刘振奎、老党员刘振和也和安琳同志见了面。安琳同志当时问到不少老人的情况，还打听崔建华和她儿子的下落。在那次见面中，路平及其他同志未能联系上。后来，崔建华的儿子崔志刚联系到我的父亲，他当时在天津的钢厂上班。那时候，崔建华已病逝，崔志刚也想了解母亲崔建华的革命经历，想知道母亲做过的那些有益于人民的工作。

采访人：您的父亲对您在哪方面影响最大？

何玉芬：父亲一生只相信中国共产党的领导，坚定跟着中国共产党走。父亲对我们言传身教，影响是多方面的，最重要的还是教会我们如何做人。我家兄弟姐妹几个虽说没做出轰轰烈烈的大事，但是人人勤奋好学、吃苦耐劳，都是干一行爱一行，没有做过违法违纪的事。我们同街坊邻居相处得都比较好，虽然已经退休了，但还经常主动帮助他人。不论是楼道里的开关、灯具，还是邻居家里用电的问题，只要我知道了，肯定会主动帮助、义务解决。我儿子、儿媳都曾作为志愿者，在疫情防控工作中积极开展志愿服务。全家人都认真工作、认真生活，做好普通人，干好平凡事，把父辈的精神传承下去。

传承篇

一二·九运动的时代价值与历史意义

肖裕声

习近平总书记指出：“青年是整个社会力量中最积极、最有生气的力量，国家的希望在青年，民族的未来在青年。”站在“两个一百年”奋斗目标的历史交汇点上，重温一二·九运动的斗争历史，传承爱国情怀和革命精神，对于动员和激励全国人民特别是新时代中国青年，广泛团结和凝聚在中国特色社会主义的伟大旗帜下，听党话、跟党走，担负起全面建设社会主义现代化国家、实现中华民族伟大复兴中国梦的新使命，具有十分重要的意义。

本文作者肖裕声

一、一二·九运动爆发于华北事变、民族危殆之际

九一八事变之后，日本侵略军加紧侵略中国，在东北地区推行殖民化统治的同时，利用国民党统治者的不抵抗政策，将魔爪一步步伸向华北，民族危机日益严重。

日本侵略者直接控制华北主要分两步：

第一步，1935 年 6 月，国民党北平军事长官何应钦和华北日军司令梅津美治郎达成协定，迫使国民党“中央军”撤出北平、天津和河北。在此之前，日本奉天特务机关长土肥原贤二逼迫国民党察哈尔省代主席秦德纯签订协定，国民党当局同意从察哈尔省撤退中国驻军和国民党党部。上述两个协定实际上把河北、察哈尔两省大部分主权奉送给日本。

第二步，策动所谓"华北自治运动"。10月，土肥原贤二以关东军代表名义向国民党第二十九军军长兼平津卫戍司令宋哲元提出要求：通电设立华北自治政府，将南京任命的华北官员一概罢免。11月中旬，日本扶植汉奸殷汝耕在河北省通县成立"冀东防共自治政府"，控制冀东22个县。国民党当局妥协顺应日本的无理要求，计划于12月在北平成立以宋哲元为委员长的冀察政务委员会，开始实行华北特殊化。

人们痛切地感到日本侵略者的野心是没有止境的。民主人士黄炎培在1935年10月10日的日记中悲愤写下一首《重光歌》："到如今，长城内外，是谁的国防？华北独立，华北自治……得寸进寸，得尺进尺？充彼野心，何难席卷长江，囊括珠江？哀哉中华，其亡其亡！"以《义勇军进行曲》为主题歌的影片《风云儿女》，正是在1935年拍摄法的。"中华民族到了最危险的时候……"这首歌迅速唱遍全国乃至海外有华人居住的地方，唱出了当时中华儿女共同的强烈心声。

二、一二·九运动是中国共产党领导的青年学生爱国救亡运动

华北事变后，北平学生悲愤地喊出："华北之大，已经安放不得一张平静的书桌了！"大家都在问：国难当头，我们应该怎么办！还能够沉默不语吗？愤怒是时间积聚起来的。压抑得愈久，爆发力愈大。只要有人振臂一呼，便能将处处潜藏的怒火迅速凝聚成一股势不可挡的巨流，奔涌形成新的高潮。

1935年11月18日，北平大中学校抗日救国联合会（简称北平学联）成立。其中有部分共产党员。12月3日，被南京政府任命为行政院驻北平办事处长官的何应钦到达北平。北平学联决定向他请愿，要求抗日救国。这是一二·九大游行的由来。游行确定在12月9日举行，因为据说这一天是冀察政务委员会成立的日子，要搞所谓华北特殊化。

在由李常青、彭涛、周小舟等人组成的中共北平临时工作委员会的领导下,在姚依林、郭明秋、黄敬、宋黎等人的组织指挥下,12月9日,北平学生高喊"反对日本帝国主义""反对华北自治""收复东北失地""停止内战,一致对外"等口号,到新华门向北平当局请愿。由于请愿没有结果,他们把请愿改为示威游行。当游行队伍走到王府井大街时,人数增加到3000人。军警突然用水龙向学生喷射,并挥舞皮鞭、枪柄、棍棒从两侧袭击学生。当天有30多名学生被捕,数百人受伤。第二天,北平各校学生进行全市总罢课。12月16日,在天桥举行市民大会,反对"华北自治",与会者达3万余人。会后举行了更大规模的示威游行。

1935年12月9日,北平爱国学生数千人,在中国共产党领导下举行声势浩大的抗日示威游行。图为北京大学学生的示威游行队伍。

在一二·九北平学生斗争的影响下,从11日开始,天津、保定、太原、杭州、上海、武汉、成都、重庆、广州等大中城市先后爆发学生爱国行动。风暴迅速蔓延开来,发展成为席卷全国的群众运动。北平学生的爱国斗争打击了日本帝国主义的嚣张气焰,揭露了国民党当局的卖国行径,得到了各界爱国人士的支持与响应。宋庆龄、鲁迅、马相伯、沈钧儒、王造时、邹韬奋、陶行知、章乃器、李公朴、史良等爱国知名人士纷纷表示支持。12月26日，陕甘苏区各界民众举行集会，声援北平和各地学生的抗日救国运动。海外华侨也以各种方式支援学生。世界学生联合会也对中国学生的抗日救亡运动通电声援。

在一二·九运动的影响与推动下，全国抗日救亡运动形成了高潮，北平进步学生运动活跃。1936年2月1日，一群革命青年群众自发组织了中华民族解放先锋队。当年暑假，"民先队"在香山举办了"平西樱桃沟抗日救国军事夏令营"。

这些来自清华大学、北京大学、燕京大学、东北大学、中国大学、辅仁大学等学校的进步青年相聚在樱桃沟，并在樱桃沟水泉旁扎起营帐，打起地铺，支起锅灶，升起炊烟。在退谷亭内吊起马灯，围起雨布，设立了夏令营司令部。如今在樱桃沟，还能看到一座特殊的"营帐"，就是一二·九运动纪念亭。1980年6月，北京市植物园管理科樱桃沟班工人在清除樱桃沟旁的杂草时，发现沟旁的一块大青石上刻有"保卫华北"字迹。时逢市政协主席刘导生听说此事，证实"保卫华北"四字是1935年一二·九运动时爱国抗日的北平学生联合会的两位地质系学生用随身携带的工具在休息时刻下的。

参加西山樱桃沟第一期夏令营的两名学生，在山石上镌刻了"保卫华北"四个大字，表明抗日决心。

1939年12月毛泽东在延安各界纪念一二·九运动四周年大会上讲道：

"毫无疑义，一二·九运动中国共产党起了骨干的作用。没有共产党作骨干，一二·九运动是不可能发生的。首先是共产党的八一宣言给了青年学生一个明确的政治方针；其次是红军到了陕北，配合了北方的救亡运动；再次是共产党北方局和上海等地党组织的直接领导。这样，才使一二·九运动发生，并使之在全国各阶层开展起来，形成了全民族救亡运动的巨大政治力量。"接下来，他生动形象地比喻说："青年学生好比是一二·九运动的柴火，一切都准备好了，只差用火一点。点火的人是谁呢？就是共产党。"他又深刻指出："共产党从诞生之日起，就是同青年学生、知识分子结合在一起的；同样，青年学生、知识分子也只有跟共产党在一起，才能走上正确的道路。"

毛泽东同志作的重要讲话精辟概括了我们党是如何领导一二·九运动的。具体分为以下三个方面。

一是政治引领。1935年8月1日，中共驻共产国际代表团起草了《为抗日救国告全国同胞书》，即《八一宣言》，宣言号召全国各党派、各界同胞、各军队都应有"兄弟阋于墙，外御其侮"的真诚觉悟，捐弃前嫌，停止内战，集中一切国力（人力、物力、财力、武力等）去为抗日救国的神圣事业而奋斗。《八一宣言》反映了全国人民的热切愿望，使处于苦闷中的人民群众尤其是青年学生，看到了挽救国家危亡的希望和应当遵循的方向。

二是行动配合。1935年10月，中央红军长征胜利到达陕北。11月28日，中共中央发表《为日本帝国主义并吞华北及蒋介石出卖华北出卖中国宣言》，重申《八一宣言》的主张。人民群众尤其是青年学生由此开始看到一支新兴的抗日救国力量，这使他们受到鼓舞，知道自己的斗争不是孤立无援的。所以，毛泽东指出，是"红军二万五千里长征的胜利帮助了一二·九运动。同时，一二·九运动也帮助了红军，这两件事的结合，就帮助了全民抗战的发动，帮助了中华民族，增进了全民族的利益"。

三是组织领导。当日本帝国主义加紧侵占华北之时，中国共产党就向劳动大众发出抵御侵略、保卫华北的号召，要求华北地区党员在群众中进行广泛宣传，组织开展民族革命战争，并对北平领导机构进行改组，从政治上和组织上加强了对抗日救亡运动的领导。1935年11月北平学联成立，自此学生爱国运动有了公开的统一领导机构，其中还发展了党、团组织。在中共党组织的领导下，北平学联于7日和8日相继召开会议，决定组织学生开展请愿大游行。9日凌晨，广大爱国学生心中压抑已久的抗日怒火，就像火山一样首先在北平喷发了。在党组织的直接领导下，抗日救亡运动广泛开展起来。

三、一二·九运动为全面抗战准备了思想，准备了人心，准备了干部

一是一二·九运动促进了中华民族的新觉醒。近现代以来，中华民族的伟大觉醒与伟大斗争始终相伴相随。在一二·九运动中，青年学生冲破国民政府的高压政策，响亮喊出了"打倒日本帝国主义"的口号，促进了中华民族的觉醒。它不仅使人们长期郁积在心头的愤懑一下子倾泻出来，同时也引起许多人深思这一切究竟是为了什么，从平时的宁静生活或狭小圈子中猛然惊醒过来。大批在政治上处于中间状态的人不再回到旧日的生活轨道上。这个运动使中国共产党提出的"停止内战，一致抗日"主张成为全国人民的共同呼声，并打破了一度沉寂的政治局面，掀起了抗日救亡运动的新高潮。这样，在中国共产党的影响、推动和领导下，在千百万民众抗日救亡运动的高潮中，天津各方面的救国会先后建立。与此同时，全国各地各界群众也建立了各种救国组织。有了各界的救国会，自然要求进一步联合起来，建立统一的组织。全国各界救国联合会的成立，把原来比较分散的爱国民众运动汇成一股更为壮观的洪流，推动抗日救亡运动持续向纵深发展。

二是一二·九运动促进了全面抗战局面的形成。九一八事变后，面对帝国主义的侵略，中国的国土一天天沦丧，国民政府当局竟然放弃抵抗而奉行"攘外必先安内"政策，对帝国主义的侵略不断妥协，却对中国共产党领导的红军

不断围剿。在华北危急，中华民族危亡的时刻，北平广大青年学生站了起来，要求停止内战，一致抗日，反抗日本帝国主义侵略中国。一二·九运动揭露了日本帝国主义侵略中国吞并华北的阴谋，打击了国民政府的妥协投降政策，推动了抗日民族统一战线的建立。1937 年 8 月 10 日，毛泽东代表中共中央写信称赞这代表了全国大多数不愿意做亡国奴人的意见和要求，表示："诚恳希望一致联合，共同斗争，以挽救祖国的生命。"

三是一二·九运动为抗战准备了干部。面对帝国主义的侵略，一些中国人被帝国主义吓倒，而此时的青年学生勇于冲破高压政策，喊出了"打倒日本帝国主义"。他们呼吁停止内战，共赴国难，团结全国各界民众，武装反抗日本侵略者，为中华民族的独立而斗争。这更加坚定了全国人民共同抗战的决心，增强了取得抗战胜利的信念。同时，青年学生纷纷奔赴延安。尽管面临当局百般阻挠和重重限制，他们依然克服了重重困难，投入到抗战第一线，组织发动各种形式的抗日武装力量，建立广泛的敌后抗日根据地，成为抗日战场的领导骨干。

在此期间，1936 年 6 月，扶轮中学的李青、姜思毅、李杨加入了中国共产党，是扶轮中学第一批共产党员。1936 年天津大中学校里边有 16 所学校先后发展了 106 名共产党员，而扶轮中学发展的第一批党员共有 3 人，姜思义是其中之一。四个月之后，1936 年 10 月，他就担任了扶轮中学的地下党支部书记。1937 年七七事变后不久，天津沦陷到日寇手中。中国共产党号召参加一二·九运动的战士脱下长衫，穿上军装，到敌后去，同民众相结合，同军队相结合。1938 年初，姜思毅担任八路军 115 师东进纵队宣传科科长不到一年，又被任命为鲁西军区 343 旅政治部宣传部副部长。1941 年，鲁西军区和冀鲁豫军区合并。姜思毅在刘伯承、邓小平领导的一二九师所属冀鲁豫军区任宣传部部长。

毛泽东指出："现在中国的情况跟过去大大地不同了，现在的事情不是比过去难办，而是比过去好办多了。"

习近平总书记指出：无论过去、现在还是未来，中国青年始终是实现中华民族伟大复兴的先锋力量。不忘一二·九，回望青年抗日救国、救亡图存的时代强音，就是要传承红色基因，担当强国重任。

肖裕声：中国人民解放军少将，军事科学院军事历史研究部原副部长、博士生导师，研究员，现任中央军委党史军史工作小组专家组成员，国家重大革命历史题材影视创作领导小组电影组成员，国家马克思主义理论工程首席专家，国家社科基金重点项目"遵义会议精神研究"课题组顾问。

红色的烙印

郭宝印

★ 情牵一二·九

一二·九运动，是一场中国共产党领导下的，在平津两地发轫，声势浩大的学生爱国运动。虽然一二·九运动已经过去近 90 年，但至今影响深远，它的流风余绪、它的精神血脉，鼓舞着一代又一代共产党员和人民群众奋发图强。

中华民族是具有悠久爱国主义传统的民族。"天下兴亡，匹夫有责"，自古以来，那些有识之士就以深深的爱国主义情怀，主动担负起国家的前途命运。正如《毕业歌》所唱的："同学们，大家起来，担负起天下的兴亡。"青年学子心怀热血，每每在关键时刻挺身而出，站在时代的前沿鼓与呼。梁启超在《少年中国说》里反复咏叹："少年智则国智，少年富则国富，少年强则国强，少年独立则国独立，少年进步则国进步……"在五四运动中涌现出的青年学子，敢于同封建势力和帝国主义做斗争，为中国共产党的成立做好了思想上、干部上的准备。1935 年，中华民族已到生死存亡的关键时刻，一代青年学子在党的领导下迅速成长，坚决抵制日本帝国主义策划的"华北自治"阴谋，广泛宣传抗日爱国思想，形成了一场大规模群众爱国运动，对于抗日民族统一战线的形成起到了重要推动作用。

一二·九运动率先在北平发起，迅速发展到天津，在天津又从城市蔓延到郊区农村。如果说五四运动实现了进步知识分子和工人运动的结合，那么从某种程度上来看，一二·九运动推动了进步知识分子和农民运动的结合。1936年，在中共中央北方局的直接领导下，天津地下党组织将学生组织起来，开展了一系列抗日救亡运动，爱国学生走上街头唤醒民众，也来到农村开展"义教"宣传抗日。王兰庄村成为天津为数不多的"义教"点之一。在如今依然保留的老庄台上，当年学生们就食宿于此，播撒抗日爱国火种，向这片贫瘠的土地注入红色基因。王兰庄农民虽然识字不多，但在与学生朝夕相处的那些日子里，在爱国学生的宣传启发下，他们逐渐懂得了抗日救亡的道理，了解了中国共产党的抗日救国主张，思想上有了长足的进步。就在学生开展"义教"的当年，一些进步青年农民加入党组织，王兰庄成立了党支部。

一二·九运动特别是爱国学生"义教"活动的开展，加速了王兰庄人的思想解放，对王兰庄的发展产生深远影响，改变了这个小小村落的发展进程。如今，中国共产党成立已过百年，这场爱国救亡运动也过去将近百年，斗转星移间，当年的学生和曾经受到影响的先辈村民也大都作古，但是，薪尽火传，一代又一代的王兰庄人在红色基因的感染下奋发图强，为社会主义现代化建设默默奉献自己的力量。

★ 心系王兰庄

1978年1月，22岁的我当选王兰庄村党总支书记。那个时候，我们村"一穷二白"，房屋低矮，环境脏乱，村里土地不多且皆为盐碱地，发展受限，无副业，无特产，祖祖辈辈靠撑船、打渔为生，发家致富门路不多。当时村民种菜种粮，劳动力的工分一天一块多钱，一年下来，人均收入只有160元，全村290多户、1300人连年在温饱线上徘徊。担任党总支书记后，我感觉肩上的担子重了，如何带领村民发家致富、摘掉村子的穷帽子，成了我上任后面对的第一个考验。

天津市西青区李七庄街王兰庄村股份经济合作社党总支书记郭宝印。

　　上任后的第二天，我就把铺盖卷搬到大队部，在当晚的全体党员大会上，当着大伙的面立下军令状："在我的任期内，要解决村民的烧柴问题、修好进村路、大伙工分要一天赚两块钱。干不好这三件事，我自动下台。"

　　一言既出，驷马难追。我义无反顾地投身到家乡的建设中。为了完成这个目标，我带领班子成员白天召集党员和群众修村路、修水利、搞劳务、跑运输；晚上挨家挨户走访，向老干部、老党员请教，请村里的能人出点子。一班人群策群力，只用了三年时间，三个难题都解决了。不仅如此，人心也凝聚起来，大家达成共识，朝着一个方向努力。王兰庄的发展逐步走上了快车道。

　　接下来的三年，在大家的共同努力下，王兰庄快速发展，但经济结构单一，依然停留在搞劳务和运输方面。一天晚上，我在大队部翻看报纸，看到南方正在搞土地承包、搞乡镇企业。我意识到，脱胎换骨，谋求新发展的机会来了。第二天天一亮，我就叫上了村里的几个骨干，买上火车票，直奔无锡考察学习。到那儿一看，大家都傻了，前洲、玉亭盖起了许多工厂，一家企业的年纯收入就是190万元，这在当时可是天文数字。后面我们继续边走边看，一路南下直到广州。到了广交会，在那儿我算见识到了什么叫真正的市场经济。

这次参观考察对我启发很大，经过我们反复研究，决定对村里的体制和产业结构进行改革，把村经济由种菜、种粮、搞劳务、跑运输转到工业上来。1984年12月29日，对于王兰庄人来说是一个特殊的日子，我们召开了全体村民大会，在会上介绍了南方先进城市改革开放的经验，并做出重大决定，宣布撤掉生产队，村集体搞承包制，搞公司运营。愿意种地的承包土地，不愿意种地的，等村里建好工厂后进厂上班。经过改革，集体土地资源资产都收回来了，从而具备了建厂的基本条件。

农民办企业真的很不容易，当时每一个项目都费了很大的周折。1985年，我们与国有企业天津绘图仪器厂合作成立津兰分厂，安排就业150余人。后又建了化工厂，当年全部解决了村民的就业问题。十年之间，到1995年，我们先后建成独资、合资企业15家，涵盖化工、制药、橡胶、冶金等多种行业，年产值突破2亿元，王兰庄走上了快速发展的道路。

随着城市化步伐的加快，化工、钢铁类污染型企业已经不再适应发展，王兰庄必须再次进行改革和产业结构调整。1995年，我们在原津兰企业总公司的基础上组建了津兰集团公司，也是西青区首批批准组建的多元化集团公司之一。1996年，借助地缘优势，投资4700万元建成了天津市第一家家电城，成为家用电器批发零售的专业市场，当年投资当年开业；1998年投资近3000万元建成津兰农贸市场、旧机动车交易市场，先后引进16家汽车4S店；2010年投资12.5亿元建成30万平方米的津兰国际商贸中心，引进了集美集团家具公司。经过几年的发展，津兰国际商贸中心更名温州国际商贸城。京津冀协同发展国家战略提出后，温州商贸城精准承接北京非首都功能疏解转移，吸引大批北京商户来商贸城投资兴业。

从我担任村党支部书记到现在的40多年里，我秉承着先辈的精神，矢志不渝，励精图治，经过奋力打拼，集体资产已达到数十亿元。在党的领导下，目前村集体经济已经足够强大，整个村庄旧貌换新颜，村民安居乐业，享受各项福利保障，王兰庄人成为工作有薪金、房子有租金、医疗有保障金、老人有退休金、成人有生活补贴金、学生有奖学金、人人手里有股金的"七金"农民，实现了共同富裕。但是，我们追求的是物质文明和精神文明的双丰收，存折上有钱还不算真正的富有，精神的富有才是真正的富有。村支部将村内的 8 幢别墅全部作为文化活动场馆和教育阵地，建成包括老年活动中心、村图书馆、梁斌文学馆、一二·九运动纪念馆、青年活动中心、王兰庄书画院在内的各种文化设施，用健康高雅的文娱活动丰富群众的业余生活。

这些年来，王兰庄取得巨大飞跃，都是因为我们紧紧跟着党走，充分发挥党支部的战斗堡垒作用和党员的先锋模范作用，跟随着国家和天津市的建设和发展步伐，全体村民脚踏实地，继承和发扬革命先辈的奋斗精神，才赢来了如今的幸福生活。

美丽的王兰庄

★ 弘扬主旋律

从 1936 年到现在，一代又一代的王兰庄共产党人不忘初心、牢记使命、接力奋斗，不负于先辈，不负于后人。村庄集体经济一天天壮大，村民都过上了幸福生活。我们能率先发展起来，与一二·九运动精神的指引是分不开的，与较早建立农村党支部的强大底蕴是分不开的，是宝贵的精神财富指引村党组织不断创造新的成绩。

王兰庄是一二·九运动中的"义教"点，一个"义"字和一个"教"字都非常重要。首先是"义"字，党对我们的教导义重恩深，我们王兰庄人要知党恩、跟党走；"教"字也至关重要，党领导的青年学生来到我们这里，给我们开启民智，传授革命和爱国思想，我们要秉承"义教"传统，教育好后代。我一直活跃在为村民服务的一线，带领全体村民创造了一些业绩，也获得了许多荣誉。我的名字是宝印，我的理解是：红色的烙印，红色的基因。红色印烙在心上，红色的基因融在血液里，潜移默化地指导着我和村支部班子的行动。

一二·九运动对于王兰庄的影响是深远的，王兰庄的发展历程是天津农村发展的一个缩影，也是一部农村基层党组织团结带领群众建设社会主义新农村的奋斗史。我们越来越清晰地认识到一二·九运动的精神血脉是宝贵的红色资源与精神财富，如何把王兰庄的爱国主义传统传承下去，成为王兰庄党支部长期重视的重大课题。

我担任支部书记以来，一直珍视一二·九运动与王兰庄的历史联系，尤其重视这方面的历史挖掘与现实教育意义。多年来，我坚持"走出去"和"请进来"的工作方法，在 20 世纪 80 年代，我们将曾参加一二·九运动和来王兰庄参加"义教"的部分爱国学生请回来，请他们重回这片热土，重温过去的激情，回忆讲述当初的峥嵘岁月，以教育后人。1985 年 5 月 7 日，贺龙元帅夫人薛明再次来到王兰庄。根据她的提议，开展了纪念一二·九运动五十周年活动，缅怀革命先辈，教育人民继承和发扬革命传统。就在当年的 12 月 9 日，天津市政府在王兰庄村建设了天津学生抗日救亡义教点旧址纪念碑，并举行了揭牌仪式。1987 年，在村中建成一座一二·九运动陈列馆，当时只陈列了部分老照片和一些沙盘，并不对外开放。2003 年，在纪念一二·九运动六十八周年之际，一二·九抗日救亡运动纪念馆落成开馆。展览馆设在一栋两层小楼内，建筑面积 400 多平方米。当时这个纪念馆由一二·九运动纪念广场、纪念碑和展览馆三部分组成，占地面积 2000 多平方米。2008 年，在保留原有一二·九运动纪念碑的基础上，配合周边整体规划，我们又设计了灯光水池、音乐喷泉、中式木廊、亭台小品、主题雕塑等景观，建成了一二·九主题公园。

王兰庄村举办庆祝中国共产党成立 100 周年活动。

建设一二·九运动纪念馆，对王兰庄而言，是具有标志意义的大事，意味着王兰庄村传承下来的精神坐标有了实物展示和依托，成为村庄的红色符号，成为我们基层党的建设的重要基地，逐步发展成市级红色教育阵地。作为中共天津市委党校（天津行政学院）教学基地，我们经常邀请党史专家和优秀党员模范来村讲座、授课与交流，通过对一二·九运动的回顾与讲述，结合王兰庄村多年的发展历程，教育党员群众不忘初心，牢记使命，担当担责，奋发有为。多年来,纪念馆接待党员干部群众特别是青年学生 15 万人次。

盛世修史,以史育人。进入新时代,我们坚持守正创新,开拓进取,以习近平新时代中国特色社会主义思想为指导,以新的视野与新的理念,对一二·九运动纪念馆进行提升改造,提升改建为沉浸式新型展馆,更好发挥一二·九运动主题党史纪念设施在教育青年中的作用与价值,为纪念一二·九运动作出新的贡献,为王兰庄村的红色记忆注入新的元素,也激励村党组织奋进新征程,进一步推动王兰庄村高质量发展,奋力谱写中国式现代化建设的王兰庄新篇章。

郭宝印:天津市西青区李七庄街王兰庄村股份经济合作社党总支书记。

王兰庄与天津一二·九抗日救亡运动纪念馆

翁芳芳

2023 年是中国共产党领导的一二·九抗日救亡学生运动 88 周年。作为天津市西青区第一个农村党组织，中国共产党王兰庄党支部的诞生地，走过了 87 年的风雨历程。在一二·九运动中，天津爱国学生在党的领导下，曾以王兰庄村为基地在天津市郊及周边地区开展了如火如荼的抗日救亡和义务教育活动，培养了一批抗日骨干。在此期间，该村发展了一批共产党员，建立了天津较早的农村党支部——王兰庄党支部，推动了天津郊区抗日救亡运动的开展。

2003 年，为纪念一二·九运动 68 周年，经市文物局批准，王兰庄村准备将"天津学生抗日救亡义务教育陈列馆"扩建成"天津一二·九抗日救亡运动纪念馆"，以激励和教育青少年牢记革命先辈英勇斗争的光辉历史。我有幸亲历了新馆改建的全过程，这成为我人生经历中最值得骄傲的事情。特别是访问老一辈革命家的时刻，真的是对心灵的洗礼。我们的来访引发了老人们的回忆，他们仿佛又回到了那段激情燃烧的岁月。

徐达本老人住在北京一四合院内，当年已是 90 岁高龄，老人儒雅谦和。他回忆说："当时的王兰庄虽然大都是识字不多的农民，心里却蕴藏着极大的革命热情，王兰庄是津郊农村较早建起的党支部，在后来的抗战和革命中发挥了极大的作用。"在我们的邀请下，徐达本老人欣然为纪念馆题写了馆名。

薛明是贺龙元帅的夫人，那年 87 岁。见面时老人家坐着轮椅，戴一款淡茶色眼镜，精神矍铄。听说我们来自天津王兰庄，老人家非常高兴，言谈话语都能感受到老人对王兰庄的感情。她说："我当年是以三八女中学生身份参加农村义务教育活动的，当年的王兰庄只有几十户人家，人们生活非常苦，但是群众对学生们非常热情……"当得知今天的王兰庄人要自己出资为这段历史建立永久性纪念馆的时候,薛明非常欣慰地说:"当年同学们来这里办义教,搞抗日救亡宣传,既是启发农民,也是教育我们自己。现在的王兰庄人民没有忘记学生们,恰恰证明当年党领导抗日救亡运动是有着深厚的群众基础的。"老人坚定的语气、深邃的眼神至今仍深深触动着我。

我们赶到姜思毅将军家时,已是日落时分,83 岁的老将军早已在客厅里等候。老将军说话开门见山:"我是 1936 年由姚依林同志介绍加入党组织的,当年国家内忧外患,人民的日子苦呀!所以我们才要革命,现在在改革开放的大好形势下国泰民安,王兰庄的村民们也都过上了好日子,真是让人高兴呀!"随后,将军还亲手签名,把他撰写的《生命线之歌》一书赠送给了我们。

翁芳芳与军事科学院副院长姜思毅合影

建馆结束后,我与王兰庄、与一二·九抗日救亡运动纪念馆也结下了深厚的情谊。当年爱国学生在王兰庄进行义务教育的身影一直影响着我、感动着我、鞭策着我。采访中，我仿佛看到了当年进步学生们在王兰庄忙碌的身影，仿佛听见了他们高唱革命歌曲时那嘹亮的声音，我感受到了老一辈无产阶级革命家执着奉献、心系群众、一心为民的品质。他们虽年事已高，但时刻关注着国家的变化、王兰庄的发展与百姓的幸福安宁。我们深深懂得，发生在王兰庄的这段历史，是一份多么宝贵的精神财富。

作为全国唯一的一二·九抗日救亡运动纪念馆所在地，同时也作为天津市农村较早建立的党支部，王兰庄几代共产党人经过艰苦努力、发愤图强，将一个曾经贫困落后的村庄，建设成为全国知名的社会主义新农村，让全体村民过上了富裕而幸福的生活，该村党组织也多次荣获天津市红旗党支部等光荣称号，这充分说明了在中国共产党的领导下，人民的生活才有了翻天覆地的变化，王兰庄的未来将更加充满生机和希望。

翁芳芳：天津市西青区文化馆副研究馆员。

一二·九运动前后的南开大学

徐　悦

南开大学诞生于五四运动的时代大潮之中，有着与生俱来的爱国主义传统和红色基因。在新民主主义革命时期，作为中国共产党在北方开展革命活动的重要阵地，南开大学在中国革命历史上谱写了光辉篇章。1935 年华北事变后，平津危急，在中国共产党的号召和领导下，北平学生于 12 月 9 日举行了声势浩大的爱国游行，由此掀起了中国人民抗日救亡运动的新高潮。在这场轰轰烈烈的运动中，南开大学以深厚的爱国传统成为运动的中坚力量，南开学子走在斗争的前列，并深入到广大民众之中宣传抗日主张，在南开大学校史上书写了光辉的一页。

一

爱国、救国、兴国、强国是南开大学的办学初心。从校父严修"勿志为达官贵人，而志为爱国志士"的期冀，到张伯苓校长"爱国三问"的呐喊，南开大学自创办以来，始终高扬爱国旗帜。从早期入学的周恩来、马骏等南开学子积极投身五四运动，到纪念五七国耻、声援五卅惨案、声讨三一八惨案等爱国行动，都活跃着南开学生的身影。随着中日民族矛盾的上升，南开大学的民主运动转向以抗日救亡为中心的反帝爱国斗争。1931 年九一八事变后，师生们立即组成国难急救会，以实际行动支持长城抗战，慰劳前方将士。南开大学成为天津市的抗日救亡中心之一。1934 年第十八届华北运动会上，南开啦啦队用紫白两色小旗打出"毋忘国耻""收复失地"等旗语，成为激励国人的爱国壮举。

1935 年以来，日本加紧侵华，平津危机日剧。作为一位深具使命感的爱国教育家，张伯苓感到:《何梅协定》签字以来，平津一带随时可有战祸。面对强敌，张校长临危不惧，呼吁南开人"应爱护母校，但尤应爱国"。他说:"天津如被侵袭，早受日人嫉视的南开学校，其遭遇破坏，自属必然。但我们不可因此对抗日有所顾虑。南开学校与整个国家比，实不算得顶重要。为救国而抗日，当不可顾虑本校之可能遭受破坏，甚至以此使南开学校片瓦不存，亦不足惜。"只要国家在，学校"何患不能恢复"，相反如果没有了国家，即使学校幸存，被敌人利用来愚弄国民，那"办南开学校，又有什么意义"? 在当年的南开大学开学典礼上，张伯苓校长向全体学生提出三个振聋发聩的问题:"你是中国人吗? 你爱中国吗? 你愿意中国好吗? "这发自肺腑的"爱国三问"，让南开学子们真切感受到了国家的危难和南开人的责任，极大地振奋了爱国斗志，做好了保家卫国的思想准备。

南开大学党组织是在党的北方领导机关及天津党组织的领导下建立的，经历了由弱小到壮大的曲折发展历程。周恩来、马骏、于方舟、陈镜湖等一批南开学子都是党的早期党员和地方党组织创始人。1926 年，南开大学教师范文澜加入中国共产党，在天津地委领导人傅茂公（彭真）的直接领导下，开展学校党的工作。1933 年 5 月，中共天津市委领导 8 个支部，南开大学党支部是其中之一。南开的党组织积极开展群众工作，团结带领进步师生投身革命洪流。

1935 年秋，沙兆豫（吴寄寒）、李明义（李哲人）等共产党员入学，在学生中组织了"铁流社"。这是一个团结进步学生的读书会组织，读书会成员秘密学习马克思主义著作和进步书刊，讨论国内国际形势。中国共产党《八一宣言》发表后，得到全国人民的拥护。为了加强校内学生抗日斗争的组织工作，"铁流社"团结进步同学改选了学生自治会。改选结果为在 17 名执行委员中，"铁流社"成员占了大多数，徐天语任主席，沙兆豫任秘书长。这就为一二·九运动中南开学生迅速响应并投入战斗做好了组织上的准备。

二

一二·九运动爆发后，包括南开大学在内的天津学界迅速响应，于1935年12月18日举行了声势浩大的抗日示威游行，有力地支持和配合了北平师生的爱国行动。天津一二一八大游行是一二·九运动的重要组成部分，南开大学是这次行动的重要发起者、组织者和参与者。

12月9日北平爱国学生运动爆发后，南开大学学生自治会立即派冷冰、阎沛霖等进步学生代表前往北大、清华了解情况，慰问受伤同学。南开代表在北平时，恰逢12月16日国民党原定成立冀察政务委员会的那一天，在北平学联的组织和领导下，爱国学生和市民举行了更大规模的示威游行。南开代表参加到游行队伍中，并及时赶回学校通报情况，联合天津各学校立即起来响应。

12月18日，由南开大学、南开中学等校学生组成的一路游行队伍，途经南马路、东南城角、东马路，直抵金钢桥南边。另一路由北洋大学、法商学院等校学生组成的队伍游行至金钢桥北边。两支队伍正准备汇合时，却遭到军警的阻拦。学生们群情激奋，高呼着"中国人不打中国人""欢迎爱国军警抗日"等口号，与反动军警展开搏斗，终于冲破阻拦，胜利会师。随后，两支队伍联合举行了声势更加浩大的抗日大游行。游行队伍到达南开中学操场，举行了群众大会，宣布成立"天津学生联合会"，选举南开大学、北洋大学和法商学院三校组成常务委员会，对天津市大中学校的学生运动实行统一领导，并与北平市学联保持联系。大会发表抗日宣言和通电，要求停止内战、一致抗日，学生有集会、结社和抗日的自由，并决定从19日起举行全市总罢课。

12月20日，300多名南开大学学生乘车南下请愿。火车到沧州被反动当局阻截，不能继续南行。蒋介石指派教育部高教司长及督学2人为专员，驰往沧州，强迫学生返校。被阻沧州时，同学们在天寒地冻中忍饥挨饿，不顾病痛，坚持斗争，向车上旅客和车站附近群众宣传抗日救国，连教育部前来劝阻的特派员亦被感动落泪。爱国学生的正义行动，得到当地群众的热情支持。津浦铁路工会、沧县中学、泊镇师范以及当地驻军都来慰问，津浦员工消费合作社还给学生们送来大米。12 月 23 日，同学们返回学校，继续罢课斗争。

南开学生南下请愿，产生了极大的社会影响。《大公报》特发表短评指出："南大的学风，在华北是一大特色，这些优秀青年的爱国纯情，可以使人敬佩……南大此次是单独行动，其目的就是为到京请愿表示意见，我们盼望诸君，常能给学界表示模范的精神与行为。"迫于全国学生运动的压力，国民政府同意各校代表到南京表达意见。1936 年 1 月 11 日，张伯苓校长带领冷冰等 3 名学生代表前往南京，向国民政府提出颁明救国方针、宣布华北屡次外交真相、切实保障华北安定与华北教育等要求。

一二一八大游行和一二二〇南下请愿，有力地传播了中国共产党的团结抗日主张，极大地提高了广大师生的抗日觉悟，从而揭开了南开大学抗日救亡运动新的一页。

三

一二·九运动后，在中国共产党的领导下，南开大学的抗日爱国运动有了新的发展。根据党的"到农村去、到士兵中去、到工厂中去"的号召，许多南开学子参加了平津学生联合会组织的"平津南下扩大宣传团"，深入河北农村进行抗日宣传。1936 年 1 月 2 日，南开大学等校学生组成的天津宣传团正式出发，经杨村、黄村、安次、永清，到达固安县，同北平宣传团汇合。同学们沿途用演讲、演剧、唱歌、发传单、写标语等多种方式，进行抗日救亡宣传，受到当地农民群众的热烈欢迎。此外，还有部分南开学生去往皖南、浙江西部等地宣传抗日。他们用了一个多月的时间，步行千余里，经过 20 余个县城，沿途散发宣传单，报告华北抗日情况，扩大了抗日救亡运动的影响。

南开大学的党组织也在抗日救亡斗争中得到发展。1936 年 2 月，平津南下宣传团的学生们返城后，根据党的指示，组建"中华民族解放先锋队"（简称"民先队"）。这个组织成为当时党团结广大青年进行抗日斗争的核心。南开大学"民先队"是以"铁流社"为核心建立起来的。1936年，朱家瑜（朱丹）、程人士（程宏毅）、贾明庸（秦雨屏）、刘毓璠等南开学生先后入党。同年7月，南开大学党支部成立，程人士任党支部书记、贾明庸任组织委员、刘毓璠任宣传委员。后来，程人士调任天津学生区委员会书记，南开大学党支部先后由贾明庸、刘毓璠主持工作。1936年5月28日，为反抗日本加紧侵略华北的态势，天津爱国师生再次举行了大规模示威游行。南开大学是南路队伍的主力，南开学生自治会主席徐天语担任游行总指挥，李明义、程人士、沙兆豫、王绥昌等组成纠察队走在队伍前列，高呼口号，发放传单，宣传抗日，鼓舞人们抗日的决心与士气。这些学生党员在斗争中得到了锻炼，切实发挥了先锋带头作用。

1936年5月28日，在中共中央北方局和天津市委领导下，天津爱国学生举行抗日救亡游行。图为爱国学生游行场景。

在党的领导下，南开大学学生运动开始突破请愿、游行的旧格局，踏上与工农相结合的道路。许多"民先队"队员和进步学生参加了学联组织的农村义务教育活动。他们到天津郊区的小园、姜井、王兰庄一带开办小学和识字班,程人士、贾明庸等负责编写教材。同学们与农民同吃同住,白天给儿童上课,晚上教村民识字,教唱救亡歌曲,用生动的形式向人们宣传党的抗日主张,扩大了抗日救亡运动的群众基础。后来,这些小学和识字班先后转交给当地,并在王兰庄发展了党员,建立了党支部。农村义务教育活动不但教育了群众,也使参加义教活动的同学对广大劳苦农民有了更深入的接触和了解,思想上有了很大进步。

强烈的爱国主义、浓厚的家国情怀,使南开园成为滋养进步思想的沃土、培育爱国志士的摇篮。许多深受南开爱国主义教育的青年学生,积极投入一二·九运动,后来走上了抗日革命的道路,成为党和国家各条战线上的骨干。

刘毓璠 1935 年考入南开大学经济系,1936 年正式加入中国共产党,曾主持南开大学党支部工作。七七事变后,他奔赴山西八路军总部参加抗战。1942 年5 月,在太行山区反扫荡战斗中壮烈牺牲,时年 27 岁。

与刘毓璠同年考入南开大学的何懋勋,成绩优异,思想进步,积极参加一二·九运动,并加入了"中华民族解放先锋队"。抗战爆发后,他随校南迁,进入长沙临时大学读书,并继续进行抗日宣传活动。1937 年 11 月,他响应党的号召,投笔从戎,北上抗日,1938 年 3 月赴鲁西北抗日根据地参加抗日工作,任山东省第六区游击司令部青年抗日挺进大队参谋长,同年 8 月在战斗中英勇牺牲,年仅 21 岁。当年 11 月 22 日的《新华日报》报道了"南开大学学生何懋勋在鲁殉职"的消息。

冷冰 1934 年考入南开大学,是一二·九运动期间的重要学生骨干。他作为南开大学学生自治会的代表赴北平慰问伤者,后随张伯苓校长往南京面见蒋介石,陈述抗日主张与正义要求,回校后勇敢地继续投入抗日爱国斗争。七七事变后,他放弃了家庭送他出国留学的安排,毅然地走上了抗战的革命道路,于

1937 年 12 月正式加入中国共产党，并在周恩来的建议下，将名字改为冷新华，意在"抗战胜利，新我中华"。经过敌后游击战争、解放战争艰苦环境的考验，冷新华逐渐从一名普通的军官成长为受党信赖、战士爱戴、人民夸赞的优秀高级指挥员，1955 年 9 月 28 日被中华人民共和国国防部授予大校军衔。他长期从事中国人民解放军的政治工作和炮兵院校工作，具有丰富的理论修养和政治工作经验，为培养新中国炮兵作出了积极贡献。

他们用青春、热血乃至生命诠释了爱国奉献的精神内涵，以及对国家民族的忠诚担当，为中国革命事业的发展贡献出南开力量，是南开学子将"爱国之心"化作"报国之行"的优秀榜样！

沧海横流，八十多年来，一二·九爱国运动精神激励着一代又一代南开人，自强不息，砥砺前行，走出了一条与国家民族紧相联、与时代社会相偕行的爱国奋斗之路。南开大学形成了纪念一二·九运动的历史传统。每年 12 月 9 日这一天，南开师生都会以接力长跑、主题宣讲、思政微课、话剧表演、文体活动等丰富多彩的形式，举行纪念活动，号召南开学子传承"一二·九"精神，发扬爱国传统，赓续红色血脉，勇担历史使命，争做时代新人，为实现中华民族伟大复兴而不懈奋斗。

徐悦:南开大学党委宣传部校史研究室副编审。

走在时代的前列

——一二·九抗日救亡运动中的北洋学子

张世轶

天津大学（原北洋大学）是中国第一所现代大学，诞生于民族危亡之际，自觉肩负兴学强国使命，探索挽救国家危亡的强国道路。在党的领导下，甘于牺牲，爱国奉献是天津大学优良的革命传统，更是兴学强国使命和精神的具体表现，经过128年的凝塑，已然成为怀着深厚家国情怀的天大北洋人内在的品格和价值判断。中国共产党历史和中国革命历史上伟大的一二·九抗日救亡运动，作为天大北洋人价值塑造和品格形成过程中的重要滋养和宝贵资源，永远激励青年学子在中国共产党领导下，始终走在时代前列，为中华民族伟大复兴而不懈奋斗。

北洋大学（北洋工学院）旧址

★ 抗日爱国的校园——走出不惧生死的师生

1931年九一八事变爆发，日本帝国主义悍然侵略我国东北。面对国家危亡，北洋大学义愤填膺地投入到抗日救国运动中，接收多名辗转飘零的东北大学失学学生。当年书生意气，一朝救国斗士。北洋代理院长、教务长王季绪阐言，"言救国须工业，但救国之最低限度为保全领土"，通电全国，呼吁政府出兵抗日，毅然以绝食抗议。北洋学生走上街头游行抗议，赴北平请愿，赴南京请愿，当面向蒋介石递交了抗日救亡请愿书。北洋师生生死决绝地践行"要实地把中华改造"的强大信念，呼吁抗日救国，推动社会觉醒，其宏大决心和气魄在御辱爱国的抗日救亡活动放射耀眼的光芒，发挥着独特的启蒙启智作用，赢得了社会广泛赞誉。

日本侵略者在侵占东北后，加紧了对华北的争夺，国民政府昏聩，领土渐失，民族生存危机日趋严峻。1935年，日军将侵略魔爪伸向整个华北地区。6月，察哈尔省主权在《秦土协定》中丧失。在日军胁迫下，国民党"中央军"撤出平津和河北。随后，国民政府华北代表何应钦与日本驻屯军司令梅津美治郎签订《何梅协定》。国民党实际上放弃对华北的行政管辖，取消了在河北及平津的党部，撤出了驻河北的东北军、中央军和宪兵第三团，撤换了国民党河北省主席及平津两市市长，取缔了河北省的反日团体和反日活动。为加快实现鲸吞华北图谋，日军策动"华北防共自治政府"，不断制造"华北五省（指河北、山西、山东、察哈尔、绥远）联合自治""华北五省独立"的事端，引起平津师生的强烈愤慨。"华北之大，已经安放不得一张平静的书桌了！"

在此期间，以共产党员和进步学生为核心的北洋学生自治会恢复活动，许多同学参加进步团体、阅读进步报书和社会科学书籍，探索挽救国家希望和争取民族解放的道路。在共产党员和进步学生带动下，北洋学生开展宣传、进行募捐，支持东北抗日武装斗争、支援二十九军喜峰口抗战、支援冯玉祥抗日同盟军察北抗战，同时号召抵制日货、开展反对日商武装走私的斗争，迎接抗日救亡新高潮的到来。

★ 实事求是的学校——走出矢志不渝的学子

面对华北危局，中国共产党挺身而出，以坚决的抗日救亡主张照亮了民族精神，引燃了中华民族的希望。1935 年 8 月 1 日，中国共产党驻共产国际代表团草拟了《中国苏维埃政府、中国共产党中央为抗日救国告全体同胞书》（即《八一宣言》），指出"我国家、我民族，已处在千钧一发的生死关头。抗日则生，不抗日则死，抗日救国，已成为每个同胞的神圣天职！"号召停止内战，建立民族统一战线，实行全国人民总动员，起来抗日救国，得到教育界、知识界等全国各界人士热烈拥护。平津学生积极响应党的号召。11 月 1 日，平津十校学生自治会共同发表《为抗日救国争自由宣言》，在民族危亡时刻发出抗日救亡呐喊呼号。

在中国共产党的领导和号召下，1935 年 12 月 9 日，北平爱国学生举行声势浩大的抗日游行，反对日军入侵华北，反对华北自治，反对国民政府的卖国内战政策，要求停止内战，一致对外。游行队伍遭到国民党军警镇压，其后各地学生响应声援，迅速演化为全国性的抗日救亡运动。这次被称为一二·九运动的创举，迎来了全国抗日救国运动的新高潮。

北平学生的爱国壮举震动全国。天津学生立即响应，消息传到北洋大学，同学们心情极为振奋，北洋学生走在抗日救亡运动的前列，爱国学生与危难的国家同呼吸共命运，一同迎接时代思想与革命洗礼。

北洋历来是革命的先锋。北洋学生自治会立即召开会议，讨论响应北平同学的行动，加强与法商学院等天津各院校联系，积极筹备响应行动。在北洋学生会的倡议下，召开了天津各大中学的学生联谊会（即天津学联），决定在 12 月 18 日上午举行大规模的示威游行，学联接受地下党员、法商学院教授杨秀峰等提出的为了抗日统一战线的需要，争取宋哲元抗日的建议，口号中不再提

"打倒宋哲元"。

天津各校行动起来了。在党的领导下，北洋大学会同天津各校商定举行一二一八示威大游行。12月18日，天津学生冲破国民党当局禁令，走上街头，反对日本帝国主义侵略，反对成立冀察政务委员会，反对华北五省自治。"大家到操场列队，整队出发。刚出校门，天津工商学院及附近其他学校的同学们也列队前来相接，于是汇成浩浩荡荡的大军，向市区进发。"这是一次生与死的考验。

1935年12月18日，天津爱国学生举行声势浩大的抗日救国示威游行。图为爱国学生游行场景。

根据北洋学子钱万生（宗群）的回忆，"北洋大学全校的百分之九十以上的师生参加了，有三百多人。来自法商学院、河北工学院、河北女子师范学院及多家中等学校，他们先后冲破学校的阻挠，汇集在大经路、金钢桥头。北洋大学的队伍在北路大队的前列"。

队伍行进到金钢桥，遭遇桥上荷枪实弹的保安队军警士兵的拦截。"同学们手挽手，再加上不断劝说，虽然不少人挨了枪托，但终于冲破他们的封锁线。"虽然有同学受了伤，但学生们冲上了金钢桥与南路的南开大学的学生在桥上最终会合了。南路队伍向后转，两路大军通过金钢桥。全部游行队伍有几千人，在官银号发传单、讲演、进行宣传。同学们高呼"停止内战，一致抗日""反对华北自治运动""打倒日本帝国主义"等口号。

汇合后的多家天津学校决定成立天津学生联合会（即天津学联），并选举出由北洋大学、南开大学和法商学院三校组成的常务委员会。天津学联发表了抗日宣言和通电，决定举行天津学生总罢课。在北平学生联合会（北平学联）和天津学生联合会（天津学联）的基础上，组建了平津学生联合会，平津学生运动由此更加紧密地联系在一起，其影响波及全国。

平津学生联合会也注重与南方的学校加强联系。北洋学生马龙翔也是到南方学校联络的一分子。他回忆，"在1935年的严寒时节，我和其他两个学校的学生代表，以平津学生联合会的名义到南方去串联。我先去南京金陵大学，后到杭州的浙江大学。这些学校的同学也正在开展这场运动，并且遭到当地反动当局的压制。事实上，除北平及天津外，杭州、上海、南京、武汉、广州、西安、济南、重庆等三十余个大城市的学生，都相继举行了声势浩大的示威游行。"

党领导下的一二·九运动，全面揭露出日本吞并华北进而灭亡中国的阴谋，有力打击了国民党的妥协退让政策，"极大地促进了中华民族的觉醒，标志着中国人民抗日救亡运动新高潮的到来"。

★ 爱国奉献的学校——走出胸怀家国的学子

青年学生的斗争与广大工农的斗争结合起来，才有可能发挥更大的伟力，推动抗日救亡运动向纵深发展。青年要走出城市，转向工厂、农村，特别是深入附近的农村进行宣传动员，到工农群众中间去。

平津学联根据党的号召，组织青年学生深入农村，扩大抗日宣传，决定于1936年1月初，组织平津两市学生举行南下扩大宣传。北平学联的组织动员工作从1935年12月下旬启动，准备到北平西南各县农村去宣传抗日救亡。天津学联决定积极参加。北洋学子徐达本就是其中一位参与组织者。他回忆，"当时，我是学校（北洋）学生会的干部，负责校际联络工作。寒假期间，我串联了天津各大、中学，准备统一行动。北平学联向天津学联建议，在寒假期间联合组织南下学生宣传团，拟以徒步下乡的方式，发动抗日救国的新浪潮。天津学生立即响应了这个建议，认为它不仅能够反击国民政府试图通过学校当局瓦解学生抗日运动的阴谋，同时也为学生们提供了一个不可多得的深入农村、唤起农民参加抗日的好机会……两个地区的学联共组织了4个宣传团（第一、二、三团由北平学生组成，第四团由天津学生组成）。"

平津南下扩大宣传团由此建立，斗争目标和内容是组织学生到河北农村进行抗日宣传。天津学生五百多人组建南下扩大宣传团，沿平汉线南下，到河北农村向农民作抗日救国宣传，定于1936年1月1日晨起出发。

北洋学生会召开全体学生大会，会上决定除留守人员和即将毕业的同学外，一律参加。出发当日，天津各校均遭到军警包围阻拦，北洋学生从宿舍后面溜出，经北运河过冰疾行，向杨村集结。天津以北洋学生为主组成的第四团约250人，其中北洋学生166人，于1月1日早晨出发。从天津徒步经武清县、安次县、永清县。北洋学子钱万生任当时第四团三大队的副队长。根据他的回忆，"第四团按年级编队，共组成四个大队，大队下设小队，作为基本宣传单位。当时我任三大队副队长。大队行进的路线是武清、安次方向。队伍沿途进行宣传，结合群众感受，讲解抗日救国道理，他们是受欢迎的，还有的群众喜欢听救亡歌曲，所以同学们一进村就唱了起来。'中华民国二十年哪，九月十八那一天哪，关东起狼烟……''二月里来呀龙抬头哪，宋哲元坐了外交楼，几千里地都归洋人管……'"

队伍徒步行进中，规模也不断壮大，陆续有来自天津法商学院、汇文中学的同学赶来加入，行进的目标也从到安次县调整为到固安县与北平的队伍汇合。经过一周的行进，第四团于1月7日到达固安县。在钱万生的回忆中，"这一周的农村生活,是对全体同志一次艰苦的锻炼。正当数九寒冬,狂风怒号。步行数百里,有时白天吃不上饭,喝不到水。晚上睡在破庙里或者小学校的干草铺上,但大家硬是挺了下来。"

同学们向沿途村庄的农民进行形式多样灵活的宣传,向他们讲述停止内战,国共合作才能共同抗日的道理,反对国民党不抵抗日本侵略军政策。"我们每进一个村庄,就向群众唱救亡歌曲,如《义勇军进行曲》《救亡进行曲》等。我们还组成了话剧团,表演自编节目,受到了各村民的欢迎。"

平津学联南下扩大宣传团第一、二、三、四团会合于固安,召开了宣传团全体大会,呼吁停止内战,共同抗日。在短暂停留后,宣传团作出了继续南下的决定。

平津学生南下宣传团演出街头活报剧《打回老家去》和《放下你的鞭子》。

北洋学生所在的第四团,派出丁仲文等10位同学和来自法商、汇文的6位同学继续南下,其他成员于1月12日返抵学校所在地天津。根据北洋校史记载,"北洋学生南下宣传,原计划到固安县为止,因大队人马继续南下,有很多实际困难,经讨论决定,派张多疆(丁仲文)、陈垚德(陈志远)、林心贤、孙景芳、刘讷、冯有申、于奇（于大章）、贾克昌、高不危等十人随北平同学继续南下，其余同学返校，继续南下的同学经过一番周折，到达保定进行宣传。"

平津学生南下宣传，意义重大。参加宣传的学子深切地感受到，"学生斗争和工农斗争的结合，使抗日救国运动出现了新的面貌"。学生每到一处就积极开展宣传鼓动工作，向农民工人宣传抗日救亡，进行了抗战到底的思想动员，扩大了抗日救亡运动的影响。广大青年学生与工农群众相结合，作为"知识分子到农村"去这一革命理论的有效实践，促进了爱国青年的素质养成和能力锻炼，使他们在政治上迅速成熟起来，迅速成长为党领导下的坚强战士。

★ 矢志创新的学校——走出勇作先锋的学子

北平各团和天津十几位继续南下的同学，经过黎阳、霸县、雄县，不辞辛劳到达保定宣传抗议，在河北省政府前高呼"打倒日本帝国主义""反对晋察政务委员会"等口号。1936年1月22日（一说为1月19日），宣传团成员暂住的保定同仁中学遭到国民党军警包围，随即学生将要被押解回北平。就是这样一个惊心动魄的紧迫夜晚，宣传团成员并没有自怨自艾，没有畏手畏脚，连夜讨论对策，讨论未来的存亡。

先进青年应建立一个统一的革命组织。北洋学生张多疆等人提议建立中华民族解放先锋队（简称"民先队"），当场一致赞成。"大家认为，不能就此结束，需要建立一个永久性的组织，更好地进行斗争。经过大家讨论，有人记得是北洋同学丁仲文提出来的，组织名称最好叫'中华民族解放先锋队'，大家同意了，决定建立'民先队'。"

徐达本的回忆也印证这一点。"为了更有力地抵制军警，北平和天津学联开会研究对策。大家认为，两地学生应成立一个统一组织。此时北洋大学学生自治会干部张多疆建议，组织成立由共产党直接领导的'中华民族解放先锋队'。"

1月23日，宣传团成员被迫启程返回北平。随后，平津南下扩大宣传团在北京大学召开各团代表会议，通过了在保定的创议。北洋大学继续南下宣传的10位同学，在1月30日返达学校，将在保定形成的建设先锋组织的决议也带回了学校，着手准备。1936年2月初，基于平津学联南下扩大宣传团的组织基础，"中华民族解放先锋队"这一先进的青年组织正式诞生，很快发展到2万余人，对团结广大青年，促进抗日救亡运动发挥了重要作用。

中华民族解放先锋队组织有序，结构严密，逐步发展为全国性的进步青年运动。根据北洋学子钱万生的描述："'民先队'组织系统，大体是这样的：全国设总队部，大区一级设有队部，省、市设立地方队部。地方队伍设队长，秘书长，组织，宣传，训练、交通各部部长一人。各工厂、学校等大单位设大队或分队，设队长和组织、宣传委员各一人。在大队，分队下设小队。小队设小队长一人。一小队约10人。"

1936年2月上旬，北洋大学的抗日青年学生积极分子在校开会，宣告成立北洋大学中华民族解放先锋队，逐渐成长为领导北洋学生运动的骨干力量。

徐达本是其中的一员，回顾这段过往，他豪情满怀。"在这次成立大会上，同学们充满了豪情斗志，高唱《国际歌》，宣誓为解放中华民族而奋斗。'民先'设有队长、组织委员和宣传委员以及小队长。第一批'民先'成员包括去南下宣传的张多疆、陈垚德、林心贤、孙景芳、刘纳、冯有申、于奇、马克昌、傅景洪、朱树荣、刘莹、王从善、曲圭田、邹高清、钱万生、孙洞和我等二十多人。张多疆、刘纳和我负责北洋'民先'与天津'民先'、天津学联的联络工作。从此，我成为中共地下党的外围组织成员，把自己的心身投入革命事业。"

北洋大学"民先队"不断发展壮大，王兰庄成为北洋大学"民先队"活动的重要阵地。在这里北洋学生开设"义校"，建识字班，用灵活多样、百姓群众容易接受的形式传播思想，启智文化，做思想动员。

钱万生是北洋大学"民先队"的早期成员，在"民先队"的经历他终生难忘。"时间是1936年2月上旬。我较早地参加了'民先队'，随后约在春夏之交我被推选为北洋大学的'民先'分队长，从此救亡工作更多起来。当时北洋大学'民先'队员已经有四五十人了，那时的工作由'民先'起骨干作用的王兰庄的'义校'和识字班，由丁仲文（张多疆）、徐达本主持。有新声歌咏团，由孙景芳主持。北洋'民先队'经常组织演出抗日救亡独幕剧，我有一次随着演出队到杨柳青，那次演的是《一颗炸弹》。'民先队'部还办有刊物叫《时事新报》，它是通过时事宣传抗日救国。"爱国救国、抗日救亡始终是平津两地"民先队"骨干之间相互交流的主题。

在党的领导下，北洋学子在伟大的一二·九运动及抗日救亡斗争中迅速成长，勇敢地走在时代的前列。一二·九运动迸发出反抗侵略的革命火种，从京津地区开始，迅速在各地蔓延，汇集为全民族抗战的熊熊烈火，点燃了中华儿女驱逐日寇的斗争激情与坚定决心。爱国青年学生的英雄创举带动了工人、农民、小资产阶级在内的国内各阶层爱国人士，全国范围的抗日救亡运动高潮很快到来。中华民族解放先锋队作为中国共产党领导下的抗日青年的群众性组织，在抗日救亡运动和抗日战争中始终战斗在最前线，用鲜血和生命谱写了壮美的青春之歌。青年强，则国家强。习近平总书记指出："历史和现实都告诉我们，青年一代有理想、有担当，国家就有前途，民族就有希望，实现我们的发展目标就有源源不断的强大力量。"当代中国青年生逢其时，施展才干的舞台无比广阔，实现梦想的前景无比光明。学习弘扬一二·九运动伟大精神，新时代天大学子在中国共产党领导下，传承革命先辈的红色血脉，肩负起新时代赋予的使命责任，勤奋学习，刻苦钻研，怀抱梦想，脚踏实地，用双脚丈量祖国大地，用内心感受时代脉搏，用真情服务人民群众，让青春在全面建设社会主义现代化国家的火热实践中绽放绚丽之花。

张世轶：天津大学大学文化与校史研究所副所长、副研究馆员。

一二·九精神激励王兰庄青年不懈奋斗

李德良

一二·九运动集中体现了 20 世纪 30 年代青年学生在中国共产党的领导下,对自身肩负抗日救亡历史使命的担当。一二·九运动充分证明:没有中国共产党的坚强领导,就不会有中华民族伟大复兴的实现;广大青年在党的领导下,紧紧地与中国最广大的人民群众相结合,植根于工农群众中,才能迸发出巨大力量,成就中华民族伟大复兴的历史伟业。在一二·九精神的激励下,王兰庄青年在党的领导下投身革命、建设、改革、奋进新时代的伟大征程,为乡村振兴不懈奋斗。

★ 一二·九运动为王兰庄青年留下宝贵精神财富

一二·九运动是爆发于北平的爱国学生运动,广大爱国学生在中国共产党领导下,反对日本帝国主义侵略、抗议国民政府对外妥协投降政策,掀起抗日救亡运动新高潮。在党的领导下,天津青年学生怀着炽热的爱国热情走出校门,积极响应北平爱国学生行动,北洋工学院、南开大学、法商学院、扶轮中学、南开中学等校学生踊跃地走上街头,举行一二一八大游行。在党组织领导下,天津市学生联合会于 12 月 28 日正式宣告成立,1936 年 4 月改名为天津学生救国联合会,并在内部建立了党团组织。在党领导下,天津学联于 1936 年 5 月 28 日组织发动反日大游行,即五二八抗日大游行,有力地推动了天津抗日救亡运动的蓬勃开展。为进一步推动暑期抗日救亡运动深入发展,天津市委要求学联和"民先队"在巩固学校抗日救亡斗争阵地的基础上,组织广大青年学生利用暑假走向社会,在工农群众中开展抗日爱国宣传,引导青年学生继续沿着同群众相结合的道路前进。在党组织的安排下，"民先队"队员和爱国学生深入市郊的王兰庄、姜井和小园等村，以开办识字班、教唱爱国歌曲、编演抗日话剧等形式，在广大工农群众中开展"义教"活动。"义教"点免费发给学生课本和练习本、铅笔、石笔、石板等，教员住在村里，生活费自己负担。通过兴办平民子弟学校、妇女识字班，演出话剧《放下你的鞭子》，教唱《到敌人后方去》《义勇军进行曲》等抗日歌曲，这些爱国青年学生在农村"义教"活动中锻炼成长，在政治上不断成熟，在党组织的领导下，坚定地走上革命道路。爱国学生"义教"活动唤起了当地群众的政治觉悟，在进步农民青年中培养了一批积极分子，成为当地农民运动和抗日斗争的骨干力量。此后，党组织相继派慕湘、路平、余力步、崔建华等同志以"义教"为掩护常驻王兰庄，开展抗日救亡斗争和建党的工作。1936年9月，王兰庄党支部建立，直接受市委领导。到年底，党员共发展到10名。王兰庄党支部建立后，领导当地群众投身抗日救亡运动，在艰苦的环境中为抗战胜利作出积极贡献。

一二·九运动"义教"历史作为王兰庄弥足珍贵的精神财富，始终激励进步青年和广大群众紧紧跟随中国共产党，为中华民族伟大复兴、国家独立解放、乡村建设发展而不懈奋斗。八十多年来，王兰庄青年在党的领导下，以高度的政治责任感和历史使命感传承弘扬一二·九精神，不忘初心、牢记使命，在革命、建设、改革和奋进新时代历史征程上奋勇前进，书写了津郊农村党建引领乡村振兴的重要篇章。

★ 发挥好一二·九红色资源的教育作用

八十多年来，"义教"活动所承载的一二·九精神，化为深沉的历史文化给予王兰庄殷殷滋养，激励着一代代王兰庄青年在党的带领下不懈奋斗。传承弘扬一二·九精神也成为一代代王兰庄青年的思想自觉与行动自觉。

1985年5月7日，一二·九运动50周年之际，贺龙夫人薛明偕陈凯访问了西青区李七庄街王兰庄村,回忆起当年老战友,也就是王兰庄村的第一任党支部书记刘振奎和开展义教活动场景,不禁感慨万千。后在天津市委、市政府支持下,决定在王兰庄建立天津学生抗日救亡"义教"点陈列馆,作为天津学生到农村开展爱国主义义教活动的纪念地,面向社会开放。陈列馆于1987年2月9日落成,后扩建为天津一二·九抗日救亡学生运动纪念馆,为开展爱国主义教育提供了一个很好的阵地。在一二·九抗日救亡纪念馆中保留着许多珍贵的历史照片。其中的一张照片反映的是当年学生们教村里农民做体操的情景,地点就在王兰庄村里的假山上,这里被人们称为"老台子"。作为王兰村的重要红色景点,"老台子"在村庄改造中依然保留下来,成为"义教"活动的重要见证。还有一张图片展示的是当时学生们在王兰庄生活的情况,他们不怕苦不怕累,住在小土房里,吃的是窝头咸菜,喝的是苦涩的井水,有的女同学甚至住在牲口棚隔壁,他们以苦为荣,闯过了艰苦生活考验。

据我了解,以一二·九运动为主题纪念馆全国仅此一处,纪念馆始终免费对外开放,吸引了社会各界人士来参观学习。一二·九抗日救亡运动纪念馆是王兰庄村开展党团活动的重要阵地,在开展爱国主义教育和党性教育方面,发

王兰庄村领导班子全体成员在天津一二·九抗日救亡运动纪念馆开展党日活动。

挥着重要作用。当年作为共青团员,我曾经常在此参加组织活动,感受爱国青年在民族危亡时刻的献身精神,回忆起来仍历历在目,心中很受触动。一二·九纪念馆是天津市爱国主义教育基地,也是全市重要的红色资源,作为王兰庄人,我既感到非常自豪,也感到有责任把一二·九"义教"红色资源保护好运用好,把一二·九精神传承好弘扬好。

★ 在历史传承中肩负起新时代青年使命

习近平总书记指出:"无论过去、现在还是未来,中国青年始终是实现中华民族伟大复兴的先锋力量!"在中国共产党的领导下,一二·九运动揭露了日本吞并华北进而独占中国的阴谋,打击了国民党的妥协退让政策,极大地促进了中华民族的觉醒,标志着中国人民抗日救亡民主运动新高潮的到来,为抗日战争和中国革命事业准备了一批骨干力量,具有重要政治意义和历史意义。

学习一二·九运动历史,就要继承和弘扬爱国主义传统,坚定跟党走中国特色社会主义道路的信念和决心,将个人理想追求与国家民族的命运紧密结合,实现个人成长与社会进步的有机统一。当年,在民族存亡的危难之际,青年学生挺身而出,奋起抗争,掀起了席卷全国的一二·九抗日救亡浪潮。爱国情怀、报国之志背后,是中国青年对国家、民族的责任与担当。这一份责任不因时代而改变,是我们不可或缺的精神传承。

进入新时代,中华民族伟大复兴迎来光明的前景,今天的中国日益走近世界舞台的中央。新时代的中国青年,不再直面民族屈辱感伤,有的是国家日益强大的骄傲;不再直面列强侵略欺凌,有的是大国公民的自信豪情。新的历史时期,爱国的具体表现可能有所不同。但是,青年对国家对民族的责任一如既往,从未改变。新的时代背景下,爱国就是秉持创新求变的精神,担负起历史所赋予的使命,为实现中华民族伟大复兴贡献力量。

与党同心、树立爱国报国的情怀,是青年成长成才的基础。习近平总书记在纪念中国人民抗日战争暨世界反法西斯战争胜利 69 周年座谈会上的讲话中指出："以爱国主义为核心的伟大民族精神是中国人民抗日战争胜利的决定因素。"这种精神在一二·九运动中得到了有力的展示。八十多年前，正是"天下兴亡，匹夫有责"的爱国情怀，鼓舞着青年一代为捍卫民族利益和国家尊严而大声呐喊；八十多年后，它仍应成为广大青年报效祖国、为实现中华民族伟大复兴而奋斗的强大精神动力。

中国共产党自诞生之日就成为中国青年进步的灯塔。一二·九运动后，广大进步青年掀起了奔赴延安的热潮，在中国共产党领导下为民族解放、国家振兴拼搏奋斗，最终迎来了新中国的诞生。一代又一代的有志青年，投身于革命、建设、改革和奋进新时代的伟大事业，推动了社会进步、实现了人生价值。历史和现实充分证明，广大青年只有紧密团结在中国共产党的周围，高举爱国主义旗帜，坚定中国特色社会主义的道路自信、理论自信、制度自信、文化自信，才能找到正确的前进方向，担负起新时代赋予的历史使命。与祖国人民同行、与时代脉搏同频，是青年干事成才的关键。一二·九运动中，广大青年响应党的号召，深入工农群众中，进行抗日救国宣传和组织动员，为抗日民族统一战线的建立奠定了坚实基础。在新中国建设和改革开放的伟大征程中，到群众中去，与实践相结合，始终成为一代又一代青年拼搏奋斗的人生坐标。奋进新征程，建功新时代，既为当代青年提供施展才华的广阔空间，也明确了当代青年成长奋斗的努力方向。此时，需要担当奉献精神，始终保持干事创业的蓬勃朝气，顺应时代潮流，将自己融入人民群众，在继往开来中建功立业。

一二·九伟大精神以及爱国青年们奋起抗战的伟大壮举始终鼓舞激励着王兰庄青年，沿着革命先辈的足迹继续不断前进，在中华民族伟大复兴的道路上，不断书写精彩的人生华章。

李德良：天津市西青区李七庄街王兰庄村股份经济合作社党总支副书记。

党旗升起的地方

孙美月

> 每当我静坐在历史面前
> 看见 1935 年的冬天
> 中国干裂的土地
> 开着美丽的野菊花
> 血迹未干
> 暗香又在眼睛里流动

这是一位诗人对一二·九运动的纪念诗句，字里行间都带有刺骨朔风的峥嵘岁月。读着这诗句，我仿佛听见多年以前，青年学生痛切地呐喊："华北之大，已经安放不得一张平静的书桌了。"

我生活在赤龙河畔那个党旗升起的地方，生活在与一二·九运动和一二·九精神有着八十多年历史渊源的王兰庄村。2003 年，我进入天津一二·九抗日救亡运动纪念馆工作，现任天津一二·九抗日救亡运动纪念馆馆长、王兰庄村股份经济合作社文明办主任、津兰集团办公室副主任、村团支部书记，王兰庄中心小学、蔡台小学特聘思政课教师。

一二·九运动又称为一二·九抗日救亡运动。1935 年 12 月 9 日，北平大中学校学生在中国共产党的发动和领导下，数千人举行抗日救国示威游行，反对华北自治，反抗日本帝国主义，要求保卫中国领土的完整。天津爱国学生积极响应，在天津党组织领导下，于 1935 年 12 月 18 日在天津举行了一二一八大游行，声援北平学生爱国行动。一二·九运动继承五四运动的光荣传统，广泛地宣传中国共产党"停止内战、一致对外"的抗日主张,掀起了全国抗日救亡运动的新高潮。

知识分子和工农群众相结合是中国青年运动发展的必由之路。学生青年虽是反帝反封建的一个重要方面军,但仅靠学生青年是不能战胜敌人的,还需要团结反帝反封建的主力军——工农大众,知识分子与工农群众结合,在一二·九运动中最突出的是组建平津学生南下扩大宣传团。1936 年 1 月,平津南下扩大宣传团成员约 500 人冒着生命危险,深入河北农村,通过召开民众大会和座谈会、演抗日话剧、教群众唱救亡歌曲等各种方式,号召民众起来抗日救国。我们的王兰庄村就是在青年学生的宣传带动下走上了革命的道路。

当年,王兰庄和中国千百个乡村一样,在半殖民地半封建的黑暗中,顶着重重压迫艰苦度日。当一二·九运动与王兰庄这个津郊乡村在历史进程中相遇,她已不单单是历史教科书中的一段历史文字,她给王兰庄带来的,将是一缕暗夜中的烛火,她一方面指明了穷苦农民觉醒的方向,一方面点燃了劳苦大众翻身求解放的燎原热情。为了进一步扩大爱国阵线,天津的党组织在上级的指示和指导下,号召并组织天津的共产党员和进步学生,分别前往王兰庄、小园和姜井,进行"义教"活动,通过办夜校,妇女识字班、儿童识字班等形式播下了爱国主义的火种,学生们的"义教"活动唤起了农民觉悟,培养了一批积极分子。此时的王兰庄村已经成为当时的爱国人士以及进步学生重要的活动阵地,这为在王兰庄建立党的农村组织,悄然升起一面鲜红的党旗奠定了坚实的基础。

1936 年 9 月,王兰庄建起党支部,成为当年天津市较早的党的农村基层组织,淳朴向上的王兰庄人心中有了指路的明灯。党的种子在王兰庄生根发芽,并慢慢发展壮大起来。在那段特殊的日子里,在共产党员和进步学生的带领下,王兰庄的村民们学习了知识,开阔了眼界,提高了觉悟,爱国之心在这里跳动得越来越有力。这段烽火岁月虽然已经远去,红色基因却铭刻在王兰庄人记忆深处,代代传递。为了弘扬和发展一二·九精神,1985 年 12 月 9 日,王兰庄村敬立了一二·九抗日救亡运动纪念碑；1987年，又建立了纪念一二·九抗日救亡运动陈列馆；2003年，建成了天津一二·九抗日救亡运动纪念馆并正式对外开放，延续至今，常做常新。

爱国主义教育基地这样的红色景点，不同于普通的怡情悦目的自然风光和启迪心智人文景观。她承载着弘扬社会主义核心价值观、培养新一代"四有"新人的时代重任，这是红色爱国主义教育基地的社会责任，必须通过组织开展特色各异的社会实践活动，通过寓教于乐的方式，通过理论实践相结合形态，来启发青少年更好地理解所见所闻的党史故事的时代意义，潜移默化地激发孩子们的爱国主义热情。近年来，特别是党的十八大以来，越来越多的人走进天津一二·九抗日救亡运动纪念馆参观，他们从这段历史中重温永不忘却的初心，感悟历久弥新的精神。

观众参观展览。

为了铭记这段历史，王兰庄中心小学开设了"我是小导游"的课程，组织学生到一二·九纪念馆开展教学实践，激发和沉淀孩子们对王兰庄村乡土情结永恒的归属感和自豪感，让一二·九运动的红色精神薪火相传。进入新时代，一二·九纪念馆在村党组织和社会各界支持下，开展丰富多彩的文化活动，丰富居民精神文化生活，促进青少年健康成长。2013年以来开展文化志愿服务活动，村里的孩子们不出村即可免费接受软笔、硬笔书法、国画、儿童画等一系列教育培训，让王兰庄的孩子们从小就得到艺术熏陶，感受艺术魅力，学习专业艺术技能，不断提高艺术素养和道德情操，把素质教育落到实处。如今活动已经成功开展了将近十年，服务对象由原来的中小学生扩大到老中青少各年龄段，培训班人数也由原来的几十个人增加到现在的三百余人，内容涉及书画、舞蹈、合唱、国学、朗诵、阅读等各门类。目前，王兰庄村做到了周周有培训，月月有活动，季季有赛事，年年有新意。活动的长期开展极大地推动了全村精神文明建设的发展，为西青区成功创建全国文明城区助力添彩。

百年党史是最好的教科书，也是最好的营养剂，回顾近代中国特别是新中国发展的每一段历程，都是党的领导下取得的丰硕成果。我们党始终坚守宗旨和信念，顺应时代突破创新，守初心，担使命，永不停歇地为中国人民谋幸福，为中华民族谋复兴。中国共产党的旗帜在王兰庄村飘扬了八十多年，依旧鲜艳如新，就是因为站稳了人民至上的坚定立场，就是因为标定了一往无前的前进方向。

2012年，王兰庄村被评为"天津市美丽乡村"；2016年被评为市级"美丽宜居村庄"，成为广大群众心中的"都市花园"，处处呈现出社会主义新农村的幸福美景。一栋栋欧式风格的楼房拔地而起，楼前楼后到处是碧绿的草坪、娇艳的桃花、妩媚的垂柳，清澈的河水从小区内蜿蜒流过，色彩斑斓的健身器材在绿色的掩映下更加灿烂。春天在王兰庄花园似乎放慢了脚步，到处翠色欲滴，充满蓬勃生机。

我们党的一百年，是矢志践行初心使命的一百年，是筚路蓝缕奠基立业的一百年，是创造辉煌开辟未来的一百年，赢得了人民的赞誉、赢得了世界的喝彩。王兰庄人民坚信，王兰庄的经济社会建设成就是在中国共产党领导下发展起来的。清晨，我依旧会走在赤龙河边的村路上，走进我熟悉的小楼里，讲述昔日的英雄故事和传承至今的爱国精神；傍晚，我依旧会带着孩子来到村边的那个土台上，休闲赏憩，也常常想象当年唱歌识字聊未来的场景；闲暇，我依旧会静坐在南湖岸边，设想当年党旗升起时的种种景象，老一辈也一定像我一样描述过无数遍那时的模样，因为，我无数次真切感受到了与他们眼神的碰撞。

一二·九运动已经过去了八十多年，但是一二·九运动却留给了王兰庄人十分宝贵的财富，那就是一二·九精神，这种精神俨然已经内化成为王兰庄独特的村魂和文化共识，也正是在这种革命精神的激励下，一代又一代王兰庄人在党的领导下，接续奋斗，开拓创新，顽强拼搏，用自己勤劳的双手和智慧的头脑开创了今天幸福美好生活！

这就是今天的王兰庄——一个致富前瞻、筑梦有方、美丽秀雅，相继荣获"全国文化生态村""全国优异小康村""天津市文明村""天津市文明生态村"和"天津市美丽乡村"等荣誉称号的魅力新农村！相信在一二·九精神激励下，在村两委班子的正确领导下，在全体村民的共同努力下，王兰庄人在新的征途上定会再攀高峰、再创佳绩、再铸辉煌！

孙美月：天津一二·九抗日救亡运动纪念馆馆长。

清澈的爱　只为中国

——一二·九精神薪火不息

李秀雅

"满耳是大众的嗟伤，一年年国土的沦丧"，八十多年前，面对这样的现实，在中国共产党的领导下，北平学生率先展开抗日救亡斗争。1935年12月9日，北平学生数千人举行游行示威，高呼："打倒日本帝国主义！""停止内战，一致对外！""反对华北自治！"国民党当局出动军警镇压游行队伍。这就是著名的一二·九运动。12月14日，北平报载，国民政府应日本"华北特殊化"的要求，拟定于16日成立"冀察政务委员会"。16日，北平学联组织上万学生，冲破军警重重阻挠，走上街头，反对华北自治。青年学生的爱国行动，打击了国民党卖国的政策，揭露了日本企图吞灭中国的阴谋，宣传了中国共产党的抗日救国主张，促进了中华民族的新觉醒。

漫步在王兰庄花园中，行至一二·九抗日救亡学生运动纪念馆门前，目光摩挲着这里的一草一木，仿佛瞬间被带进那段激情燃烧的峥嵘岁月。馆内的一张张照片、一件件历史文物，无不沉淀着那个年代的呐喊声。一二·九运动在北平爆发的消息传到天津，天津学生积极响应，发起一二一八大游行。国民党当局镇压游行，无视学生们的抗日诉求，迫害爱国人士，关闭校园，提前让学生放假，以阻挠学生抗日救国活动。面对重重困难，手无寸铁的学生们以自己的思想与知识为武器，到天津周边乡村开办义务教育，为村民们上课，教识字，教唱歌，传播抗日思想，播撒革命火种。在轰轰烈烈的抗日救亡运动高潮中，王兰庄党支部建立起来，这是天津农村中较早的党支部，自此红色薪火代代相传、红色精神发扬光大。

历史在这里交汇。在馆内观览，感受着革命岁月的激荡风云。一二·九抗日救亡运动距今已八十多年了。大半个世纪以来，我们并没有忘记青年学生为祖国、为理想同帝国主义和国民党反动派奋力抗争，英勇无畏、不惜牺牲的爱国壮举。面对大刀、水枪、皮鞭和逮捕的威胁，成千上万的青年学生高呼"打倒日本帝国主义！""停止内战，一致对外！"的口号，冒着严寒，忍着饥饿，举行大规模的爱国请愿和示威游行。即使游行被镇压，学校被关闭，他们依旧坚韧不拔，在党组织领导下，到农村去开展"义教"，在时代浪潮中发挥自己的力量。一二·九运动中涌现出一批的爱国青年，涌现出一位又一位的英才志士。他们嘹亮的口号，喊醒了许多早已麻木的心灵、泯灭的良知；他们震天的喊声使"卖国贼"们心惊肉跳、忐忑不安；他们的爱国行动得到了各地爱国学生和爱国人士的支持，最终推动了抗日民族统一战线的建立。

毛泽东同志曾经说过："一二·九运动是动员全民族抗战的运动，它准备了抗战的思想，准备了抗战的人心，准备了抗战的干部。它配合着红军的北上抗日行动，促进了国内和平和对日抗战，使抗日运动成为全国的运动。"一二·九运动继承了五四运动的光荣传统，集中体现了中华民族以爱国主义为核心的民族精神。

当我们回顾爱国青年抗日救亡斗争历史，一种刚烈之气会充满我们的胸膛。他们为独立而努力，为民族而奋斗，他们满腔热忱、慷慨激昂，他们顽强拼搏、一往无前，他们把国家和民族看得比自己生命更重，他们用鲜血和生命铸成了抗日救亡的坚实力量。我们不能忘记那些青年英雄，不能忘却那段艰苦神圣的历史。历史是一个国家、一个民族的"家谱"，它记载着国家的光荣和梦想，也渗透着民族的血泪和奋斗。祖国是神圣的，爱国主义是崇高的。我们的民族是一个爱国志士辈出的民族。八十多年前爱国青年学生的那一场壮举，就足以震撼我们的心灵！他们在民族危亡的时刻，迸发出炽热的爱国之情，发出"救亡图存"的呐喊，作出"为我中华"的义举，表现出我们民族的凛然正气。昨天，爱国青年们面临的是强盗的铁蹄，今天，我们踏上了民族复兴的伟大征程。时代把历史的重任放到了我们肩上，现实热切地呼唤着新形势下传承好一二·九精神！

进入新时代，踏上新征程，祖国未来前途无限光辉灿烂，我们更应该培育爱国之心，树立报国之志，实践强国之行。历史的钟声在激励我们为祖国的建设不懈努力。当新时代青年在工作岗位默默奉献，在脱贫攻坚扎实苦干，在灾害面前挺身而出，在抗疫一线奋力拼搏时，我们看到新时代青年们高昂的爱国热情，从他们的身上感受到了流淌着的爱国热血，更深刻地认识到了爱国主义精神的巨大动力。

王兰庄社区工作者开展服务群众活动。

"国家兴亡，匹夫有责"。民族的独立，国家的富强，人民的幸福，靠的是一代又一代人的浴血奋战、前仆后继。"青年者，国家之魂"，国家的前途和命运离不开青年的拼搏和奋斗，一个国家的希望就寄托在青年身上。青年强，则国家强。一二·九运动那可歌可泣的英雄事迹应该永远为我们所铭记。缅怀一二·九英雄，传承一二·九精神，我们每个热血青年都应该把爱国之情化作报国之行，展现在为民族谋复兴、为人民谋幸福的行动上！认清新时代赋予我们的责任与使命，投身到全面建设社会主义现代化国家大潮中去，担当起历史的重任。"义教"点的青年学生们，就是当代青年的榜样，我们应该身体力行，继承和发扬光荣的爱国传统，以实际行动报效祖国，要像革命先辈一样，把自己的命运和国家的命运连在一起，急国家之所急，急民族之所急，为祖国和人民奉献自我。中华民族的伟大复兴是14亿中国人共同的目标，而我们要做实现这个伟大目标的奋斗者。

今日的中国，是和平的国度，是美好的家园，在中国共产党领导下，中国人民已经过上了幸福安定的生活。我们不必再挣扎在战乱中，不必再生活在硝烟里。生活在新时代的我们，又应该做些什么？我想，我们所要做的，就是踏着先辈的足迹，传承先辈的精神，坚定前行的理想，以我们的智慧，用我们的双手，用我们火热的青春，做新时代的弄潮儿，把祖国建设得更加富强文明、更加繁荣昌盛。

李秀雅：天津市西青区李七庄街王兰庄社区居委会主任。

我心中的一二·九

李沐锦

　　我叫李沐锦，是王兰庄中心小学的一名学生，我年纪不大，却与一二·九纪念馆有着不解之缘。

　　我出生在有着八十多年红色印记的王兰庄，一二·九纪念馆就坐落在王兰庄花园里，从小我就经常到纪念馆玩，也许是我太小的缘故，那时还感受不到当时的爱国人士和进步学生在极其困难的时代，他们的满腔热血，他们的慷慨激昂，他们为民族而奋斗的精神！

　　我慢慢长大，转眼间到了上小学的年龄。进入小学生活的第一学期，学校开始扩招"小导游"，我义无反顾地报了名，很荣幸成了学校一二·九少年志愿

王兰庄中心小学学生在天津一二·九抗日救亡运动纪念馆开展志愿服务活动。

宣讲团的一员。因为年龄小，短时间内背出讲解词对于不识字、吐字还不清晰的我来说是一个极大的挑战。起初，我放学回家就跟妈妈哭，哭诉我其实很努力了，但是我真的背不下来，我想放弃，我想退出来。妈妈对我的哭诉除了安慰也没有别的办法。她告诉我，既然选择了就要坚持做下去，不能半途而废，坚持就是胜利。在妈妈的鼓励下，我与困难做斗争，坚持了下来。

暑期过后，我即将升入三年级，两年中，经过一次次的学习和培训，我已经可以用通俗易懂的语言将自己对一二·九运动的理解融入讲解中。每次站在展厅里，我仰望着展厅微场景中按照一二·九运动当天的情景复原的蜡像，总会思考着是什么让学生们冒着严寒，忍着饥饿，手无寸铁，勇敢去面对刺刀、水枪、皮鞭和逮捕的威胁，举行了大规模的爱国请愿和示威游行。这不正是为人民开辟新天地的满腔爱国精神的真实写照吗！

作为一名"小讲解员"，我有义务讲述好这段历史，让一二·九运动的红色精神薪火相传。作为新时代祖国的花朵，王兰庄的娃娃，我们更应该树立远大理想，努力学习，成为德智体美劳全面发展的社会主义建设者和接班人。

李沐锦：天津市西青区王兰庄中心小学学生。

天津人民抗日斗争大事记

1931 年

9 月 19 日　天津河北省立工业学院全体师生集会，声讨日军侵略罪行，讨论抗日救国办法，决定组织学生军，加紧军训，随时准备投笔从戎。同时集股成立消费合作社，专售国货，抵制日货。（9 月 18 日，日本驻中国东北地区的关东军按照精心策划的阴谋，由铁道守备队炸毁沈阳柳条湖附近的南满铁路路轨，并嫁祸于中国军队，这就是所谓的"柳条湖事件"。日军以此为借口，突然向驻守在沈阳北大营的中国军队发动进攻，九一八事变爆发。由于东北军执行蒋介石的"不抵抗政策"，当晚日军攻占北大营，次日占领整个沈阳城。日军继续向辽宁、吉林和黑龙江的广大地区进攻，短短 4 个多月内，128 万平方公里、相当于日本国土 3.5 倍的中国东北全部沦陷，三千多万同胞成了亡国奴。）

9 月 20 日　天津各校爱国学生联合成立天津学生救国联合会，呼吁"停止内战，一致抗日，以纾国难"。南开中学、省一中、天津女子师范学校、汇文学校、中日中学、三八女中、南开大学、省立法商学院等校学生纷纷组织青年读书会，阅读革命刊物，讨论形势，开展抗日宣传。

9 月 27 日　宝坻县爱国民众举行各界人民代表大会，宣布全县 30 万人民誓死救国，并作出 6 项抗日救亡决议。

10 月 10 日　北宁路天津东站货厂机车工人同各站工人推举 200 多名代表，向该站国民党当局请愿，要求发给 9 月份工资，并迅速安置由于日军侵占东北而逃入关内的千余名工人之生计，斗争取得胜利。

10 月 24 日　平津学术团体反日联合会召开常务会议，就抵制日货作出 4 项决议。

11 月 8 日　日本关东军特务机关长土肥原贤二在天津秘密策划组织发动便衣队暴乱，给天津市民生命财产造成很大损失。国民党天津当局宣布实行戒严，令保安队、手枪队、铁甲车队全体出动，拘捕暴乱者 61 人。

11月10日　天津、北平各大学抗日救国会分别召开大会，抗议日本策动天津武装暴乱。

11月中旬　天津、北平各大学校，在党组织发动下，纷纷组织南下请愿团，到国民党中央政府所在地南京示威请愿要求抗日。

11月25日　天津比商电车电灯公司工会发表《抗日救亡宣言》，呼吁全市和全国工人"团结一致"，"督促政府速定对日宣战的方针，恢复民众运动"，"官民合作救我危亡之中国，夺回失去的领土，歼灭残暴的倭奴"。

12月8日　中共河北省委通过《反帝运动决议》，要求建立以反日为中心的"反帝大同盟"组织，开展反帝同盟罢工。

12月23日　天津市各业工会救国联合会召开成立大会，发表宣言并通电全国。呼吁："在外侮日甚、国难当头之际，特受天津全体数十万工人之请，吁请全国各界立即行动，共纾国难，救国家民族之危亡。"

1932年

1月4日　中共河北省委为反帝反国民党制定宣传大纲，针对国民党当局的妥协投降言论，明确提出："反对日本帝国主义并吞东三省！反对日本帝国主义夺取锦州！反对共管天津！"强烈要求收回日本在天津的租界。

1月6日　天津市各业工会救国联合会在电车工会举行记者招待会。会议指出，现在东北完全失陷，困难日急，而政府仍无正当办法，决定发起组织请愿团，并宣布不得购用日货，以杜绝日寇之经济侵略，并组织义勇军。

1月21日　津浦铁路工人举行代表大会，推选30多人组成南下请愿团请愿，要求抗日救国。

2月上旬　天津广大工人、学生和各界群众纷纷集会，发表通电，声讨日本帝国主义侵略罪行。许多工厂、学校组织后援会，开展募捐活动，支援十九路军抗日。

2月中旬 在抗日救亡高潮中,天津党的组织有所发展,天津市委建立12个党支部,其中有7个工厂支部,5个学校党支部。学校党支部包括省立一师、天津女子师范、南开中学、河东小学、觉民中学。

7月30日 天津各团体救国联合会、中华民众筹金救国会、国难救济会、邮务工会、市商会、各大学教授抗日会等38个团体,呼吁张学良等将领下最大决心收复失地。

8月2日 天津反帝大同盟召开全体会议,河北省反帝大同盟委员会派巡视员参加会议。会议选举了临时执委会。

8月21日 为反对日本侵略者进攻热河,天津党组织发动部分党员组织了"反对日本帝国主义进攻热河"的飞行集会,遭到国民党军警镇压。

9月2日 中共河北省委为九一八事变一周年发出决议,要求各级党组织成立群众性的"九一八"纪念委员会,广泛进行宣传;组织群众开展检查和没收日货运动;组织反日罢工;在纪念活动中大批吸收产业工人入党等。同时还发表"九一八"周年告民众书,号召罢工、罢课、游行示威等。决议还要求在"九一八"纪念日前,天津要发展2000个义勇军,要集中力量到天津的日本工厂、海员和码头工人中去,争取反日总同盟罢工。

9月29日 中共河北省委就加强领导群众运动、发展组织与扩大宣传运动致信天津市委,要求针对日本帝国主义进攻热河、天津、北平等紧迫形势,召集群众会议,组织宣传队,散发宣传品,出特刊,写粉笔标语,来扩大加紧反帝国主义、国民党的宣传。

10月20日 天津反帝大同盟成员已发展到80人以上,主要活动是开展学生反帝斗争。在南开中学发动成立"东北同学反日会",在扶轮中学成立"反日会"。

11月 中共天津市委在各学校发动成立声援东北义勇军后援会,河北工学院、扶轮中学、南开中学相继成立。

1933 年

1月15日　中共河北省委就目前河北战争形势与党的紧急任务作出决议，指出，在日本侵略军占领榆关，继续向华北长城沿线进攻的形势下，"摆在河北党面前的中心任务是，加紧动员群众、组织群众、武装群众，开展反日反帝运动，组织反日总同盟政治罢工，扩大领导并坚持民族革命战争，武装保卫平津与河北，建立新的工农红军与苏维埃政权"。

1月17日　中共河北省委致天津市委指示信，要求天津工作抓紧下列三大中心任务："1. 加紧领导组织群众的经济斗争，加紧准备总同盟罢工；2. 扩大反帝反日斗争，武装群众，领导民族革命战争；3. 发展组织，健全支部生活。"

4月17日　中共河北省委发出关于武装保卫平津与华北，扩大民族革命战争的紧急通知，要求运用最广泛的下层统一战线策略，成立天津市民抗日保卫天津协会，或天津救亡协会，成立天津民众武装总指挥部。

5月1日　天津市各业工会救国联合会举行五一国际劳动节纪念会，决定通电全国工人建立武装组织，参加抗日救亡活动。

5月26日　在中国共产党的推动和影响下，爱国将领冯玉祥、吉鸿昌（中共党员）、方振武在张家口建立察哈尔民众抗日同盟军，宣布对日作战。抗日同盟军得到全国人民的广泛同情和支援，天津一些学校的革命师生在党的宣传下，奔赴张家口参加同盟军。天津市委宣传部部长潘漠华也到张家口，参加《老百姓报》的编辑工作。

1934 年

3 月 根据党的指示，南汉宸到天津，迅速与吉鸿昌、宣侠父取得联系，积极开展抗日民族统一战线工作，联络各地抗日反蒋力量。

4 月 20 日 中共中央以中国民族武装自卫委员会筹备会的名义提出，并经宋庆龄、何香凝等 1779 人签名的《中国人民对日作战的基本纲领》发表，呼吁中华民族武装自卫，把日本帝国主义驱逐出中国。天津进步文化团体都参加了签名运动。

4 月下旬 中共天津市委认真讨论了中共中央对日作战基本纲领，决定将此纲领迅速传达到每个支部、每个工会组织中去。

5 月 1 日 中共河北省委发出《关于华北危急与党的任务的紧急通知》，要求天津党组织加强在日本企业中的工作，领导纱厂、铁路等工人的斗争，成立工人反日会和义勇军，组织反日罢工和没收日货的斗争。

5 月 8 日 为贯彻执行中共中央关于建立反日统一战线的指示，河北省委要求天津积极成立群众的码头和穷人抗日会的组织，继续领导裕元、北洋纱厂工人要求增加工资、要求开厂的斗争；动员组织六大纱厂，开展反日和反资本进攻的斗争；动员天津各校以北洋、南开、一师为中心，成立学生的华北人民救亡会天津分会，继而组织天津各界华北人民救亡会，出版公开抗日刊物。

5 月 9 日 中共天津市委向市民发出五九纪念宣言，呼吁同胞不要忘记 19 年前，北洋军阀袁世凯签订的卖国"二十一条"给中国带来的耻辱，不要忘记日军进攻天津的"余痛"，成立"抗日会"，成立"保卫天津大同盟"，武装起来，保卫天津。

5 月 在党的领导下，吉鸿昌、南汉宸等在津组织成立中国人民反法西斯大同盟，出版刊物《民族战旗》，宣传党的抗日民族统一战线主张，号召奋起抗日。

7月12日　中华民族武装自卫委员会筹备会发表《反日宣言》，天津、北平等地反帝爱国人士纷纷签名拥护。

8月20日　中华民族武装自卫委员会华北分会筹委会发表《告华北同胞书》，呼吁"不分民族、宗教、党派、性别，一致联合结成统一战线，成立中华民族武装自卫委员会华北分会，派代表参加上海总会的成立大会"。

9月10日　中共河北省委和华北总工会作出决议，要求"用一切力量来开展天津的职工运动"。提出召集天津工人反日代表会，成立天津工人反日总会。

9月18日　中华民族武装自卫委员会天津纱厂分会发表《分会成立宣言》，揭露国民党反动政府出卖东北、出卖华北的罪行，号召工人积极签名加入中华民族武装自卫委员会天津纱厂分会，天津六大纱厂联合起来，进行反对日本帝国主义、国民党、资本家的斗争。

10月10日　中共天津市委召开群众反帝大会，会上演出打倒日本帝国主义的新剧，散发《告同胞书》200余份。

10月　日本侵略者为加紧对华北和天津的侵略，在市郊八里台修建飞机场。天津地下党组织派人深入工地，向工人们进行宣传，印发《河北省委告飞机场工人书》200份。在党的宣传影响下，工人们举行了形式多样的怠工斗争。

11月9日　共产党员吉鸿昌在法租界国民大饭店与广西代表接头时，遭国民党特务枪击，受伤后被捕。14日，吉鸿昌被法国工部局引渡给国民党当局审讯，随后被关押在河北蔡家花园陆军监狱。22日，吉鸿昌被押解至北平军分会军法处。24日，吉鸿昌在北平英勇就义。

12月8日　天津武装自卫代表会正式召开，共有51个分会代表参加。会上成立了中华民族武装自卫会天津分会。

1935 年

3月　在党的地下组织影响下，天津一些进步诗人发起成立草原诗歌会，出版《诗歌月刊》，运用诗歌揭露日本帝国主义侵略罪行，歌颂人民抗日爱国热情，受到广大群众特别是青年学生的欢迎。

5月　中共中央驻北方代表孔原调离北方。行前，主持建立以河北省委领导班子为基础的北方局。河北省委书记高文华兼任北方局书记。

6月4日　中共河北省委发布《粉碎日本帝国主义新进攻，号召华北民众进行民族革命战争》的宣言，号召河北以及华北的被压迫民众，武装起来，反对日本强盗与卖国的国民政府。只有在中国共产党的领导下，才能挽救华北以至全中国的命运。

8月1日　中国共产党驻共产国际代表团草拟《中国苏维埃政府、中国共产党中央为抗日救国告全体同胞书》(即《八一宣言》)，号召："停止内战，一致对外。"提出："组织全中国统一的国防政府，与红军和东北人民革命军及各种反日义勇军一块，组织全中国统一的抗日联军。"为贯彻《八一宣言》精神，中共中央北方局提出：1.坚决反对日本强盗及卖国贼、汉奸假借民意，树立任何变相的华北国与一切汉奸傀儡组织；2.反对有损中国领土主权的《塘沽协定》《何梅协定》；3.反对内战；4.没收日货、汉奸财产；5.全华北人民组织起来，用坚决的反日反蒋斗争建立华北自卫政权，消灭汉奸卖国贼的所谓"华北自治运动"。

8月15日　中共中央北方局作出关于纪念"九一八"的决定。指出，"动员与使用全部力量为着开展民族革命战争，驱逐日帝国主义出中国"，是党的当前紧急任务与工作。

11月1日　天津女师学院、法商学院、中西女中、汇文中学与北平汇文、贝满、清华、燕京等10个学校学生自治会联合发表《为抗日救国争自由宣言》，谴责国民政府镇压民众抗日活动的行径，强烈要求拥有言论、集会、结社自由。

12月5日 天津中等以上学校学生发表宣言,反对自治运动。(11月25日,日军策动河北通县专区行政督察专员、汉奸殷汝耕割据京东22县和唐山市、秦皇岛港,在通县成立冀东防共自治委员会。国民政府对日本继续妥协投降,决定撤销国民党北平军分会,成立冀察政务委员会,宋哲元为委员长。汉奸王揖唐、王克敏等均加入这个委员会,一个月后改称"冀东防共自治政府"。)

12月9日 在民族危亡的关键时刻,中共北平地下组织领导的北平大中学生数千人,举行了声势浩大的抗日救国大游行。高呼"反对华北自治运动!""打倒日本帝国主义!""停止内战,一致抗日!"等口号。国民党当局进行镇压,逮捕了一些爱国学生。一二·九运动掀起了中国人民抗日救亡运动新高潮。

12月12日 天津南开中学致电北平燕京大学、清华大学两校学生自治会,声援北平各校同学的爱国斗争。同时致电宋哲元及南京国民政府行政院,要求立即释放北平被捕学生。

12月18日 在天津法商学院教授、地下党员杨秀峰、温健公等组织领导下,由法商学院学生发起,联合北洋工学院、南开大学、女师学院、工业专门学校以及扶轮、水产、汇文、女师等10余所大中学校5000多名学生,举行了声援北平爱国学生的大游行,许多市民也自动参加游行。下午,游行队伍在南开操场召开全市学生大会,决定成立天津学生联合会,要求"停止内战,一致对外抗日"。

12月19日 天津市大中院校大部分学生举行罢课,北洋、法商、工业专门学校等校学生组成纠察队,维持各学校校内秩序。

12月20日 天津女师学院、法商学院、北洋工学院学生召开座谈会、演讲会,宣传抗日救国道理。南开大学组织"学生请愿团"南下请愿,至沧州被阻。

12月25日 中共中央在陕北瓦窑堡召开政治局会议,通过《关于目前政治形势和党的任务的决议》，确定了抗日民族统一战线的策略方针。27日，毛泽东在党的活动分子会议上作《论反对日本帝国主义的策略》的报告，进一步阐明党的抗日民族统一战线的策略方针，并对爱国学生运动指明发展方向。

12月26日 天津学联负责人朱纪章赴北平，与北平学联商讨成立平津学生联合会。决定响应党的号召，组织平津学生南下扩大宣传团，深入河北农村，宣传抗日救国。

12月31日 《火线》发表《为援助平津学生反对国民党汉奸政府镇压抗日运动宣言》，提出平津党组织在学生斗争中的任务。

12月 彭真受中共中央北方局委托着手重建天津市委。北方局调易吉光、李启华等人参加天津党的工作，加强对抗日救亡运动的领导。

同月 在一二·九运动的影响下，女师学院音乐系学生、党员阎国珍，以读书会形式成立了以女青年为主的抗日救亡团体"女同学会"。

1936 年

1月2日 在党的领导和平津学联倡议下，北平、天津一些大中学校学生组成平津学生南下宣传团，深入河北农村进行抗日宣传。8日，天津学生南下宣传团，与北平学生南下宣传团在河北固安会合，共同通过响应中国共产党"停止内战、一致对外"号召的宣言。

1月29日 "平津学联""北平文化界救国会""北平妇女界救国会"发起组织"华北各界民众救国会"，并召开筹备会，起草了号召各界民众参加该会的宣言。当日，"平津学联"在北平开会，天津南开大学、法商学院、北洋工学院的学生代表参加，讨论如何继续扩大救亡宣传工作，决定以各校为行动单位，就所在区域分小组进行抗日宣传。

2月1日 天津国民党公安局派出保安队数十人包围北洋工学院，逮捕了该校学生会负责人和积极分子刘莹、石家龙、冯有申、吴炳坤、陈志远、刘天民、徐达本、王从善、厉润生、王实、孙秉远等人，激起学生反抗，各校学生也纷纷前来声援。后国民党当局被迫释放被捕学生。

2月2日　北平、天津、山西三省市学生联合会，北平文化界和妇女界救国会，在北平燕京大学礼堂召开华北各界民众救国会筹备会议。议决：推定平、津、晋三省市学联及文化、妇女两救国会代表为筹委会常委，负责筹组工作。确定2月9日为华北各界民众救国会正式成立日期。会议发表宣言，声援天津北洋工学院学生的正义斗争。

2月6日　"天津学联"为北洋学生斗争发表宣言，声援北洋受难同学。

2月16日　中华民族解放先锋队在北平正式成立。随后，"民先"组织在天津各校纷纷建立。"民先"天津地方队部负责人为中共党员、南开大学学生李明义。

2月20日　蒋介石、何应钦、王世杰电令平津当局，严令镇压学生运动。日本关东军亦电令日本驻津领事"协助"调查学生运动。中共北平地下组织立即安排一些已暴露的党员负责同志分散隐蔽，林枫、彭涛等先后离开北平来到天津。

3月8日　中共天津市委妇女工作部部长张秀岩等人，发起成立天津妇女救国会。该会不定期出版《妇女园地》，后逐步发展为铅印的《天津妇女》。

3月底　刘少奇受党中央委托，由陕北抵达天津，主持北方局工作。刘少奇根据瓦窑堡会议精神，批判"左"倾关门主义和冒险主义，贯彻执行抗日民族统一战线政策，巩固和发展了一二·九运动的成果。在领导白区工作采取"荫蔽精干"的正确方针，从理论上、策略上、工作方法上给予党在北方的工作以有力指导，并直接领导了天津人民抗日救亡运动。刘少奇纠正王明"左"倾错误路线对李铁夫的批判和处理，任命李铁夫为中共天津市委书记，加强了天津党组织的领导。

4月　中共天津市委大力开展抗日民族统一战线工作,迅速成立天津民众救国会、天津工人救国会、天津农民救国会,天津学生联合会也改名为天津学生救国联合会。天津教育界、新闻界、银行界及民族工商业爱国人士,也联合成立天津各界救国会。天津市委在天津各界救国会中建立党团组织,由杨秀峰任党团书记,一个包括各阶层、各阶级的广泛的抗日民族统一战线逐步形成。

5月20日　在刘少奇亲自领导下,由林枫代表北方局与天津市委领导成员易吉光、彭涛、李启华等在天津西郊地区一个地主陵园召开会议,分析天津斗争形势,决定于5月底再次组织学生和市民举行游行,壮大抗日力量,打击日本帝国主义的侵略气焰。

5月28日　在中共天津市委组织领导下,天津各大中学校万名学生和市民举行声势浩大的示威游行。游行队伍高呼:"反对日本增兵华北!""彻底清查海河浮尸案!"等口号,并在官银号举行群众大会,提出《停止内战,一致对外》《反对华北特殊化》等议案,宣布自5月29日起罢课3天。

6月初　中共天津市委提出,要巩固学校中的抗日救亡斗争阵地,同时要求天津学生联合会和中华民族解放先锋队利用暑假,组织爱国学生深入农村,开展义务教育,在工农群众中开展抗日爱国的宣传活动,引导广大青年学生继续沿着同民众相结合的道路前进。

6月中旬　根据中共天津市委指示,天津学联召开各校代表会议,成立由各大中学校代表参加的暑期义务教育促进会。决定选择市郊王兰庄、姜井、小园为活动地点,并作了具体分工。

6月下旬　天津学联委派程宏毅、秦雨屏等紧密结合形势编写义务教育新教材,通过叶笃庄开设的知识书店代为印刷,分发到各个"义教"点。

7月8日　平津学联组成请愿团赴南京,向国民党五届二中全会请愿,要求:动员全国各民族、团结各党派一致救亡;开放党禁,释放政治犯;保障人民言论、集会、结社、出版及一切爱国活动自由;废止"维持治安紧急罪法",撤销取缔平津学联的命令；取消一切制止学生运动的通令，禁止解聘爱国教员和无故开除学生。

7月　天津各大中学校开始放暑假。在学联号召下，南开大学、北洋工学院、法商学院、女师学院、南开中学、汇文中学、扶轮中学、三八女中、中西女中、觉民中学等学校的进步学生，分赴天津郊区王兰庄、姜井、小园，以及北仓等地，开展"义教"活动，受到农民欢迎。到1936年9月，在王兰庄"义教"点发展了10名农民党员，建立起党支部。

8月初　天津市内各学校开学，从事"义教"活动的学生陆续返回学校。中共天津市委决定在暑假后把王兰庄"义教"继续办下去，进一步推动抗日救亡运动开展。

8月10日　在抗日救亡运动高潮中，进步文化团体青玲艺话团为实践"戏剧大众化"的口号，到西郊（现西青区）小园等地演出反映农村题材的话剧《金宝》，受到农民欢迎。

8月30日　上海《生活星期刊》第1卷第13号刊登天津学生暑期到王兰庄等农村进行"义教"活动的6幅照片。

9月18日　天津各大中学校广大爱国学生，不顾市教育局禁止，在学联组织下，集会纪念九一八事变5周年，各校同学还素食一日，以表示追思国土，勿忘国耻。

10月25日　华北日军在平津附近举行挑衅性演习。在抗日救亡运动的影响下，国民革命军第二十九军在红山口和周安镇也举行大规模对抗性军事演习。为鼓舞二十九军官兵的抗日热情，中共中央北方局组织平津学生前往参观助威，并与士兵一起演练冲锋，使二十九军官兵斗志大增。此后，天津学生经常深入二十九军驻地，宣传抗日救国道理，演出抗日戏剧，极大地改善了二十九军官兵与学生之间的关系。

11月13日　绥远抗战爆发，中共天津市委组织天津各校学生和市民积极为抗战士兵募捐、赴前线进行慰问等活动,掀起一个支援绥远抗战的热潮。

11月17日　南开大学学生发起缝制万件棉军衣支援绥远抗战活动。法商学院学生会成立绥东抗战将士后援会,教职员成立募捐援绥委员会。

11月22日　天津学生绥远抗战后援会正式成立,并召开代表大会决定继续开展募捐活动。同时,组织各校成立技术队,救护队赴前线救护伤员。

11月30日　天津学生救国联合会开会,决定组织宣传队,在市内及四郊开展募捐活动,支援绥远抗战。

11月　为加强党对学生运动的领导,中共天津市委建立学生区委,由程宏毅任学生区委书记,市委宣传部部长姚依林分工领导。

12月1日　天津学生救国联合会组织各校学生在中国大戏院举办募捐义演。各界人士踊跃参加。

12月5日　华北各界救国联合会成立大会在天津举行。天津学生救国联合会、"民先队"及北平学联选派代表出席成立大会,出席会议的文教界知名人士有杨秀峰(中共党员)、张友渔(中共党员)。会上讨论了救亡运动的团结和进一步支援绥远抗战等问题,并宣告华北各界救国联合会正式成立。

12月6日　天津《大公报》报道,截至当日,绥远前线收到天津各界捐款70余万元。仅12月5日一天,《大公报》就代收捐款3000元。

12月13日　天津"民先"和"学联"以天津学生绥远抗战后援会名义,在西郊姜井日本军营附近举行军事演习。南大、北洋、法商、工业及南中、汇文、中西、圣功、津中、扶轮、觉民、商职、女师附中等校学生数百人参加。

1937年

1月10日　天津海风社、草原诗歌会同北平黄沙诗歌会、苏州诗歌作者协会、联合诗歌杂志社、山东齐飞诗会、上海诗歌青年会、广州诗场杂志社、江阴风沙社、湖州飞沙诗会等 14 个团体，发起成立中国诗歌作者协会，并联合发表宣言，呼吁大家"联合起来"，"为争取中华民族解放的胜利"而写作。

2 月 11 日　平津学联组织献旗请愿团，赴南京向国民党五届三中全会请愿，要求对外抗战、对内和平。天津学生救国联合会派出 8 名代表参加此项活动。

3 月 25 日　天津海关爱国职工截获日本人偷运出境的大批铜圆。30 日，天津学生救国联合会同北平学联代表访问天津海关当局，支持海关当局缉私工作，表示愿做缉私工作的后援。

4 月 1 日　天津学生救国联合会组织北洋工学院、南开大学、扶轮中学、三八女中、工业学院、女师学院等校学生成立近郊旅行团，到近郊农村演出抗日戏剧、教唱抗日歌曲，宣传抗日救亡思想。

4 月　电影演员陈波儿、崔嵬等，到天津西郊王兰庄帮助农民排练演出抗日名剧《放下你的鞭子》。

5 月 1 日　天津学生救国联合会为向广大市民宣传使用国货，拒买私货，开展拒私活动，在南大、女师等校展出各种私货，陈述走私危害。

5 月 14 日　天津《益世报》发表题为《浮尸疑案应彻底查究》社论，披露海河自去年发现大量浮尸后，从本年 3 月至 5 月，又发现上百具浮尸，经检验发现，大部分受害者为青壮年，要求当局清查这一事件。

7 月 7 日　晚 7 时许，北平西南丰台附近日本驻屯军，向驻守宛平县城的国民革命军第二十九军突然发起进攻。二十九军奋起抵抗，卢沟桥事变爆发。

7 月 8 日　中共中央发布《中国共产党为日军进攻卢沟桥通电》，号召实行全民族抗战，武装保卫平津，保卫华北。

7 月 9 日　天津《大公报》《益世报》以醒目标题，报道日本侵略者发动卢沟桥事变的消息。同日，天津学联成立"卢沟桥抗敌后援会"，开展募捐活动，发动学生奔向街头宣传抗日。

7月11日　天津学生救国联合会召开会议，决定发起募捐运动，并派代表携带慰问品，赴二十九军驻地慰问。同日，南开大学学生会致电宋哲元，要求其指挥抗战，同时印发《为卢沟桥事变告各界民众书》，提出：1. 拥护二十九军抗日；2. 军民联合起来，保护冀察；3. 要求中央以实力保卫华北。

7月13日　天津学生成立二十九军卢沟桥抗战后援会，并向各界募捐，支援抗战。同日，天津学联代表分赴西郊杨柳青、盐城等地，慰问二十九军，沿途向民众宣传七七事变经过。

7月14日　日军频繁增兵华北，并对北平、天津形成包围。

7月15日　天津各界救国联合会成立，受中共河北省委领导下的华北各界救国会指导。

7月16日　天津市各界市民为卢沟桥事变发起的联名通电开始签名。通电提出：拥护宋哲元及二十九军抗战到底；要求派军队北上，全国一致抗日；不要屈辱的和平，要独立解放的和平等项口号。

同日　天津各界救国会再次开会，通电国民政府，坚决要求武力保卫华北，誓不承认任何屈辱条件。

7月18日　天津爱国学生将募集来的大批慰问品送上前线。

7月23日　中华民族解放先锋队总部负责人陈平舟来天津开展工作，组织青年学生奔赴抗日根据地。

7月27日　日本驻军司令官香月向宋哲元发出最后通牒，宋哲元迫于形势，在北平发表声明，拒绝日方要求，通电坚决自卫。塘沽日军纷纷进入天津市区。驻天津市区日军占领天津各火车站。同日，天津近郊民兵在党组织发动下，支援驻津守军，王兰庄党支部带领农民到八里台一带帮助救护伤员。天津河东区义信里爱国群众冲上日军军用列车，把车上的食品等军需物资全部抢光，这就是天津人民配合前线抗战、打击日军的一次"抢粮台"斗争。

7月28日　驻守天津的国民革命军第二十九军三十八师副师长兼国民党

天津市警察局局长李文田召开军政要员会议,决定主动出击,攻打驻津日军,并发通电:"誓与津市共存亡"。

7月29日 凌晨,驻防天津的二十九军三十八师和保安队主动出击,向日军占据的铁路总站(现北站)、东车站(现天津站),以及海光寺兵营、东局子飞机场等地发起攻击,给予日军重大杀伤。

7月30日 日军轰炸天津,目标集中在车站、南开大学、法院、造币厂、南开中学、李公祠等数十处。下午,日军又集中炮火向国民党河北省政府和天津市警察局等要害部门轰击。是日,天津沦陷。据统计,当日死于战火中的市民有2000余人,难民10万人以上。

7月31日 中共天津市委指示津西王兰庄党支部,立即组织群众破坏交通线,阻止日军南下。在党支部书记路平领导下,王兰庄村民破坏了陈塘庄至西站的一段铁路。

8月1日 在日本驻屯军和日本特务机关的直接操纵下,傀儡政权天津市地方治安维持会成立。日本特务机关在日租界福岛街(现多伦道)公开挂牌。日本宪兵队在天津福岛街西部(后迁至中原公司后面)公开成立日本宪兵队天津总部。

8月6日 中共中央北方局领导人刘少奇、彭真决定,凡不能在平津立足的共产党员和抗日人员,都要撤出并设法到农村拿起武器打游击。按照这一指示,天津市委决定,除留下少数人员坚持市内地下抗日工作外,组织党员、"民先队"队员、救亡团体成员聚集在英租界,分批乘英船离津:一路奔赴太原、延安;一路去河北保定转八路军抗日根据地;一路南下走津浦线到河北省东光一带开辟新区。此项工作到次年下半年结束。市内仅留下小站、王兰庄、西北乡3个农村党支部和市内极少数党员、"民先队"队员坚持工作。

8月 在中共天津市委书记姚依林的领导下,重建"民先"天津地方队部,并在"民先队"部内建立党支部,开展抗日救亡活动。

同月　华北各界救国会从北平迁到天津。为广泛发动组织各界群众抗日，中共河北省委决定，把华北各界抗日救国会改名为华北人民抗日自卫委员会。

同月　为适应形势需要，中共敌后河北省委在天津成立，李运昌任书记。

同月　中共天津市委书记姚依林指示原天津女同学会地下党员阎国珍恢复组建女同学会，开展抗日宣传，组织妇女活动。1938年下半年，女同学会油印出版《妇女》刊物。到1939年2月，阎国珍赴平西抗日根据地，女同学会活动终止。

同月　日军占领天津后，接管第一、二、五、六电话分局和电报局，电话南局（指三、四电话分局）职工在中共地下组织的领导下展开"抗交"斗争，坚持近三年。

同月　中共王兰庄支部按照市委指示，转入地下隐蔽活动。当时，市委曾计划在王兰庄建立游击小组开展武装斗争，后因日军在该村附近设置了岗楼，未能实现。

9月9日　中共河北省委宣传部部长李大章向北方局汇报工作后返津，向省委书记李运昌、组织部部长马辉之传达北方局书记刘少奇的指示：李运昌赴冀东准备发动抗日暴动，马辉之任河北省委书记，姚依林任省委宣传部部长兼天津市委书记。

9月10日　天津工人救国十人团散发《告工人书》传单，号召工人和全市人民团结起来，共同抵抗日军侵略。

9月　中共王兰庄支部带领王兰庄、于台等村爱国民众，破坏津浦铁路支线，阻止日军运兵南下，同时还拦截了日军运输队。

10月12日　中共蓟县县委召集全县各级党组织主要负责人在翠屏山开会，提出党的工作重心是开展抗日民族统一战线的宣传组织工作，积蓄力量，准备武装暴动。会议决定，在全县各地建立抗日救国会。县委负责人李子光等积极开展上层统战工作。

11月5日　在中共河北省委领导下，华北人民抗日自卫委员会在天津成立。

11月15日　中共中央北方局发出指示，指出，"抗日游击战争在天津等城市中是不能进行的，要在乡村中才能进行"，"必须把工作重心放在乡村中去"。

11月　中共西北乡支部书记孙振武与华北人民抗日自卫委员会取得联系，以特派员身份在津北组建津郊抗日锄奸团，同时在津北、武清、安次一带组建华北人民抗日自卫联军第二十六、二十七支队，与日伪军作斗争。

12月2日　天津工人救国联合会召开成立大会，该会方针为团结国共两党工人活动分子，共同努力抗日救国。

12月12日　耀华学校校长赵天麟召集租界区教育界五十多位中小学校长和教师举行会议，召开"救国抗日到底，决不当亡国奴"，并通过决议：不改原有教科书，各校一律不买日货。

12月　中共王兰庄支部领导发动党员以各种身份作掩护，在八里台、西营门一带散发抗日传单。

1938 年

1月25日　按照中共天津市委指示，王兰庄党支部转入地下活动，分别派人开展农村工作和城市工人工作。

1月　"民先"天津地方队部市民组成员李锟，遭日本宪兵队抓捕后牺牲。

2月16日　活跃在津郊及丁字沽、西营门外一带的抗日游击队消灭了天津西门外联兴里伪公安局侦缉队。

3月8日　中共天津地下组织负责人王森领导的爆破组，派公大六厂女工章巍和王淑媛巧妙炸毁日本特务活动点田野洋行。

4月4日　中共蓟县县委在盘山千像寺召开扩大会议，李子光等18人出席会议。会议传达河北省委指示，决定调整完善县抗日救国会组织机构。在蓟县县委领导下，蓟县上层统战工作进展顺利，许多乡村建立起抗日救国会组织。

4月5日　天津电话局技术负责人朱彭寿在上班途中，遭日本宪兵劫持。日本宪兵逼其交出电话全局的机线图纸，他拒绝后被杀害。

4月　中共河北省委为迎接八路军东进抗日，以华北人民抗日自卫委员会冀东分会名义，计划在冀东举行大规模抗日武装暴动。中共河北省委从天津购买枪支弹药，转运冀东。

5月30日　中共河北省委以华北自卫委员会名义在天津法租界召开秘密会议，决定在冀东成立华北抗日联军，对日军展开武装斗争。

6月20日　八路军宋时轮、邓华支队（第四纵队）5000余人由平西、平北进入冀东。6月21日，宋、邓支队在蓟县靠山集、将军关、茅山、下营一带，与敌人交战。在八路军的影响和争取下，马伸桥自卫团300余人起义，加入宋、邓支队，从而揭开了蓟县抗日武装大暴动的序幕。

6月27日　天津耀华学校校长赵天麟在去学校路上，被两名日本特务枪杀，时年52岁。

6月　天津公大六厂中共地下党员组织读书会，团结教育工人开展抗日活动。

7月5日　中共蓟县县委根据上级指示，决定提前举行冀东暴动。6日起，以港北起义为开端，冀东抗日暴动爆发。14日，在蓟县县委领导下，邦均打响冀东西部抗日暴动的第一枪。

7月31日　八路军第四纵队与抗联队伍攻入蓟县县城，成立蓟县抗日民主政府。

7月　冀东暴动后，根据中共中央北方局决定，河北省委从天津迁往冀东。

8月2日　中共蓟县县委在城西北后子峪村召开各级抗联负责人紧急会议，主要传达在敌强我弱情况下，不要死守城镇，要开辟游击战争的指示精神。

8月3日　日本雇佣军蒙古骑兵队从遵化向蓟县进犯。李子光率第十六总队在马伸桥东大汪庄进行伏击，毙敌 30 余人（其中日军 3 人），俘日军 2 人。

8 月 25 日　冀察热辽军区成立，下设 5 个军分区，蓟县划归第五军分区管辖。同时成立冀察热辽行政委员会。

8 月　八路军第四纵队和冀东抗日联军，在暴动中先后占领平谷、蓟县、宝坻、玉田、乐亭、迁安 6 个县城，摧毁了遍布冀东农村的敌伪政府，组建了包括蓟县、蓟平密联合县在内的 11 个抗日政权。

同月　中共王兰庄支部书记路平撤离天津赴山东。

9 月　根据中共中央北方局指示，中共平津唐点线工作委员会正式成立，负责领导北平、天津、唐山 3 个城委和北宁、平绥铁路党组织的抗日活动。天津城委机关设在天津法租界耕石刻字社内，并在英租界 62 号路伊甸园设秘密电台。天津城委下设王兰庄支部、小站支部及天津"民先"地方队部党支部。

10 月　3000 吨级的营口丸号日轮停靠于塘沽新港码头，内装日军从天津、河北省等地掠夺的棉花。革命志士趁装货之机，把定时燃烧物塞进棉包堆里。营口丸号日轮离港不久，棉包起火，全部棉花化为灰烬。

11 月　中共平津唐点线工委决定，北宁铁路党委组建党的外围组织北宁铁路职工抗日救国会，并建起秘密交通线，输送军用品、药品到抗日根据地。

12 月　中共蓟县县委负责人李子光等人，按上级指示，从平西秘密返抵蓟县，着手恢复党的组织。宝坻抗联十总队遭到日军围击后，被迫遣散人员，部分骨干赴盘山参加包森支队。

1939 年

1 月 1 日　天津公大六厂工人在中共地下组织领导下开展抗日斗争，将该厂一号仓库储存的数千包原棉点燃，大火连烧 7 天 7 夜，数千米库房烧光，致使全厂停工。事后，日本宪兵队进厂逮捕共产党员、粗纱女工田学昭（化名李秀珍）及 3 名抗日工人。

1 月　中共中央决定平津唐点线工作委员会由长江局划归晋察冀中央分局领导。聂荣臻指示冀热察区党委书记马辉之代管平津唐点线工委工作。

同月　"民先"天津地方队部市民组（在业青年和失业青年）队员发展到百余人。

2 月中旬　蓟县盘山独立游击大队成立，卜静安任队长。游击大队在蓟县、三河、平谷交界地区开展抗日活动。

4 月 9 日　抗日杀奸团成员在英租界大光明影院刺杀汉奸、华北联合准备银行天津支行经理、伪天津海关监督程锡庚。

4 月 26 日　包森率领抗日游击队在舟山设伏，毙敌伪百余人，击毁汽车 5 辆，生擒日本天皇表弟、遵化宪兵司令赤本大佐。

5 月 16 日　中共平津唐点线工委天津城委正式成立，顾磊任书记，直接领导的支部和党员有小站支部、王兰庄支部、公大纱厂支部和北洋纱厂联合支部、天津站支部、"民先队"支部和负责秘密电台的党员等。

7 月 2 日　天津工人救国会、天津电话工人救国会、天津海河工人抗敌会等团体，对汪精卫公开投靠日本帝国主义极为愤怒，纷纷致电国民政府，要求"处置汪精卫于刑法，以申民气"。

9 月 13 日　抗日杀奸团成员焚毁日军在四经路的军用仓库。

9 月　李运昌、刘诚光等从平西返回，根据上级指示，将冀东所有抗日武装统一编为八路军第十三支队。李运昌任司令员，李楚离任政委，包森任副司令员，刘诚光任政治部主任。

10 月　华北交通公司所属天津铁道工厂（机车车辆厂）工人举行罢工斗争，抗议日本工头囚禁、毒打中国工人，斗争坚持了 7 天，迫使日方资本家释放了被囚禁工人。

1940 年

1 月　中共中央北方局成立城市工作委员会，派遣干部到各城市，建立和整顿党的组织。

2 月 22 日　根据阁老湾会议精神，八路军第十三支队副司令员包森主持冀东西部的军事工作，率二总支队 200 余人，从遵化南部向盘山挺进，于 26 日到达盘山与一总支队会合。

2 月　中共平津唐点线工委天津城委加强对王兰庄抗日斗争的领导，派王兰庄党支部书记到平西根据地学习。

4 月 15 日　蓟平密联合县成立，这是盘山地区第一个抗日政权，标志着盘山抗日根据地初步形成。

4 月 25 日　日本驻天津陆军特务机关授意伪市长温世珍发起献铜献铁运动。天津爱国人士及工商业者为反对此举，有的将铁和铜制品乘夜抛入海河。

6 月　大沽盐田工人为增加工资向日方开展斗争并取得胜利。

7 月 25 日　晋察冀军区决定成立冀东军分区，李运昌任司令员，包森任副司令员，李楚离任政治委员，曾克林任参谋长，刘诚光任政治部主任。同时，对原 9 个游击总队进行整编，大部编成第十三团，由包森兼任第十三团团长和政委。

7 月 28 日　包森指挥四个连在盘山白草洼伏击并全歼"扫荡"盘山的日本关东军一个骑兵中队 70 余人，首创冀东一次歼灭日军整个中队的战绩纪录。

9 月 30 日　天津英、法、意租界当局屈服于日军的压力，把租界内电话局管理权全部交给日军。至此，天津电话局职工"抗交"斗争宣告结束。

9 月　八路军第十三团在蓟县以南歼伪"防共自卫团"数百人，并破坏了蓟县与平谷、密云间的公路和电话联系。

10 月　中共平津唐点线工委天津城委决定，成立党的外围组织——中国青年抗日先锋队（简称青抗先）。

同月　蓟宝三联合县成立，书记田野（兼），县长王少奇。该县下辖 8 个区，从而使冀东的东西两大块抗日游击根据地接成一片。

同月　平密兴联合县在原蓟平密西北办事处基础上建立，书记李子光，县长李光汉。与此同时，驻下仓镇伪军中队长在中共抗日宣传工作的攻势下率队起义，参加抗日。

12 月上旬　中共冀东区分委在盘山千像寺召开会议。会议总结阁老湾会议以来冀东的抗日斗争，讨论根据地的建设问题，标志着冀东抗日根据地建设走向正规化。

12 月 15 日　天津东站工人破坏日军修建琉璃河水泥厂设备，拖延了日军运输计划。

1941 年

1 月 12 日　八路军第十三团在蓟县城南大、小现渠伏击驻蓟县、邦均的日伪军，毙敌 36 人，伤敌 40 余人。

3 月　中共平津唐点线工作委员会天津城委，在党的外围组织青抗先成员中发展党员，并建立党支部。1942 年 3 月，该支部转交中共晋察冀中央分局城工部直接领导。

4 月　周恩来派遣中共中央南方局干部龚炜到天津开展秘密工作，任务是打入中国实业银行，搜集重要经济情报。

9 月 21 日　包森指挥部队在蓟县丈烟台村设伏，全歼日军驻东陵警备队，击毙敌队长山口。

11 月 5 日　中共蓟县县委组织党员在县城散发传单宣传抗日，分化瓦解伪军。

1942 年

1月13日 包森指挥八路军第十三团7个连在蓟县果河沿与"扫荡"燕山口的伪治安军第三、第四团3000余人激战,全歼号称"模范治安军"的第四团,击溃增援的伪治安军第三团。

2月17日 冀东军分区副司令员兼第13团团长包森在遵化野虎岭一带同日伪军作战,不幸牺牲,年仅31岁。

2月 中共中央北方分局派黄云通知平津唐点线工委天津城委负责人顾磊,回根据地汇报工作。3月上旬,顾磊回到中共晋察冀中央分局,向城工部刘仁和刘慎之汇报工作。分局决定:顾磊留在根据地工作,不再返回天津。至此,平津唐点线工委工作全部停止。西郊王兰庄党支部与上级党组织失去联系。

3月 究真中学进步学生组织的平凡读书会从1941年下半年起努力寻找党组织。平凡读书会负责人康力、王洋、高飞、田英等6人分4批离津去胜芳冀中军区八分区,受到了吕正操司令员的热情接待。

同月 中共晋察冀分局城工部决定在天津市内不再成立党的领导机关,采取"易地领导"法,把市内下属6个党支部和零散单线领导的30余名党员,统归中共晋察冀中央分局城工部直接领导。

6月 中共冀东区分委决定:由丰玉遵、丰玉宁联合县委和武装力量去恢复被敌人"蚕食"的地区。丰玉宁武装工作队积极开辟宁河蓟运河西部地区。

同月 冀中八分区组成三支武工队,向边缘地区挺进。其中,津浦支队向王口、子牙河以东地区和静海、独流一带展开政治攻势。后来,津浦支队进入静海西南邓庄子村,发动了邓庄子阻击战,俘敌六七十人,在当地人民中产生极大影响。

同月 接受中共冀中区八地委领导的青年组织——天津青年抗日救国会(简称"青救会")成立。

7月1日　日军1万余人对以大城、青县、静海为中心的地区进行大"扫荡"。抗日军民坚持反"扫荡"。按照冀中军区指示，第八、第九、第十地委和军分区主力全部撤到白洋淀及文安洼一带，继续开展游击战。

8月15日　日伪军数百人向蓟县盘山旱店子十三团驻地进攻，遭十三团二营伏击，被歼40余人，余部溃逃。

9月　按照《中共中央关于注意加强沦陷区工作的决定》精神，晋察冀分局派出干部秘密进入天津市区开辟工作。天津市内地下党组织逐渐恢复秘密活动。

10月　盘山民兵班在盘山水泉沟成立。

同月　中共晋察冀分局城委派佟满堂来津和"青抗先"党支部接上关系。支部派王文源随佟满堂回分局，向刘仁和刘慎之汇报顾磊离津后支部继续领导"青抗先"坚持抗日工作的情况。刘仁等对支部的工作给予肯定，并布置了新的任务和工作方法，明确支部由分局城委直接领导，并规定了联系暗号。

同月　天津青救会以八路军冀中军区名义，在市内印刷散发《给伪军组织同胞的一封信》和《胜利在望，同胞们团结向前》两种传单。

11月　日军强令昌和铁厂改为军火工厂，专门生产枪炮，该厂工人齐心抵制，军火生产次品率占一半以上。

12月　塘沽新河材料厂工人协助八路军从水上运送军用物资。

1943 年

1月16日　中共冀中区党委发出《关于敌伪工作的指示》，指出，要从各方面争取与瓦解伪军、伪组织，长期埋伏、积蓄力量，准备战略反攻。

2月22日　中共冀中区九地委蠡县县委派党员干部进入天津，任务是发展党员，建立组织，长期准备，待机行动。

3 月 25 日 中共中央北方局对冀东工作发出指示，要求坚持冀东游击战争，克服困难，积蓄力量，准备反攻。

3 月 中共晋察冀分局城委派崔月犁进入市区秘密开展工作，并把原小站党支部书记王晓（王兆凯）调回进行恢复支部工作。

4 月 根据八路军冀中第八军分区命令，津浦支队改称津南支队，武装开辟津浦路以东、直到津郊张家窝、李七庄、大寺一带。

5 月 4 日 中共天津地下组织以冀中军区民运部名义散发《"五四"纪念日告天津敌占区全体青年书》，号召天津广大青年发扬"五四"光荣传统，加入抗日救亡运动。

6 月 天津工人和市民冲破日伪对抗日根据地的禁运、封锁，想方设法输送各种物资，支援抗日战争。天津大红桥码头（原址在今红桥区）成为向冀中、冀南、渤海根据地运送物资的秘密水上启运点。由地下党控制的中西大药房、益顺兴文具工厂，以及振兴席庄、天利贸易行都是利用这条交通线将各类物资运送到根据地。

同月 天津市青年抗日救国会改为天津市各界抗日救国联合会（简称"天津抗联"），此后，活动更加活跃。

同月 冀中区党委按照中共晋察冀分局关于"地区上不应严格划分，但依据地理条件有其重点，冀中注意天津"的指示，成立城市工作委员会，重点对天津开展工作。

7 月 冀中区党委制定《关于城市工作的决定》，提出："九地委主要开展保定、天津的工作，十地委主要开展天津、北平的工作，八地委主要开展津浦路、石德路、天津的工作。"

同月 津南支队一举拔掉日伪三堡据点，扩大了党的影响。同时，派工作组进入津南地区，发动群众，扩大影响，为立足津南做好思想、物质准备，为党政干部进入津南地区奠定初步基础。

8月　天津抗联派人进入市内工厂、企业、铁路、学校，发展进步力量，开展抗日工作。部分成员还打入伪军、伪警中去开展工作。

同月　中共冀中区十地委召开扩大会议，决定扩大在天津、武清等地区活动范围。冀中军区十分区部队袭击杨柳青镇伪警察署和警备队，俘虏伪军警200余人。津南支队手枪队员40余人，跨过津浦铁路，以团泊洼为基地，在芦北口、王稳庄、老君堂、砖垛、小站一带开展抗日活动，摧毁李庄北伪警察所，打击了芦北口日伪军。

11月10日　在蓟县一带活动的八路军青英部队1个连，在宝坻梁家沽与日伪军1500人激战一天，歼敌200余人，八路军战士18人牺牲。

11月　驻津日军一八二〇部队强令仁立毛织厂加工军毯7000条，限转年8月交货，后又追加1.7万条。在天津地下党组织领导下，全厂职工展开了怠工和各种破坏斗争，使此项任务直到日军投降也没有完成。

下半年　中共晋察冀中央分局、中共冀东区委、中共冀中区委，纷纷派遣工作人员潜入市区，重建党的地下组织。

1944 年

1月1日　中共中央北方局提出1944年华北党的工作方针，指出："团结全华北人民的力量，克服一切困难，坚持华北抗战，坚持抗日根据地，积蓄力量，准备反攻，迎接胜利。"

同日　天津抗联散发《胜利年到了》传单500份。

1月上旬　中共武宝宁工委组织武装力量先后镇压一批罪恶累累的汉奸，摧毁了造甲乡、淮淀乡、海北乡、俵口乡等地伪乡公所。

4月28日　天津抗联印发《迎接五月，准备反攻》传单1600份，为扩大宣传，抗联成员登上中原公司楼顶散发传单。

4月　八路军津南支队破坏了日军在天津水产前街开设的维修机枪和火炮的修械所。将缴获枪栓、盘条、枪簧及一些工具运往冀中军区，解决八路军修理枪械的需要，使日军修械所停产7个月。

同月　日军接管比商电灯房，改称电工北厂，主要承担送配电线路维修等工作。该厂工人、共产党员焦玉润等先后3次完成上级党组织交给的破坏敌人电力生产的任务，将西站、北站外水产前街和天纬路等处的变压器，采用放油烧坏的办法，造成多起停电事故，使日本兵营、军用仓库等处断电。

5月　中共冀中区九地委调冀中九分区武工队员50余人，到静海县南部一带活动，协同津南支队开辟津南新区工作。

6月5日　中共中央发出《关于城市工作的指示》，要求各级党委充分认识占领大城市的重要性。各抗日根据地县以上党组织纷纷成立城市工作部，中共渤海区委、中共冀东区委、中共冀中区委、中共中央北方局城委分别派遣党员干部进入天津市内开展工作。

6月11日　日伪当局在天津举行华北七大城市运动会。天津抗联成员邓迈、冯文慈、刘铁谆、左建4人化装成运动员进入饭店，散发《握紧拳头，奋起杀敌，挺起胸膛，准备反攻》传单，引起敌人极大恐慌。

6月下旬　新港劳工营劳工举行暴动。新港劳工营是中国劳工运往日本的转运站，很多人在这里被折磨致死。这次暴动共逃出114人，极大地震动了日本侵略者。

7月11日　天津抗联负责人赴中共冀中区十地委汇报地下工作情况。十地委城工部指示：要在抗联中建立党总支，由楚云任党总支书记，所有抗联成员要在社会上找公开职业做掩护，深入群众中去工作，迎接胜利的到来。

7月12日　天津抗联以"日本解放联盟天津支部"名义，印发日文《告天津市居留民同胞及士兵书》100份，发往日本人住宅区。

7月24日　中共中央北方局召开会议，要求各地区抽调100至200名干部，通过培训，专门做城市工作，平津两地工作主要由晋察冀中央分局负责。会后，北方局宣传部派出干部到天津指导抗日工作。

7月　中共冀中区十分区三联县二联区区小队和手枪队13人，化装成日本宪兵进入天津市内，袭击大红桥日军修械所。留下十八集团军署名信1封，俘走7名日军，缴获1挺机枪、十几支步枪和一些子弹。

8月　中共渤海区委根据中共中央山东分局指示，决定成立天津工作委员会，任命刘格平为工委书记，派组织部干部科科长朱凝协助其工作。为加强工作领导力量，刘格平吸收胡子炎（小学教员）、刘家玺（华北新报记者）等人参加工委。新的工委班子组成后，在青年学生和市民中广泛开展工作，组织读书会，发展党员，并选送一批青年学生到渤海区委青训班学习，为进一步发展工作培养干部。

9月15日　天津抗联党总支派遣党员进入双喜纱厂、恒源纱厂和天津铁路机务段当工人，开展抗日工作。

9月　中共冀中九地委批准，中共静大县委和静大县抗日政府成立。随后，开辟了杨柳青、水高庄、独流镇、九十堡、刘家营、冯家村地下交通联络点。

10月13日　津南支队手枪队队员化装袭入天津赛马场，俘获德国驻津领事馆外交官6名，获军马3匹。

10月25日　冀东军分区部队突袭宝坻县鲁沽据点，毙伤伪军100余人，俘80余人。

10月　中共冀中区津南工作委员会成立。随后，津南工委将100余名干部分成7个工作组深入乡村开展工作。仅两三个月就开辟小站、太平村、大邱庄、杨柳庄、潮宗桥等近200个村庄，建立了一批党的秘密组织。同时，冀中九地委在大城、文安、静海县连接地区建立了静大县委和静大县抗日民主政府。

同月　中共津南支队三中队负责人，通过隐蔽在天津敌特高课的中共地下工作人员进入天津市内开辟工作，很快组成一支有30余人的秘密武装力量，经常活动在津浦铁路一线,截获敌人军用物资,打击日伪汉奸,被日伪当局称为"黑旗队"。

11月　中共冀热边特委派遣《救国报》党员编辑任朴进入天津市内开辟地下工作,由特委城工部直接领导。任朴进津后,先后发展十几名党员,建立和领导了抗日民族统一战线组织——天津民族革命联盟(简称"民联"),一直活动到日本投降。

12月　天津抗联总支书记楚云到达阜平,向中共晋察冀分局城工部部长刘仁汇报工作。刘仁指示:除做好市内的工厂、学校工作外,还要展开敌伪方面的工作。

同月　冀东八路军在宝坻工部村设伏,全歼来工部村"扫荡"的日伪军80余人。

1945年

1月22日　冀中区党委发出《加强目前地道斗争的指示》。津西、津南、静海等地人民开展了群众性的修建地道工程。在津西梨园头,群众与武工队昼夜开挖,建起了连接村外的地下交通网。武工队与民兵在地道里来去自如,出其不意地打击敌人。

1月　中共中央晋察冀分局城工部派遣党员进入天津市内,在河东郑庄子居民区一带建立秘密工作点,从事发展党员工作。同年8月,在双喜纱厂建立党支部。

同月　由周恩来直接派进天津工作的龚炜与中共冀中区委取得联系,在市内以中学教师身份开展活动,团结师生,发展党员。他的组织关系由天津抗联党总支单线联系。

同月　晋察冀军区开始全面反攻,将解放区扩展至津浦路以东、辽东西部及北平、天津近郊。

2月25日 冀东第十八军分区十区队特务连、第13团一部和香武宝县支队等抗日武装，在宝坻县城西北赵各庄全歼日军"剔抉队"100余人，取得震动冀东的赵各庄战斗的胜利。

4月30日 华北交通株式会社铁道工厂（即津浦大厂）地下党支部书记王俊臣，团结带领工人中的积极分子，将17箱器材零件偷运出厂外，破坏驻日军修理装甲车计划。

4月 中共冀中区委决定建立天津工作委员会，工作重点是市内的工人和学生，承担为根据地购买军用物资的任务。

5月4日 中共冀中区委发出《关于城市工作的指示》，强调要进一步开辟城市工作，把城市工作作为1945年的三大任务之一。

5月 冀东十四分区召开抗日英雄表彰大会，盘山砖瓦窑村的杨妈妈被授予"八路军母亲"的光荣称号，盘山民兵班全体战士被授予"民兵英雄"光荣称号。

同月 中共渤海区委城工部决定：重建渤海区天津工作委员会，继续开展党的地下工作将已经渤海区委城工部青训队培训过的天津青年学生陆续派回天津市内，开展党的地下工作。很快，新组建的天津工委便在女一中、女二中、含光女中、男一中、南开中学、进修中学等校建立党的外围组织——天津青年学生民主促进会（简称"民促"）。

6月 中共中央晋察冀分局充分肯定津南支队手枪队和九分区敌后武工队对敌斗争经验，认为"冀中津南武工队的组织形式与工作方式，经过实践证明在开辟地区时是适用的"。毛泽东特将此经验批转华中、山东和晋西北等根据地学习借鉴。

上半年 中共冀中区委在天津的西南部和南部，先后建立中共静大县委和津南县委，县委下设城工部，分别派遣干部进入市内工作。县委领导的武装力量经常进入市内袭击敌人。此时，日伪统治下的天津，已处于中国共产党领导的抗日根据地的包围之中。

7 月中旬　为配合冀中军区开展大清河北战役，冀热辽军区第十八军分区主力部队进入宝坻、香河，形成对武清的包围态势。中共冀中八地委抽调人员组成武工队 3 个分队，准备配合冀中军区部队接管天津。一分队挺进杨柳青北，二分队深入到津南县四党口一带，三分队打入天津市内。

7 月　冀中军区部队解放县城 12 座，解放区扩大到北平、天津、保定、石家庄近郊及津浦路至渤海边广大地区。

8 月 9 日　中共中央主席毛泽东发表《对日寇的最后一战》，号召一切抗日力量举行全国规模的反攻，为夺取最后胜利而斗争。

8 月 10 日　朱德总司令命令华北、华中、华南各地区八路军、新四军应迅速前进，收缴日伪武装，接受日本投降，如遇顽抗，当即予以坚决消灭。

同日　八路军晋察冀军区司令员聂荣臻限令日本华北派遣军司令官 48 小时内投降，同时集中各主力部队向平、津、张（家口）等敌占大中城市进军。冀中军区主力向天津挺进。

8 月 12 日　中共冀中区委和军区在河北省胜芳召开万人誓师大会，杨成武宣布进军天津的命令。

8 月 15 日　日本宣布无条件投降。驻宝坻、武清、宁河境内日军迅速撤退至天津海光寺和芦台、唐山等铁路沿线集结。日本无条件投降消息传来，天津人民奔走相告，欢欣鼓舞，庆贺中国人民的伟大胜利，庆贺从此结束日本帝国主义对天津的殖民统治。

10 月 6 日　驻津日军司令官内田银之助在投降书上签字。

后 记

　　一二·九抗日救亡运动，是中国共产党领导的一次大规模学生爱国运动。一二·九运动公开揭露了日本帝国主义侵略中国，吞并华北的阴谋，打击了国民政府的妥协投降政策，大大促进了中国人民的觉醒。一二·九运动配合了红军北上抗日，推动了抗日民族统一战线的初步形成，标志着中国人民抗日民主运动新高潮的到来。正如毛泽东同志所指出的，一二·九运动是动员全民族抗战的运动，它准备了抗战的思想，准备了抗战的人心，准备了抗战的干部。在中共中央北方局和天津市委领导下，天津进步学生和市民群众满怀强烈的爱国热情，积极投身这场伟大的爱国运动。在一二·九运动高潮中，天津爱国学生深入市郊的王兰庄、姜井和小园等地，开展工农义务教育（即"义教"），在广大工农群众中进行抗日救亡宣传。"义教"活动点燃抗日救亡薪火，为天津人民和全国人民一起赢得抗日战争的最后胜利作出了积极贡献。

　　王兰庄作为一二·九运动中爱国学生"义教"的活动地，是天津市重要的红色资源。1936年夏天，北洋大学、南开大学等天津大中学校的爱国学生，在中国共产党领导下来此宣传党的抗日救亡主张，创办平民学校，建立西青地区第一个党支部。薛明、姜思毅、慕湘等爱国青年在此开启革命生涯，从王兰庄"义教"宣传课堂走向全国抗日战场，为中国革命胜利和新中国建设作出重要的贡献。在党组织领导下，王兰庄青年和爱国学生共同成长进步，奋勇投身伟大抗日斗争，在天津地方党史和天津人民抗日斗争史上写下了光辉的一页。

　　习近平总书记指出，红色资源是我们党艰辛而辉煌奋斗历程的见证，是最宝贵的精神财富。要用心用情用力保护好、管理好、运用好红色资源。为深入贯

261

彻落实习近平总书记关于保护管理运用红色资源工作的重要论述精神，落实党中央和天津市委关于红色资源保护传承工作的部署要求，加强天津一二·九抗日救亡运动史料征集，深化天津一二·九运动历史研究，深入挖掘红色资源的思想内涵，扩大宣传影响，更好发挥红色资源教育激励作用，在中共天津市委原副书记、市人大常委会原主任房凤友的关怀下，中共天津市委党校（市委党史研究室）、西青区委组织部、西青区委宣传部、西青区委党校（区委党史研究室）、王兰庄村党总支委员会成立联合课题组，积极推进天津一二·九抗日救亡运动纪念馆改造提升工程，打造"一个展、一部片、一本书"系列工作成果，"一个展"是天津一二·九抗日救亡运动纪念馆主题展览改陈提升和主题公园规划建设；"一部片"是联合拍摄制作天津一二·九运动专题纪录片；"一本书"是编写《"义教"薪火　接力传承——一二·九抗日救亡运动在天津》纪念册。

《"义教"薪火　接力传承——一二·九抗日救亡运动在天津》的编写工作坚持以习近平新时代中国特色社会主义思想为指导，深入学习贯彻习近平总书记关于党史和文献工作的重要论述精神，树立正确党史观，遵循《中共中央关于党的百年奋斗重大成就和历史经验的决议》，以图文并茂的方式，全面记述党领导天津爱国学生和各界群众投身一二·九抗日救亡运动的奋斗历程和伟大精神，以及爱国学生在王兰庄开展"义教"活动的生动事迹，展现了王兰庄党员干部群众继承与弘扬一二·九运动的光辉传统，奋进全面建设社会主义现代化大都市新征程的精神风貌。该书在查阅历史资料、开展采访工作的基础上，从一二·九运动亲历者其及亲属后代、党史专家学者、王兰庄村党员干部群众等多层面多角度，讲好天津一二·九故事，讲好王兰庄"义教"故事，传承一二·九运动伟大精神，激励引导广大党员干部群众奋进新时代新征程，向着中华民族伟大复兴的宏伟目标勇毅前行。

天津市委党校、西青区委、王兰庄村等参编单位对编写工作高度重视，抽调精干力量,成立编写组,统筹推进资料征集、人员采访和书稿编写工作。天津市委党校原常务副校长、市委市级机关工委分管日常工作的副书记刘中,市委党校分管日常工作的副校长徐瑛审读书稿并提出重要修改意见;市委党校副校长、市委党史研究室主任王永立,西青区委常委、区委宣传部部长卢盈,西青区委常委、区委组织部部长张宇,王兰庄村股份经济合作社党总支书记郭宝印组织编写并统改书稿;市委党校周巍、时绍祥、马兆亭、孟罡、赵风俊、曹冬梅,西青区委宣传部赵金玺、杨芳,西青区委党校庞立丽、周斌、闫广琴、郝启荣、李焕丽,西青区文化馆翁芳芳,王兰庄村李德良、李德利、孙美月等参加工作调研、资料征集、人员采访、文稿编撰等工作。本书照片主要来自中共天津市委党史研究室编《天津人民抗日斗争图鉴》《中国共产党天津历史图鉴》等前期编研成果,以及天津一二·九抗日救亡运动纪念馆馆藏。在本书编写过程中,天津市档案馆、天津博物馆、天津图书馆、南开大学党委宣传部校史研究室、天津大学大学文化与校史研究所、天津市扶轮中学校史馆、中共山东省委党史研究院、山东省蓬莱市文化和旅游局等单位在查阅资料方面给予大力支持和热情帮助,天津社会科学院出版社编辑吴琼为本书出版做了大量工作。在此一并表示衷心感谢!

由于时间和水平所限,如有不当之处,敬请读者批评指正。

本书编写组

2023 年 10 月